HOCHWEIT

15

jovis

FAKULTÄT FÜR ARCHITEKTUR UND LANDSCHAFT

HOCHWEIT 15

Redaktionsteam

IBW Johannes Wolff

IEG Lara Salzmann **I** Christian Felgendreher

IEK Judith Schurr

IES Radostina Radulova

IF Caroline Hertel

IGT Hendrik Bloem

IGD Edin Bajrić

ILA Marcus Hanke

IUP Carolin Galler

Editorial

Liebe Leserinnen, liebe Leser,

mit der diesjährigen Ausgabe von HOCHWEIT gibt ein weiteres Jubiläum Grund zum Feiern.

Vor zehn Jahren wurden an der Leibniz Universität Hannover die Fachbereiche Architektur und Landschaftsarchitektur/Umweltplanung zur Fakultät für Architektur und Landschaft zusammengefasst. Mit dem Jahrbuch HOCHWEIT 15 blicken wir auf eine äußerst aktive Zeit zurück, geprägt von Vielfalt und zahlreichen Blickwechseln.

Die aus der Zusammenlegung resultierenden Synergien bereichern beide Disziplinen und den Diskurs über die Lebensumwelten gleichermaßen. Dies verkörpert das umfangreiche Spektrum von Wissenschaft, Kunst, Lehre und Forschung, welches das Bild der Fakultät für Architektur und Landschaft prägt.

Wir bedanken uns für die Beiträge der eingeladenen Gastautoren (Elisabeth Schweeger, Norbert Rob Schittek, Stefan Höpfinger, Hans Dieter Schaal). Über die Felder der Forschung und Lehre in den Hochschulen und Akademien wie auch der Praxis hinaus gestalten diese Persönlichkeiten aufgrund ihrer vielseitigen Aktivitäten Entwurfsgeschichte und kulturelle Bildung.

Eine ebenfalls aktivierende Wirkung geht von der Vielzahl studentischer Arbeiten aus, welche die thematischen Ausrichtungen der unterschiedlichen Institute widerspiegeln. Unterschiedlichste Haltungen, Denk- und Arbeitsweisen werden experimentierfreudig und kreativ präsentiert.

Wir, das Redaktionsteam, möchten die vielfältigen kreativen Aktivitäten der Fakultät in diesem Jahrbuch dokumentieren und zugleich Eindrücke von ihrem Potenzial nach außen vermitteln.

Allen Mitgliedern der Fakultät, die mit ihren vielseitigen und interessanten Beiträgen das Erscheinen dieses Buches ermöglicht haben, danken wir sehr herzlich und wünschen eine spannende und abwechslungsreiche Lektüre!

Bodengraffiti Hannover, 2015; Foto: Klaus Frahm, Hamburg

10 Jahre Fakultät für Architektur und Landschaft. Oder: Was hat der Volkswagenskandal 2015 mit einer zukünftigen Architektur zu tun?

Jörg Friedrich Dekan

Architekten und Planern wird – als Auswirkung der Postmoderne – gern jegliche gesellschaftliche Relevanz ihres planerischen Treibens abgesprochen. Die Architekturausbildung an europäischen Universitäten, so der häufigste Vorwurf, produziere leidlich begabte, jedoch leicht zur Arroganz neigende »Formgeber« für beliebig austauschbare Inhalte, ihr Handeln sei ohne jegliche gesellschaftliche Bedeutung. Architektur als universitäres Ausbildungsthema oder als zukünftiges Berufsbild wurde in den letzten Jahrzehnten immer mehr auf das Verhüllen und Gestalten von Irgendetwas reduziert. Das kann der Entwurf von privaten Opernhäusern zur familiären Erbauung für politisch fragwürdige russische Oligarchen in Kasachstan sein genauso wie die architektonische Selbstverwirklichung in gewaltigen Museumsbauten oder neuen, alten Schlössern, die zukunftsfähig irgendwie innen wie außen verpackt werden.

Das Ende der
komplizenhaften Architektur

Architekten erfinden dreidimensionale Bilder und Stadträume als Ausdruck des moralisch einwandfreien Wirkens und politisch korrekten Handelns internationaler Finanzinstitute, die gleichzeitig riesige Geldmengen in fragwürdigen Spekulationsgeschäften verspielen. Mit dem Bankencrash hat vor einigen Jahren die Vermengung von architektonischen Verpackungsbildern mit krimineller Abzockerei durch leichtfertige Kreditvergaben ein erstes grausames Ende gefunden. Riesige, fluchtartig verlassene Baustellen in vielen unverkäuflichen Neubauquartieren in Spanien, Portugal oder Frankreich zeugen dramatisch sichtbar von der unsäglichen Verquickung von Kapital und willfähriger Entwurfshilfe durch die Architekten. Arbeitslosigkeit, Armut und drohende Staatspleiten waren die volkswirtschaftliche Folge.

In Wolfsburg, in Dresden und Ingolstadt oder anderswo erzählen »gläserne Fabriken« und elegante, hochökologische »Abholarchitekturen« den Kunden der Autoindustrie von der Sauberkeit, Transparenz, Ehrlichkeit und Zurschaustellung einer »guten«, unbestechlichen, wissenschaftlich auf Topniveau befindlichen innovativen Ingenieurskultur, einzigartig auf dem Kontinent. Die Architektur liefert in ihrer bis ins Detail perfektionierten Transparenz mit raffinierten Konstruktionen, über die kunstvolle Einbettung in avantgardistisch konzipierte Landschaften und mit zukunftsweisender Gebäudetechnik das überzeugende Bild für die einzigartige, politisch und technologisch korrekte Überlegenheit aller Produkte. Architektur macht die Integrität eines innovativen und dennoch menschlichen Autokonzerns insgesamt sichtbar. Nicht verhindern konnte die architektonische Transparenz im Bauen die kriminellen Machenschaften im Management und ingenieurtechnischen Entwicklungsbereich bei einem der größten Automobilskandale der letzten 50 Jahre. Volkwagen kostet dies 2015 knapp 100 Milliarden seines Börsenwertes, den der Konzern in nur vier Tagen nach Aufdeckung des Skandals verliert. Architektur, das zeigt sich hier, wird als bedeutungslos erfahren im Zusammenspiel von ökonomischen, technologischen und weltpolitischen Prozessen, oft ist sie in ihrer bereitwilligen, unkritischen, jedoch geschmackvollen Umhüllungsbereitschaft bereits selber komplizenhaft Teil dieser Prozesse geworden. Diese Situation hat sich heute, 2015, aufgrund neuer gesellschaftspolitischer Entwicklungen völlig gewandelt.

Der Beginn einer neuen Architektur

Architektur, Städtebau und Landschaftsplanung werden derzeit, 2015, vermehrt zu Leitdisziplinen erkoren im Ringen um die Erfindung der »besten aller möglichen Welten«, wie Voltaire es gesagt hätte. Architekturen und Entwürfe von neuen Stadtmodellen und experimentellen Wohnformen, die ein Überleben für Millionen von Menschen weltweit im Minimalkostenbereich ermöglichen können, werden in den nächsten Jahrzehnten die wesentlichen Entscheidungsgrundlagen bilden für politische Entwicklungen. Architekten und Planer müssen helfen, eines der dramatischen Probleme des jungen 21. Jahrhunderts zu lösen: Über 60 Millionen Menschen sind auf der ganzen Welt auf der Flucht und müssen kurz-, mittel- und langfristig in stadtähnlichen Agglomerationen und Architekturen untergebracht werden: Zunächst, um überhaupt das unmittelbare Überleben der Flüchtlinge zu sichern. Mittel- bis langfristig müssen für diese gigantischen Menschenströme verstetigende Siedlungsformen entwickelt und umgesetzt werden. Überzeugende Architekturen fehlen zurzeit, die nicht nur Flüchtlingen, sondern genauso vielen Millionen Menschen aus sozial schwachen Bevölkerungsgruppen langfristig ein bezahlbares und menschenwürdiges, sinnvolles Wohnen, Arbeiten und Leben an völlig neuen Orten zum Beispiel in Europa, Afrika, Südamerika oder Nahost ermöglichen können. Das unkontrollierte Wachstum der Städte in den Griff zu bekommen ist eine weitere große Herausforderung, die nur mit Mitteln der Architektur und des kreativen Städtebaus überhaupt angegangen werden kann. Die Entwurfsergebnisse, die sich nicht auf vergangene Lösungsmuster beziehen können, bieten neue Lebensmodelle an, die gemeinsam mit anderen Wissenschaften verdichtet werden, um dann – mithilfe der Politik – in die Realität umgesetzt zu werden.

Das in den vergangenen Jahrzehnten geprägte negative Verständnis von Architektur als gleichgültiges Formen beliebiger Hüllen für alle und jeden muss neu definiert werden. Die Gesellschaft der Zukunft wird ohne Architektur und Planungskreativität nicht existieren können. Ein solches groß angelegtes, von der Gesellschaft gefordertes architektonisches und städtebauliches Experiment hat es in der Geschichte der modernen Architektur lange nicht gegeben. Und: Eine derzeit hilflose Politik drängt begierig auf schnell umsetzbare Ergebnisse zur Lösung dieser Probleme.

Das »Neue Entwerfen«

Im Jahr 2015 ein Architekturstudium zu beginnen, öffnet angesichts der gewandelten öffentlichen Einschätzung und der neuen Wertschätzung und Bedeutung von Architektur und Städtebau für das Vordenken neuer gesellschaftlicher Überlebensprozesse eine Fülle von Chancen, bietet neue, sinnvolle Herausforderungen für die nächsten Jahrzehnte.

Die sozialen Aspekte eines an den gesellschaftlichen Bedürfnissen orientierten »Neuen Entwerfens« stehen im Vordergrund. Länder in tiefen wirtschaftlichen Krisen brauchen neue Ideen, um ein menschenwürdiges Wohnen für alle Teile der Bevölkerung und nicht nur für wenige Reiche zu ermöglichen. In den sich schnell wandelnden Gesellschaften treffen wir immer häufiger auf völlig veränderte Situationen, die von den Architektur- und Stadtplanungskonzepten vorweg genommen werden müssen. Bei der Konzeption von bewohnbaren Lebenssituationen in den Metropolen der Welt wird den Planern die Rolle des Problemlösers geradezu aufgedrängt: Die Gesellschaft erwartet von Architekten und Stadtplanern die Entwicklung neuer sozialer, verantwortungsvoller Überlebens- und Umsetzungsideen zum Grundlebensbedürfnis »menschenwürdiges Wohnen« in den Städten – für alle.

Eine Kreidezeichnung auf der Straße bei einem Flüchtlingscontainerlager in Hannover, von kleinen Kindern im Spiel beiläufig auf den Boden skizziert, setzt diese neuen Architekturaufgaben in einer berührenden kleinen Skizze um. Sie drückt im Graffiti alles viel einfacher aus als jedes Wort: Gebt uns zum Überleben ein Haus, das Archaischste, was es gibt in der Kulturgeschichte der Menschheit. Erst in dem Maße, wie ich beschützt werde von vier Wänden auf einem sicheren Boden und unter einem Dach, erfahre ich meine Identität als Individuum und innerhalb einer urbanen Gesellschaft schützt und sichert mir mein Haus meine Menschenwürde, als Fremder wie als Einheimischer, es gibt keine Unterschiede mehr. Neue Häuser, neue menschenwürdige Architekturen zum Wohnen und Leben gilt es zu entwerfen, zu erfinden für einen sich wandelnden neuen gesellschaftlichen, sozialen und ökonomischen Kontext.

Das Entwerfen von Wohnungen auf dem Mars mag eine spannende, luxuriöse Zukunftsaufgabe sein. Die Architekten und Planer werden sich jedoch zunächst im Heute um die Zukunft des menschenwürdigen Wohnens am Existenzminimum kümmern müssen, insbesondere wird zu klären sein, was das ist: menschenwürdiges Wohnen am Existenzminimum.

Dafür könnte die Forschungs- und Entwurfsarbeit an der Fakultät für Architektur und Landschaft in Hannover in den nächsten zehn Jahren stehen, um so ihren Erfolg, ihren hervorragenden Ruf als eine von Deutschlands führenden Architekturfakultäten weiter zu festigen.

Das neue HOCHWEIT 2015

Das vorliegende Jahrbuch HOCHWEIT 2015 gibt einen beeindruckenden Überblick über einen großen Teil der gemeinsamen Aktivitäten an der Fakultät, über Entwurfsarbeiten und Forschungsergebnisse aus dem vergangenen Jahr und das – wie gewohnt – auf hohem Niveau. In Deutschland und in Europa wird die Fakultät für Architektur und Landschaft 2015 erneut auf Spitzenplätzen eingestuft, belegt im CHE-Ranking 2015 eine Spitzenposition in Deutschland; neu ist das Domus-Europa-Ranking: Hannover wird erstmalig in den »50 best faculties of architecture in Europe« aufgeführt. Dank geht an alle Mitglieder der Fakultät, die mit ihren Aktivitäten zu diesem guten Ruf wieder beigetragen haben. Die Fülle der Veranstaltungen zu erwähnen, sprengt den Rahmen eines Vorwortes. Erwähnenswert, dass wieder zahlreiche Professorinnen und Professoren in internationalen oder nationalen universitären oder wichtigen politischen Gremien in der Republik und in der EU die Haltung unserer Fakultät sichtbar nach außen tragen und mit ihrem kompetenten Wissen und Rat Zukunft prägen.

Ein Beispiel für viele Erfolge sei Prof. Michael Schumacher, der – mit seinen Büropartnern – zum »Architekten des Jahres 2015« in Europa gekürt worden ist, eine bei-

spielhafte Auszeichnung. Partnerschaften in Europa und China, Südamerika, Afrika und Asien wurden vom gesamten Professorenteam weiter ausgebaut. Damit konnte der Architekturstandort Leibniz Universität Hannover weiter internationalisiert werden. Andreas Garkisch aus München hat die Gastprofessur im Städtebau vertretungsweise sehr engagiert für zwei Semester übernommen. Dank ihm und seinem Team konnte der Städtebau in der Fakultät weiter zu einem wichtigen Lehrgebiet wachsen. Einer der drei Gründungsintendanten vom Berliner Humboldtforum, Prof. Dr. Horst Bredekamp, war des Öfteren zu Gast an unserer Fakultät, zuletzt bei Prof. Dr. Wolschke-Bulmahn in seinen begeisternden ersten »Herrenhäuser Matineen« und Prof. Christian Werthmann mit dem »Präsidiumspreis für Exzellente Lehre«. Mit dem begehrten »Prize of the Dean 2015« ausgezeichnet wurden die herausragenden experimentellen Studienarbeiten von Louis Arturo Cordon-Krumme, Lena-Marie Kallweit, Sarah Wehmeyer und Malte Tams.

Dank sei allen Referenten für ihre Beiträge und allen beteiligten Lehrstühlen und Instituten für die beeindruckende Dokumentation ihres Forschens, Experimentierens, Suchens im Entwerfen und dem Redaktionsteam für die Buchkonzeption.

Das Wichtigste in diesem Buch sind jedoch die Beiträge der Studenten und Studentinnen, denn ohne sie und ohne ihre hervorragenden Arbeiten hätte es dieses Buch nie gegeben.

Besonderer Dank geht an unsere Fakultätsgeschäftsführerin Sabine Bartels, welche die Finanzierung und Realisierung des Buchprojektes beim jovis Verlag in Berlin überhaupt erst ökonomisch ermöglicht und die Publikation bis zur Fertigstellung unermüdlich gefördert und unterstützt hat.

Lassen Sie sich beim Blättern durch HOCHWEIT 2015 in die Welt der Architektur, Konstruktion und Technik, Städtebau, Landschaft, Kunst, Geschichte und Theorie »made in Hannover« entführen und – begeistern.

Mein Eindruck: Ein Leben ohne diese Fakultät für Architektur und Landschaft ist schlichtweg einfach nicht mehr möglich.

Blick über die Straße

Elisabeth Schweeger

Geboren 1954. Besuch des Lycée Francais de Vienne, Studium der Vergleichenden Literaturwissenschaften/Philosophie/Romanistik/Germanistik in Innsbruck, Wien und Paris. Tätigkeit als Journalistin beim Falter in Wien und Mitherausgeberin der Architekturzeitschrift Umriss. Tätigkeiten als Dramaturgin in Bremen, München, Wien. Dozentin an der Hochschule für Angewandte Kunst und an der Akademie der bildenden Künste Wien. 1988 bis 1992 Reorganisation und Leitung des Ausstellungswesens an der Akademie der Bildenden Künste Wien. 1993–2001 Künstlerische Leitung des MARSTALL und Chefdramaturgin am Bayerischen Staatsschauspiel in München. 1999 Theaterpreis der Landeshauptstadt München. 2007 Gast-Professorin an der Faculta di Arte e Design, Venedig. 2001 bis 2009 Intendantin des Schauspiel Frankfurt. Seit 2014 künstlerische Leiterin und Geschäftsführer-in der Akademie für Darstellende Kunst in Ludwigsburg.

Kuratorin zahlreicher Ausstellungen, u. a. Documenta 87, Ars Electronica 1988, Schirn Kunsthalle/Frankfurt 1989, Berlin/Kulturhauptstadt Europas, Greenaway »Stairs« München, »Transferit« München, Offenes Kunsthaus Linz und Kommissärin der Biennale Venedig 2001/österreichischer Pavillon. Seit 2009 Intendantin der KunstFestSpiele Herrenhausen, Hannover.

Jede Stadt hat ihre Geheimnisse. Hannover ist aber darin ein Weltmeister. Wie eine Auster verschließt sie sich und gibt nur preis, was sie für populär hält ... Massenkultur ist ihr Lieblingswort. Aber so manche Perle glänzt im Verborgenen, oder besser gesagt glänzt über die Stadt hinaus, doch leider sehen es nur die anderen, Hannover selbst sieht es nicht.

Und so kommt es schon mal vor, dass man jahrelang nebeneinander arbeitet und kaum voneinander weiß. Getrennt durch eine Straße, die stadtplanerisch einen Orden verdient, weil sie ein historisches Ensemble auf der einen Seite ziemlich verstümmelt hat, durch den Bau der Autobahn entlang der sogenannten Wasserkunst an der anderen Seite des Großen Gartens diese Verstümmelung mit schönem Lärm noch ausgestattet hat, ist die Fakultät für Architektur und Landschaft so weit weg von den Aktivitäten der Herrenhäuser Gärten – und umgekehrt – wie die Erde vom Mond. So nah und doch so fern.

Die Ausrichtung der Fakultät liest sich berauschend gut. Was wünscht man sich mehr, als dass Studenten über den eigenen Tellerrand schauen lernen und sich grenzüberschreitend mit sämtlichen Disziplinen auseinandersetzen.

Architektur wird hier nicht als der Repräsentation allein verpflichtet verstanden – auch wenn wir wissen, dass die Baukunst mehr als alle andere Kunst von der Gunst der Politik oder zumindest des Geldgebers abhängig ist, sondern hat eben auch eine enorme Verantwortung, weil sie nicht nur funktionale Schönheit, sondern vor allem auch Lebensraum schafft und damit maßgeblich mitbestimmt, wie und in welcher Art und Weise menschliches Zusammensein sich gestaltet und möglich ist.

Architekten sind konstruktive Visionäre und Ermöglicher einer zivilen Gesellschaft. Sie schaffen soziales Umfeld, sie sind Mittler in konfliktuellen Situationen, wie kürzlich erst gezeigt, als das Institut für Flüchtlinge Modelle der humanen Unterkunft erdachte.

Architektur hat umfassende Aufgaben heutzutage: Sie ist als permanente Innovation gedacht, die Bestehendes neu überdenkt, es adaptiert und den veränderten Lebenssituationen zuführt. Da spielen die Faktoren der Ökonomie eine genauso große Rolle wie das ökologische Bauen.

Ein Ausbildungssektor, der Architektur und Landschaft miteinander verbindet, ist zukunftsträchtig und schafft die Voraussetzung für eine Baukultur, die urbane Entwicklung ganzheitlich denkt und die Kraft des Kreativen in den Dienst des Menschen mit seinen immer differenzierteren Lebenskonditionen innerhalb seines global vernetzten Umfeldes stellt.

Die Komplexität der heutigen Baukultur erfordert immer weiter gefächerte Kenntnisse, um auf die Notwendigkeiten einer extrem offenen Weltgemeinschaft zu reagieren, die durch global vernetzte Märkte an den Grenzen der natürlichen Kapazitäten dieses Planeten rüttelt und zerbrechlicher, sensibler wird. Außerdem kommt mit der rasanten Entwicklung der Digital World den Architekten die verantwortungsvolle Aufgabe zu, weiterhin adäquate soziale und physische Räume für das gesellschaftliche Zusammenleben zu ersinnen und zu erschaffen. Die kluge Gestaltung des öffentlichen wie auch des privaten Raumes wird bestimmend sein für menschenwürdiges und damit friedliches Zusammenleben.

»Die Lage ist hoffnungslos, aber nicht ernst« – so schrieb es Karl Kraus in Umkehrung des eigentlichen Sprichwortes voll bitterer Ironie zu Beginn des letzten Jahrhunderts, als die Neue Zeit der totalen Vernetzung und Kontrolle begann.

Solch schwarzer Humor ist aber nicht angebracht, denn die Hoffnung liegt in den jungen Menschen, die die Chance haben, eine so breit aufgestellte architektonische Ausbildung zu erhalten.

Wie gesagt, so nah und doch so fern, die Herrenhäuser Gärten, die Fakultät für Architektur und Landschaft: Da gäbe es ein großes Potenzial, das es unter anderem durch Besuche der künstlerischen Produktionen oder gar durch Kooperationen auszuschöpfen gilt. Auch wenn es nur darum ginge, Fehlplanungen zu analysieren, von denen Hannover ja eine ganze Menge Anschauungsmaterial bietet. Beispielsweise die Gefahr der Überflutung des gesamten Geländes der Herrenhäuser Gärten bei Überschwemmung durch den Bau des Dammes für die umfahrende Westautobahn. Das Wasser könnte da nicht mehr abfließen und stünde dem Leibniz-Zimmer direkt an der Tür – festlicher Ball unter Wasser wäre dann das Motiv einer sicher publikumswirksamen Veranstaltung im Galeriegebäude und die KunstFestSpiele könnten Wassermusik ohne Ende spielen!

Die heimliche Leidenschaft Hannovers, alles undercover zu machen, sollte man endlich parieren, und zwar mit Stolz – nämlich auf solche Institutionen, die ihresgleichen suchen im weltweiten Konkurrenzkampf.

Bilder aus den Werkreihen
Grammatik der Konstruktion des Zufalls
Erinnerungsfragmente an Architektur

Norbert Rob Schittek

Geboren 1946. Studium Architektur und Bildhauerei. 1975 Diplom Architektur Technische Universität Hannover. 1977 bis 1983 Wissenschaftlicher Assistent am Lehrstuhl für Modellieren Prof. Stefan Schwerdtfeger, Fachbereich Architektur der Universität Hannover.

Weitere Lehrtätigkeiten an der Fachhochschule Holzminden und der Universität GH Paderborn. 1991 bis 1996 Lehrgebiet Darstellung und Gestaltung am Institut für Grünplanung, Gartenarchitektur der Universität Hannover. 1997 Professor für Gestaltung und Darstellung an der Universität GH Paderborn. 2000 bis 2011 Professor für Gestaltung und Darstellung an der Leibniz Universität Hannover.

Zahlreiche Kunstausstellungen, Wettbewerbspreise und Projekte in den Bereichen Kunst im öffentlichen Raum und Stadt- und Freiraumplanung. Kunstpreis des Künstlervereins Hannover. Laves-Kunst-Preis, Die Stadt in der bildenden Kunst. Hannover Preis für herausragende städtebauliche Leistungen, Anerkennung.

Mitglied der Kunstkommission für die BUGA Magdeburg 1999. Mitglied des Kollegialkreises der Stadt Hannover. Mitglied im Beirat »Gärten und Parks in Ostwestfalen-Lippe«. Gründungsmitglied des Zentrums für Gartenkunst und Landschaftsarchitektur CGL, Mitglied im Vorstand. Zahlreiche Jurytätigkeiten für Kunst-, Landschafts- und Architekturwettbewerbe.

»Konstruktion des Zufalls« nennt Schittek sein Prinzip, genauer noch »die Grammatik der Konstruktion des Zufalls«. Dahinter steht eine interessante und originelle Herangehensweise. In seinen Gemälden herrscht eben weder die freie gestische Malerei vor noch handelt es sich bei den Kompositionen nur um gemalte Geometrie. Die instinktive Beherrschung der Gesetze der Proportion sorgt dafür, dass weder vordergründige Banalität noch aufgesetzte Komplexität entstehen, sondern eine Einfachheit der Linien und Flächen in ihrem Verhältnis von Licht und Schatten erprobt wird.

Norbert Schittek vereint das Konstruieren der Elemente mit einer äußerst sensibel aufgetragenen und sehr haptischen Malerei. Er findet dabei unendlich viele, allemal überzeugende Lösungen.

Die Pinselführung bleibt sichtbar, was die Bilder Norbert Schitteks von denen vieler Konstruktivisten unterscheidet, die meistens nur glatte Farbflächen miteinander in Beziehung setzen. Dabei ist die Palette, also die Farbwahl, durchaus reduziert. Dennoch vibrieren die Oberflächen und wirken wie lebendig. Reproduktionen können diesen Effekt nicht wiedergeben. Sand und Betonspachtel werden auf die Leinwand gerieben, was der Farbe die Resistenz von Schmirgelpapier verleiht. Hier kommt neben aller architektonischer Konstruktion der Zufallsfaktor zum Tragen. Irgendwann tritt also auch für Norbert Schittek ein kreativer Kontrollverlust ein.

Das scheinbar Einfache ist gerade das Schwierige. Wenn die roten oder dunkelgrauen Blöcke in unterschiedlichen Kombinationen gegen den vornehmlich hellgrauen Hintergrund gesetzt werden, dann muss es passen. Eine falsche Stellung stört die Balance wie ein falscher Ton in einem Musikstück. Norbert Schittek erfindet seine ganz persönliche Grammatik, aber ein einigermaßen geschultes Auge spürt, dass die Proportionen universelle Gültigkeit besitzen. Jedes der »Fragmente« strahlt Ruhe und Sicherheit aus und hält das Auge dennoch in Bann. Der Blick schweift nicht ab, sondern verharrt lange vor den Bildern und sucht nach Ordnung. Es scheint, als ob die stillen Ensembles ein Element der Bewegung enthalten. Der Künstler nennt in diesem Zusammenhang den Faktor Zeit, der durch das Wechselspiel von Licht und Schatten suggeriert wird.

Text von Dr. Andreas Blühm, Direktor Groninger Museum NL. Auszug aus dem Katalog *Die Konstruktion des Zufalls*.

019

Der persönliche Blick auf die Fakultät für Architektur und Landschaft

Stefan Höpfinger

Geboren 1969. Studium der Architektur. 2001 Diplom Universität Hannover.

Stefan Höpfinger ist neben Arne Freier und Boris Steinweg Partner des 2011 in Hannover gegründeten Büros saboArchitekten BDA, das sich neben öffentlichen Bauaufgaben in erster Linie mit dem Thema des anspruchsvollen Wohnungsbaus beschäftigt. Alle drei haben in den 90er Jahren in Hannover an der Fakultät für Architektur am alten Standort Königsworther Platz studiert und parallel erste praktische Erfahrungen in Büros gesammelt. Nach dem Studium ergab sich für sie schnell die Möglichkeit, in renommierten Büros an außergewöhnlichen Projekten arbeiten zu können und Wissen auszubauen und anzuwenden. 2004 bzw. 2006 kehrten Boris Steinweg und Stefan Höpfinger als wissenschaftliche Mitarbeiter an den Lehrstuhl für Gebäudelehre zurück, wo sie bis 2009 bzw. 2012 aktiv in der Lehre tätig waren und in dieser Zeit mit zeitlichem Abstand auch einen anderen Blick auf die Fakultät bekommen konnten. Mit Aufmerksamkeit verfolgen sie heute die Wahrnehmung und Bedeutung der Fakultät für architekturrelevante Themen in der Stadt. Im Mittelpunkt ihres Interesses steht Freude und Leidenschaft am Bauen – von der ersten starken Idee bis zur Umsetzung in die gebaute Realität.

Mitglied im Bund Deutscher Architekten. Dozent für Bauherrenseminare der Architektenkammer Niedersachsen.

»Architektur muss brennen« – das markige Zitat von Coop Himmelb(l)au aus den 80er Jahren umschreibt treffend unser Architekturstudium an der TU Hannover Mitte bis Ende der 90er Jahre. Im wahrsten Wortsinne des lateinischen Begriffes studere wurde sich um etwas bemüht, gestrebt und gerungen und im Eifer auch einmal ein falscher Weg auf der Suche nach der vermeintlich richtigen Lösung eingeschlagen. Die Bandbreite der architektonischen Ansätze und Strömungen war groß und umfangreich, stets jedoch ambitioniert und durchgearbeitet. In den Arbeitsräumen wurden bis tief in die Nacht Thesen und Haltungen zu zeitgenössischer Architektur leidenschaftlich und vehement mit anderen Studierenden diskutiert und vertreten. In der gemeinsamen, konstruktiven Auseinandersetzung fanden sich nicht selten auch ohne Beteiligung eines Professors oder wissenschaftlichen Mitarbeiters gute und tragfähige Lösungen als Grundlage der weiteren Bearbeitung.

Das hat sich aus Kenntnis unserer Lehrtätigkeit und nach Aussage studentischer Mitarbeiter nicht wesentlich geändert. Und das ist auch gut so, ist unser einzigartiger und traumhafter Beruf doch stets mit kontroversen und divergierenden Auffassungen verbunden, die uns mehr denn je eine eindeutige architektonische Haltung abverlangen. Die Studierenden möchte man heute ermutigen, mehr auszuprobieren und auszuloten, fürchtet jedoch, dass im zunehmend verschulten, an Stundenplänen und Creditpoints orientierten Bachelorstudium wenig Raum für notwendige Umwege und Experimente bleibt, um eigene Haltungen und Meinungen entwickeln zu können.

Nun könnte man zu dem – überaus voreiligen – Schluss kommen, »früher war mehr Lametta« und ohnehin alles besser, hätten wir nicht mit zeitlichem Abstand im Zuge unserer Lehrtätigkeit auch den Blick als wissenschaftliche Mitarbeiter auf die Fakultät und den Lehrbetrieb erhalten und wären der Hochschule dadurch auch räumlich verbunden geblieben. War der alte Standort der Fakultät am Königsworther Platz noch geprägt von einer sympathischen und geordneten Anarchie mit einer großen Portion Selbstverwaltung, brachte der Umzug an die Herrenhäuser Gärten und nicht zuletzt der Zusammenschluss zur Fakultät für Architektur und Landschaft eine neue Wahrnehmung und Bedeutung der Hochschule mit sich. Schon vorher wusste man, »hier kann man gut studieren« – jetzt passten auch das Erscheinungsbild und der organisatorische Rahmen zu dieser Aussage, was nicht mehr lange ein Insidertipp bleiben sollte.

Das Studium in Hannover ist schon immer geprägt von dem direkten und intensiven Draht von Studierenden zu Lehrenden, was nicht zuletzt auf die überschaubare Anzahl der Studienplätze in Relation zur Zahl der Mitarbeiter zurückzuführen ist. Das garantiert die direkte und authentische Auseinandersetzung in der Betreuung der Studierenden, die bei Bedarf auch einmal auf kurzem Wege erfolgen kann. Diesen Vorzug konnte sich die Fakultät trotz aller Optimierungen, Einsparungen und nicht zuletzt der Anpassung an den Bachelorstudiengang glücklicherweise bewahren.

Die Größe der Fakultät spielt hier zudem eine wesentliche Rolle – wir sind nicht im überlaufenen Berlin, Hamburg oder München. Dies ist das unaufgeregte Hannover, in dem – übrigens vollkommen zu Unrecht – vorzugsweise tief- statt hochgestapelt wird, und so ist die Zahl derer, die kommen, immer schon überschaubar geblieben. Im Gegenzug erhalten sie beste Studienbedingungen und eine überaus fundierte Ausbildung an einer renommierten Hochschule, die zu Recht in nationalen Rankings und Bewertungen auf den vorderen Plätzen vertreten ist.

Ermöglicht wird dies nicht zuletzt durch die Anzahl motivierter Professorinnen und Professoren, die mehrheitlich bereits seit langer Zeit im Hochschulbetrieb tätig sind und damit Kontinuität in der Lehre und Ausbildung gewährleisten. Aber auch die Gruppe wissenschaftlicher Mitarbeiterinnen und Mitarbeiter trägt mit ihrer Arbeit und ihrem Engagement wesentlich zu Erfolg und Selbstverständnis der Hochschule bei. Die Fakultät wird deshalb auch langfristig gefordert sein, dem wissenschaftlichen Mittelbau über die zeitlich befristete Beschäftigung hinaus Perspektiven zu bieten, um diejenigen anzusprechen und zu halten, die in erster Linie in der Betreuung und Vermittlung gebäudeplanerischer und praxisbezogener Inhalte eingebunden sind und die Hochschule nicht mit dem Ziel der Promotion verlassen. Gerade aus unserer alltäglichen Arbeit als praktizierende Architekten wissen wir um den Wert und die Bedeutung der vermittelten grundlegenden Inhalte für Absolventinnen und Absolventen. Architektur war und ist eine angewandte Kunst, die vielfach über eine theoretische Betrachtung hinaus das Ziel der Realisierung verfolgt. Deshalb braucht es an der Hochschule neben den Fächern zu Theorie, Baugeschichte und künstlerischer Gestaltung immer auch ein Gleichgewicht an Lehrpersonen, die durch ihre berufliche Tätigkeit in Wettbewerbe oder die Realisierung von Projekten eingebunden sind und ihre Erfahrungen sowie aktuelle Tendenzen an der Fakultät vermitteln und einbringen können. Der unbestritten gute Ruf Hannovers Studierender und Absolventinnen und Absolventen liegt nicht zuletzt in der weitgefächerten, aber gleichwohl fundierten und praxisbezogenen Ausbildung begründet. Daran sollte weiterhin angeknüpft werden.

Nach dem Studium hat es viele unserer Kommilitoninnen und Kommilitonen in nationale oder internationale Büros, aber auch in branchenverwandte Bereiche der Verwaltung oder Projektsteuerung verschlagen, woran abzulesen ist, wie vielfältig und vielschichtig sich die Berufsmöglichkeiten mit dem Hochschulabschluss darstellen und dass sie nicht immer mit der Tätigkeit als Architekt beziehungweise Landschaftsarchitekt verbunden sein müssen.

Diejenigen, die geblieben oder nach Hannover zurückgekehrt und heute ebenfalls als freie Architekten tätig sind, pflegen ebenfalls noch eine enge Bindung mit der Fakultät für Architektur und Landschaft, sei es aus räumlicher Nähe zu Vorträgen und Veranstaltungen, aufgrund eines Lehrauftrages oder weil sie hilfreich bei der Auswahl studentischer Mitarbeiter, Praktikanten oder künftiger Architektinnen und Architekten ist. Hierfür hat die Hochschule mit ihrem Angebot in unserer Stadt einen festen Platz im Büroalltag.

Zu wünschen wäre, dass die Fakultät künftig stärker in architektonische Fragestellungen zu stadtrelevanten Themen eingebunden wird, mehr Raum in der Wahrnehmung bei den hier tätigen Büros einnimmt und sich dadurch bedingt starke Beziehungsgeflechte und Synergien bilden. Diesbezüglich besteht beiderseits Nachhol- und Optimierungsbedarf. Es ist anzuregen, dass in der Themenauswahl der Hochschularbeiten die engere Auseinandersetzung mit der Stadt Hannover erfolgt und sich dadurch optimalerweise auch Initialzündungen für neue Entwicklungen und Denkanstöße ergeben können. Wünschenswert wäre, an der Fakultät langfristig auch Architektinnen und Architekten aus Hannover verstärkt in die Lehre und Ausbildung einzubinden und dadurch die stärkere Verknüpfung von Hochschule und Stadt zu ermöglichen. Wie gut das funktionieren kann, zeigen beispielsweise der Workshop radical city vision 2001 oder der studentische Xella Wettbewerb zur Bebauung des Hohen Ufers im Übergang zur Calenberger Neustadt im Jahr 2013. Beiträge, Diskussionen und Planungen haben in Politik und Stadtplanung Denkansätze und Anregungen mit sich gebracht, die perspektivisch von Bedeutung für die Entwicklung von Hannover waren und durch die Beteiligung von BDA und Architektenkammer auch in die Architektenschaft hineingetragen wurden. Das sollte als Idee neuerlich aufgegriffen werden, um die Begrifflichkeit der »hannoverschen Schule« in ein neues, modernes Bewusstsein auch außerhalb der Universität mit der gemeinsamen Zielvorstellung zu transportieren, den Begriff in Theorie und Praxis mit Leben zu füllen.

Zehn Jahre Fakultät für Architektur und Landschaft sind für uns weit über diesen Zeitraum hinaus untrennbar eng mit unzähligen Vorträgen der Reihe dienstags um 6 verbunden, in der uns bereits zu Beginn unseres Studiums im Kesselhaus der Fakultät am Standort Königsworther Platz die große weite Architekturwelt näher gebracht wurde. Unabhängig von Namen und Bekanntheit der Referentinnen und Referenten gab es hier immer etwas zu lernen und aufzugreifen. Diese Tradition wird hoffentlich noch lange beibehalten und weiterhin Gäste und Zuhörer in den Vortragssaal locken.

In nachhaltiger Erinnerung sind aus der Studienzeit in diesem Zusammenhang die namhaften Gastprofessoren geblieben, die für jeweils ein Semester nach Hannover kamen und teils mit einer divergierenden Auffassung zur Architektur polarisierten, uns Studierende ordentlich durchrüttelten und Gewohntes infrage stellten. Wäre es nicht eine Überlegung, neuerlich an diese Tradition anzuknüpfen und sie wieder aufleben zu lassen, um zusätzliche und neue Impulse von außen heranzutragen?

15 Jahre Publikation HOCHWEIT sind eng mit den unzähligen Jahrgängen Studierender, Absolventinnen und Absolventen verknüpft, die nicht zuletzt durch Arbeiten und Beiträge zum Gelingen beigetragen haben und dadurch immer auch Abbild und Referenz der Fakultät nach außen waren. So hat sich die Publikation längst neben den Ausgaben anderer Hochschulen fest etabliert und einen hervorragenden Namen gemacht. Dazu kann man, nein, dazu muss man allen Beteiligten herzlich gratulieren und das Durchhaltevermögen und die Disziplin anerkennen, in einem kleinen, teils wechselnden Team mit begrenztem Budget und zeitlichem Rahmen Jahr für Jahr dieses Buch zusammenzustellen.

Auch 2016 wird wieder eine neue Ausgabe HOCHWEIT vor uns liegen. Vielleicht in etwas veränderter äußerer Form, immer aber noch inhaltlich überzeugend und über jeden Zweifel erhaben. Wetten, dass sich dafür schon jetzt an der Fakultät für Architektur und Landschaft bemüht, gestrebt und gerungen wird?

Für Architektur muss man einfach brennen.

TH/TU Hannover 1965 bis 1968
Erinnerungen an meine Architektur-Studienzeit

Hans Dieter Schaal

Geboren 1943. Studium der Germanistik, Kunstgeschichte und Philosophie in München und Tübingen. 1965 Architekturstudium in Hannover. 1970 Diplom in Stuttgart.

Tätig als Künstler, Architekt und Schriftsteller. Zahlreiche Architektur-, Landschafts-, Ausstellungs- und Bühnenbildprojekte weltweit. 1982 Teilnahme an der »documenta urbana«, 1998/2000 Wieland-Park in Biberach/Riss, 2000/2005 Museum für Film und Fernsehen im Sony-Gebäude, Berlin, 2004 Kunstgewerbe-Museum im Schloß Köpenick, 2007 Dauerausstellung in der KZ-Gedenkstätte Bergen-Belsen, 2015 Festungsmuseum Königstein bei Dresden. Bisher erschienen 20 eigene Bücher. Ein Teil davon in englisch/deutsch.

Büro und Atelier in Attenweiler bei Biberach/Riss.

1969 Preis der Stadt Salzburg für Radierung; 1981 Villa-Massimo-Preis (Stipendium für Rom-Aufenthalt); 1981 Förderpreis der Akademie der Künste für Architektur, Berlin; Oberschwäbischer Kunstpreis 2011.

Autobiografisch betrachtet war meine Ankunft in Hannover im Frühjahr 1965 eine Befreiung. Nach qualvoll dröger Schulzeit in meiner Geburtsstadt Ulm und Studienversuchen an den Massenuniversitäten in Tübingen und München (Germanistik, Kunstgeschichte, Philosophie) traf ich 22-jährig im Architekturgebäude am Königsworther Platz auf eine Gruppe von Gleichaltrigen und Gleichgesinnten. Wie jedes neue Semester waren wir etwa 40 Studenten und Studentinnen.

Schon die ersten Blicke in die Arbeitsräume der älteren Kommilitonen erschienen mir wie das Öffnen von Fenstern in eine schöne, kreative Zukunft. Lockere Möblierung, überquellende Arbeitstische mit Bleistiften, Linealen, Zeichendreiecken, Reißschienen, Zeichenbrettern, Tuschestiften, Skizzierrollen und Transparentblättern. An den Wänden hingen Pläne und auf Regalbrettern standen Modelle. Noch war die Computerzeit nicht angebrochen. In den Ecken um kleine Tische locker gruppierte Sessel, Kaffeemaschinen und Kühlschränke, darauf Tassen und Teller. Der freundliche Empfang überwog mit Hallo-Plaudern und Diskutieren. Genau das hatte ich gesucht.

Mit den Vorlesungen über Statik, Baustoffkunde, Konstruktion und Technisches Zeichnen kam zwar etwas Ernüchterung auf, aber ich war ja hier in keiner Kunstakademie, sondern auf einer Technischen Hochschule (die

zur Technischen Universität ausgebaut wurde) angekommen. Prof. Gerhart Laage, der damals gerade 40 Jahre alt geworden war und zwei Semester zuvor den Lehrstuhl für Architekturtheorie und -geschichte übernommen hatte, zeigte in seinen Vorlesungen Fotos der neuesten Bauten von Jacob Berend Bakema, Richard Neutra, Aldo van Eyck, Alvar Aalto, Kevin Roche, John Dinkeloo, Louis Skidmore, Nathaniel A. Owings, Le Corbusier, Mies van der Rohe und Louis Kahn. Durch sein besonderes Interesse an sozialen Bauaspekten hatte er eine starke Affinität zu den Niederländern, Dänen, Schweden und Finnen. Er propagierte den beliebten Satz »Form folgt der Funktion«. Gleichzeitig war er Anhänger des berühmtesten Künstlerarchitekten im 20. Jahrhundert: Le Corbusier. Dieser hatte den Satz mit seinen Bauten gerne umgekehrt und damit formuliert: »Funktion hat meinen Formen zu folgen«. Auch Mies van der Rohes Spruch »weniger ist mehr« schien Le Corbusier selten für sich in Anspruch genommen zu haben. Seine Bauten sollten benutzbare und bewohnbare Skulpturen sein. Schön im Licht der Sonne, aber auch nachts im Licht der Straßenlampen und des Mondscheins.

Höhepunkte des Studiums in Hannover waren die Exkursionen nach Paris und Berlin. In Paris schauten wir uns alle Bauten von Le Corbusier in der Realität an und waren begeistert. An seinem Pavillon Suisse in der Cité

Internationale Universitaire de Paris hielten wir uns besonders lange auf, studierten formale Details und befragten die Bewohner nach Funktionalität. Wir fertigten Zeichnungen an und machten jede Menge Fotos.

In Berlin besuchten wir das Hansaviertel, die 1963 eingeweihte Philharmonie von Hans Scharoun (»Circus Karajani«), die Baustelle der Nationalgalerie von Ludwig Mies van der Rohe und das Märkische Viertel. Gerhart Laages Studienkollege Oswald Ungers führte uns hier durch seine neuesten Kreationen des sozialen Wohnungsbaus, schwärmte von der Kranarmlänge und den schnellen, damit kostengünstigen Bauabläufen. Wir lauschten andächtig. Aber ich fragte mich permanent: Kann so wirklich die Zukunft des Bauens, damit des Wohnens, Arbeitens und der Städte aussehen? Gleicht sich damit nicht der Architekturstil des Westens dem des Ostens – den unbeliebten Plattenbauten – an?

Bedenken kamen auf. Nicht nur bei mir. Wo standen wir? Wie sollte es mit der Architektur weitergehen?

Die Zeit der großen modernen Architekturheroen lief ab. Le Corbusier war 1965 gestorben, Mies van der Rohe starb 1969, Scharoun 1972 und Aalto 1976. Nur Oscar Niemeyer, den ich bisher nicht erwähnt habe, überlebte sie alle. Sein Brasília-Projekt sogen wir als ferne Utopie in unsere Vorstellungen auf. So würden wir alle nie bauen können. Das Epochenende war nicht zu übersehen.

Für mich blieb Le Corbusiers Mischung der verschiedenen Disziplinen – Kunst, Bildhauerei, Malerei, Schriftstellerei, Zeichnen, Entwerfen, Modellbauen und Realisieren – ein Ideal. Ich habe bis heute daran festgehalten, auch wenn viele Kollegen und Beobachter aus der Alltagsbaubranche darüber die Nase rümpfen oder gar lächeln.

Bei mir kamen während des Studiums in Hannover noch andere Einflüsse durch architekturfremde Persönlichkeiten dazu. Eine der wichtigsten war Hans Mayer, der berühmte Literaturwissenschaftler aus Leipzig. Wie sein Freund Ernst Bloch, den ich in Tübingen gehört hatte, war Mayer 1963 nicht mehr in die DDR zurückgekehrt und baute jetzt im Jahr 1965 in Hannover – an einer Technischen Universität – einen Literaturlehrstuhl auf. Als Leser seiner wichtigsten Bücher (etwa über Georg Büchner) war ich schon seit meiner Schulzeit ein Anhänger seiner Gedanken und Texte.

Jetzt gehörte ich zu seinen ersten Vorlesungsbesuchern und überredete einige meiner Studienkollegen mitzukommen. Er war ein großer, packender Redner. Da er die meisten modernen Autoren persönlich kannte, manchmal sogar deren Schreiben und Romanverläufe beeinflusst hatte (Alfred Döblin, Uwe Johnson), sprach er aus den innersten Wissenszonen. Zu den Höhepunkten seines Wirkens gehörten die Einladungen berühmter moderner Autoren nach Hannover. Im Audimax des Hauptgebäudes im Welfengarten erlebte ich Hermann Lenz, Peter Handke, Helmut Heissenbüttel, Martin Walser, Uwe Johnson, Thomas Bernhard, Hubert Fichte, Ernst Jandl, Jürgen Becker, Günter Eich, Elias Canetti und vor allem Paul Celan.

Ein anderer wichtiger Ort war für mich ein studentischer Filmclub, der ebenfalls im Audimax stattfand. Ein dicker Student, dessen Namen ich vergessen habe, hielt fundierte, wenn auch etwas kauzige Einführungen und brachte uns fast alle modernen Regisseure mit ihren aktuellen Werken nahe: Jean-Luc Godard, Jean Cocteau, François Truffaut, Louis Malle, Federico Fellini, Paolo Pasolini, Luchino Visconti, Vittorio de Sica, Ingmar Bergman, Alexander Kluge, Edgar Reitz, Volker Schlöndorff, Jean-Marie Straub, Michelangelo Antonioni, Johannes Schaaf, Franz-Josef Spieker, Klaus Lemke, Werner Nekes und Alain Resnais.

Vielleicht war es, neben Jean Cocteau, gerade Alain Resnais, der mich auf das Zeit- und Landschaftsthema aufmerksam machte. 1961 war sein Film »Letztes Jahr in Marienbad« in die Kinos gekommen. Man sieht darin die Gärten von Versailles als surreale Erinnerungs- und Zukunftslandschaften. Immer wieder bleiben die Filmpersonen, einzeln oder in Gruppen, vor den geometrisch-strengen Parkbildern stehen, als seien sie zu Skulpturen versteinert. Seitdem zog es mich selbst, wo immer ich die Gelegenheit dazu hatte, in barocke Parks. Plötzlich erlebte ich die Gärten von Versailles, Schönbrunn, Belvedere, Mirabell, Schwetzingen, Nymphenburg und jetzt von Herrenhausen in Hannover wie moderne, science-fictionhafte Kunstlandschaften (Land Art), mit Erinnerungen an die Ideale vergangener Zeiten.

Als ich zum ersten Mal durch die Parkanlage von Herrenhausen wanderte, glaubte ich 1965 genau mein Architektur-Garten-Bild gefunden zu haben. Zwar liebte ich auch das Wilde und Radikale der Alpen, der Küsten und Meere, manchmal auch der Serpentinenstraßen und Autobahnen, aber die geometrisierte und damit zur Kunst stilisierte Natur faszinierte mich fast noch mehr. Neben den beschnittenen Hainbuchenhecken, den Rabatten, den geometrisch gefassten Wasserbecken, den Hainen, Wasserspielen und Fontänen, ergänzen weiße und goldene Figuren das Bild des Parks zu einer inszenierten Gartenlandschaft mit mythologischen Geschichten oder zumindest mit Andeutungen von ominösen, meist erotischen Handlungen. Theater und Oper, Sprache, Gesang und Musik lagen in der Luft.

Ab jetzt ging ich fast jeden Tag nach Herrenhausen, machte Fotos und Zeichnungen und berauschte mich an den Perspektiven und Durchblicken. Mir war es völlig gleichgültig, dass diese ruhige und damit beruhigende Naturgeometrie mit ihren grünen, dachlosen Räumen im absoluten Kontrast zu meinem Architekturstudium, zum allgemeinen Zeitgeist (abgesehen von der Land Art) und vor allem zu den damaligen politischen Studentenunruhen stand. Ich war hier weit entfernt von jenen links-anarchistischen »Ho-Ho-Ho-Tschi-Minh«-Chören auf den Berliner Straßen. Mich interessierten weder Demonstrationen noch chaotische Straßenkämpfe. Der Anblick einer Fontäne in Herrenhausen war mir lieber als der eines Polizeiwasserstrahls.

Aus purer Neugier besuchte ich trotzdem den Vortrag von Rudi Dutschke am 29. Juni 1967 in einem Vorlesungssaal des Hauptgebäudes im Welfengarten. Anlass war die Gründung eines SDS-Büros in Hannover. Dutschke berichtet in seinen Tagebüchern stolz, dass 350 Studenten (einer davon also ich) gekommen waren und 40 von ihnen dem SDS beitraten. Darunter war ich nicht. Eher abgeschreckt von seinem heiseren Geschrei, das mich mehr an Hitler als an einen positiven politischen Aufbruchspropheten erinnerte, ging ich anschließend zur Beruhigung wieder hinaus in die Herrenhäuser Gärten.

Auf der Suche nach einer eigenen kunstarchitektonischen Ausdruckswelt beschloss ich, einen kleinen Film mit meiner Super-8-Kamera in Herrenhausen zu drehen. Es war kein Problem, einige meiner Mitstudenten dafür zu begeistern, obwohl keiner von ihnen bisher freiwillig, gar zum eigenen Vergnügen in den Gärten war.

Ich schilderte einen jungen Mann, der nach durchzechter Nacht im Morgengrauen verkatert auf einer Parkbank in Herrenhausen aufwacht und verschlafen durch den dämmrigen Garten irrt. In jeder weißen Skulpturenfrau glaubt er jenes Mädchen zu erkennen, mit dem er gestern zusammen war. Irgendwann taucht sie, gekleidet in ein blaues, bodenlanges Ballkleid jenseits des Wasserbeckens tatsächlich auf. Aber als er die Stelle erreicht, ist sie schon wieder verschwunden.

Ich beschwor eine Welt zwischen Traum und Wirklichkeit, zwischen Gestern und Heute, zwischen Vergangenheit und Zukunft. Genauso wie es in meinem Kopf aussah. Richtig zufrieden war ich mit dem zwanzigminütigem Ergebnis nicht. Dafür fehlten mir das technische Können und die passende Ausrüstung. Umso mehr staunte ich über die freundlichen und zustimmenden Reaktionen, als ich den fertigen Film unter dem Titel »Barockoko« auf dem Dachgarten des erweiterten Architekturgebäudes am Königsworther Platz an einem schönen Sommerabend mit Bachmusik zur Aufführung brachte. Selbst Timm Ulrichs, der damals mit avantgardistischen Selbstausstellungen die Kunstwelt erschreckte, war gekommen und fand lobende Worte dafür.

Von heute aus gesehen hat sich meine Meinung über den Film eher verdüstert: ein langweiliges, kleines Werkchen, dem leider der poetische Biss fehlt.

Keine Ahnung, was Professor Laage über meine studienfernen Aktivitäten dachte (sofern er sie überhaupt zur Kenntnis nahm). Gestört hat mich niemand, aber auch nicht gefördert. Nur Professor Kurt Sohns, der damals den Lehrstuhl für Malen und Zeichnen innehatte, betrachtete mich von Anfang an als unpassenden Fremdling. Obwohl meine Aktzeichnungen immer sehr gut waren, fand er ständig einen Grund, daran herumzunörgeln. Da war sein Assistent, Rolf Reiner Maria Borchard, schon nachsichtiger. Mit ihm bin ich bis heute befreundet.

Der einzige Professor in Hannover, der meine ausufernde Fantasie mit Film- und Theaterambitionen erkannte und schätzte, war Kurt Lehmann. Er unterrichtete als Professor am Lehrstuhl für plastisches Gestalten. Bei Gesprächen unter vier Augen erzählte er mir von Bayreuth und seiner Freundschaft mit Wieland Wagner. Sein Sohn war damals Oberspielleiter bei den Wagner-Festspielen. Später stieg er zum Intendanten des Opernhauses in Hannover auf. Kurt Lehmann vermittelte ein Treffen zwischen uns. Aber zu einer Zusammenarbeit kam es nie. Obwohl sie einmal, viel später, ganz nahe bevorstand. 1992 sprachen wir über eine sommerliche Freilichtinszenierung von Henry Purcells »King Arthur« in den Herrenhäuser Gärten. Ich sollte die Bühnenbilder entwerfen. Als Regisseur war Jürgen Tamchina vorgesehen. Zu Studienzwecken ließ ich mich damals von der Hannoveraner Feuerwehr mit einem Kranwagen 30 Meter hoch über das Gartengelände fahren und machte meine Fotos von der schwankenden Kabinen-plattform aus. Warum das Projekt schließlich nicht stattfand, weiß ich nicht mehr. Vielleicht waren dem Intendanten meine Ideen zu spektakulär und damit zu teuer.

Zwischen 1965 und 1968 war ich ein eifriger Besucher des Opernhauses in Hannover, wo damals George Alexander Albrecht, der Bruder des niedersächsischen Ministerpräsidenten Ernst Albrecht, als jüngster Generalmusikdirektor Deutschlands wirkte. Einem Studienkollegen aus der Architekturabteilung bin ich hier nie begegnet.

Die Inszenierungen waren ganz schön, aber eher konventionell. Die ungewöhnlichste Persönlichkeit am Opernhaus war die Ballettchefin Yvonne Georgi. Sie gehörte in jungen Jahren, neben Gret Pallucca, zu den berühmtesten deutschen Ausdruckstänzerinnen. Ihre sehr bunten und volkstümlichen Choreografien, vor allem von russischen Balletten, haben sich tief in mein Gedächtnis eingeprägt.

Auf dem Theatergebiet war in jenen Jahren Bremen führend. Ich kannte die Truppe um den Intendanten Kurt Hübner als Zuschauer schon aus meiner Ulmer Schulzeit, wo sie mit ihren Inszenierungen und Bühnenbildern für großes Aufsehen sorgte. Gemeinsam mit einigen Freunden fuhr ich zu fast jeder Premiere nach Bremen. Unser Hauptinteresse galt den grandiosen Bühnenbildern von Wilfried Minks.

Leider hatte unser Architekturstudium sehr wenig mit all diesen Nebenschauplätzen zu tun. Theater, Oper, Kunst, Bühnenbilder und Landschaftsgestaltungen interessierten weder Professor Laage noch Professor Zinsser oder Professor Spengelin.

Das Vordiplom war für manche Mitstudenten ein unüberwindliches Hindernis. Nicht alle bestanden und einige sprangen schon kurz zuvor ab. Wir, die wir bestanden hatten, durften uns jetzt mit dem Entwerfen beschäftigen. Aufgaben wurden verteilt und mussten gelöst werden: ein Schwimmbad, ein Atelierhaus am Berg, ein Gemeindezentrum, eine Schule, ein Museum, ein Wohnhaus, ein Industriegebäude.

Wieder stellte sich die Frage: Wie sollen wir entwerfen? Die meisten blätterten zunächst in der Entwurfslehre von Ernst Neufert, der das 1936 erstveröffentlichte und heute immer noch benutzte Standardwerk zum Thema geschrieben hatte. Andere schlugen in Architekturzeitschriften nach oder versuchten sich an die Beispiele aus Professor Laages Vorlesungen zu erinnern. Manche entwarfen schlicht komponierte

Häuser, andere mehr funktionale, wieder andere orientierten sich an den weißen Villen von Richard Meier auf Long Island, die in den Zeitschriften zum ersten Mal auftauchten. Aber sollte diese cleane, ziemlich ungemütliche Millionärsarchitektur einen neuen Weg für uns Mitteleuropäer darstellen? Kaum einer orientierte sich an Le Corbusier oder gar an Oscar Niemeyer. Schwungvoller Expressionismus war schwierig zu zeichnen (ganz zu schweigen vom Modellbau) und nicht wirklich angesagt. Meistens überwog nüchterne Sachlichkeit. Man wollte sich ja auf den normalen Alltag der Zukunft vorbereiten.

Das schlicht-funktionale Entwerfen fiel mir leicht. Gleichzeitig träumte ich als verkappter Romantiker mit Ausdruckssehnsüchten von mehr. Ich hatte Le Corbusier nicht aus den Augen verloren, ebenso wenig die Werke von Louis Kahn mit ihren poetischen, manchmal auch etwas pathetischen Baukörper- und Platzlösungen. Er machte mir klar, dass mit modernen Architekturelementen durchaus einprägsame Orte gestaltet werden können. Orte, die auf Benutzer und Passanten positiv einwirken und nicht untergehen im banalen Städtebrei. Gleichzeitig fühlte ich beim Blättern und Entwerfen eine Sympathie zu den großen Architekten der ersten Jahrhunderthälfte: Josef Hoffmann, Joseph Maria Olbrich, Heinrich Tessenow, Theo van Doesburg, Gerrit Rietveld, Fritz Höger, Erich Mendelsohn und Michel de Klerk. Bei vielen Baubeispielen dieser Meister fiel mir auf, dass sie die Naturzonen um ihre Hausentwürfe (sofern sie nicht im dicht bebauten Zentrum der Städte standen) nicht vernachlässigten. Bestimmt träumten sie alle von einer Verschmelzung zwischen Architektur und Gartenpark. Leider wirkt die Tatsache, dass Garten- und Landschaftsarchitektur im Dessauer-Bauhaus-Programm vergessen worden war, bis heute negativ fort.

Hannover galt und gilt als langweilige Stadt. Zu Unrecht, wie ich finde. Hier lebte und arbeitete einst Kurt Schwitters. Er lud seine gleichgesinnten Kunstfreunde aus Berlin, Weimar und Dessau ein, veranstaltete Ausstellungen und Theaterabende und machte Hannover in den 1920er Jahren berühmt. Ich bewunderte Schwitters schon immer wegen seiner schräg-eigenartigen Kunstmischung aus (Dada-)Dichtung, Theater, Bildhauerei und Malerei. Leider wurde bei einem Luftangriff im Zweiten Weltkrieg sein legendärer »Merz-Bau« zerstört. Heute ist davon im Sprengel-Museum eine fragmentarische Rekonstruktion zu sehen.

Auch die Kestner-Gesellschaft war für uns als Anregungs-quelle wichtig. Mit meinen Freunden Wieland und Rolf Reiner besuchte ich alle Ausstellungen, egal ob Bilder und Grafiken von El Lissitzky oder Horst Janssen gezeigt wurden. Reine Architekturausstellungen fanden selten statt.

Jedes Mal standen wir lange bei dem alten Mann an der Kasse. Irgendwann hatten wir erfahren, dass es sich bei ihm um den einst berühmten Fotografen Umbo (Otto Maximilian Umbehr) handelte. Er gehörte in den 1920er Jahren zu den Stars seines Metiers. Nach dem Krieg gelang es ihm nicht mehr, in die Szene einzusteigen. Um zu überleben, musste er seinen Unterhalt mit der Arbeit am Kassentresen verdienen. Er freute sich immer, wenn wir kamen, da er wusste, dass wir ihn und seine Fotos kannten.

Und da gab es noch die Galerie Brusberg, die ich gerne mit meinem anderen Studienfreund Armin besuchte. Auch hier war fast jede Ausstellung spannend und ent-wurfsanregend. Gezeigt wurden Werke von Jan Voss, Shusaku Arakawa und Erich Hauser. Geometrische Bilder, mit manchmal surrealen Tendenzen. Nur bei Erich Hauser war von Architektur die Rede, allerdings mehr von »Kunst am Bau«. Ein Aspekt, der mich damals wie heute anekelt. Ich sah und sehe darin Bild- und Sinnpflaster gegen die vorherrschende, nur von puren Funktionen bestimm-te Leere der Fassaden und Baukörper. In Wirklichkeit wird durch »Kunst am Bau« der Eindruck von Leere nur verstärkt.

Ein bewunderter Anregungsbau in Hannover war das Anzeiger-Hochhaus. Aber Ende der 60er Jahre war das expressionistisch-ornamentale Bauen generell ein Tabu. Noch immer galt der Satz von Adolf Loos: »Ornament ist Verbrechen«.

Ebenso gern hätte ich – neben den Herrenhäuser Gärten – an die Ästhetik des Maschsees angeknüpft. Er gehörte zu meinen Lieblingsorten innerhalb der Stadt. Ich habe ihn zwar nie ganz umrundet, aber das Entlangwandern an der streng gefassten Ostseite liebte ich sehr. Immer wieder staunte ich, wie freundlich die Passanten mit dem nackten Bronze-Paar von Georg Kolbe umgingen. Man kann den Figuren ansehen, dass sie aus dem Jahr 1936 stammen und im Zuge der Berliner NS-Olympiade hier aufgestellt wurden. Aber es fanden kaum Vandalenattacken statt. Nicht einmal in den 1968er Jahren. Nur manchmal wurde dem Mann eine Krawatte umgebunden. Das war alles.

Obwohl ich von Anregungsquellen umstellt war, wusste ich nach wie vor nicht so richtig, in welchem Stil ich entwerfen sollte. Ich hatte, wie gesagt, nie Probleme, die Entwurfsaufgaben zügig und funktional zu lösen. Aber zufrieden war ich damit nicht. Die Forderungen und Qualitätsansprüche von Assistenten- und Professorenseite waren vielleicht zu gering.

Meistens hatten wir mit den Assistenten der Professo-ren, die nur wenig älter waren als wir, zu tun. Manchmal, zu festgelegten Zeiten, tauchten die Lehrstuhlinhaber persönlich in unseren Arbeitssälen auf.

So trat eines Tages Professor Ernst Zinsser in unseren Arbeitsraum. Der 1904 in Köln geborene Architekt unter-richtete von 1947 bis 1971 an der Technischen Universität. Vor unserem Fenster stand sein berühmtes Hauptwerk: das Conti-Verwaltungsgebäude, das 1995 von der Univer-sität bezogen wurde. Damals wusste ich nicht, dass er für seinen Schwager Konrad Adenauer 1937 als ersten Auftrag das romantische Wohnhaus des späteren deutschen Bun-deskanzlers in Rhöndorf am Rhein entworfen hat.

Er schaute meine Entwurfszeichnung an und sagte: »Leute, ihr müsst niedrig bauen und immer im Grünen.« Seltsam, dachte ich, warum sagt er, der Hochhausbauer, solche an sich schönen Sätze?

Ich machte trotzdem weiter, formte Würfel, stapelte sie übereinander, schnitt in die Wände große und kleine Fenster ein, baute Innenhöfe. Manchmal drückte ich das Haus in die Erde, dann wieder setzte ich es auf Stelzen. Gärten dachte ich dabei immer mit. Aber niemand beach-tete sie. An unserer Hochschule gab es keinen Lehrstuhl für Landschaftsgestaltung. Diese Studiendisziplin war in ganz anderen, weit entfernten Gebäuden untergebracht. Kontakt unter den Studenten und Studentinnen gab es nicht.

Aber bei allem Spaß am Entwerfen, Zeichnen, Konstru-ieren und Modellbauen überwog die Frage: Gibt es eine interessantere Lösung? Ist das Gebilde nicht zu langweilig? Was werden die Bewohner, Benutzer oder Betrachter dieses Hauses denken, empfinden? Wie kann ich die Utopie der Herrenhäuser Gärten in die heutige Zeit übertragen? Sollte ich ähnliche Gartenanlagen mit begleitenden Wohnbebau-ungen, Kinderspielplätzen und Boggiabahnen vorschlagen? Damals hatte die Zeit der grünen Feuchtbiotope noch nicht begonnen.

Überhaupt: was mache ich hier? Wo werde ich später landen? Soll ich ein eigenes Büro gründen? Angestellter oder gar Beamter wollte ich auf keinen Fall werden …

Es gab viele realistische und weniger realistische Zukunftswege. Einer davon führt – im Sinne Laages – in den sozialen Wohnungsbau (öffentlich oder privat), ein anderer zum ländlichen Bauen (da gab es den neuen Professor Landzettel), ein dritter führt in die Industriewelt, ein vierter zum Städtebau und ein fünfter zum Forschen, Suchen und Experimentieren mit Kunstaspekten. Meine Sympathie neigte, verständlicherweise, zunehmend der letzten Wegvariante zu.

Ich schaute mich um und suchte nach den Ereignissen in den Randbereichen, jenseits der üblichen Architekturpfade. Da gab es, neben der Oper und den klassischen Konzerten, noch die Rock- und Pop-Musik mit ihren diversen Gruppierungen. Da gab es die »Tage der neuen Musik« im großen Sendesaal des Norddeutschen Rundfunks.

Beim Umherblicken entdeckte ich junge Architekten in den großen Weltstädten, die sich zusammenfanden wie Rock-Gruppen. Ihre Vorbilder waren die Beatles und die Rolling Stones. Sie wollten mit ihren provozierenden Ideen und Aktionen ähnlich befreiend und anregend auf die Gesellschaft einwirken wie ihre Musikerkollegen. Dabei war überall der Grundhass auf die Geschichte, alle historischen Hervorbringungen und generell auf den versteinerten Ewigkeitswert klassischer Architekturen zu spüren. Man wollte schnelle und temporäre Installationen entwickeln, die in der Jetztzeit nur für wenige Monate benutzbar sind. Nächstes Jahr werden sie von neuen Experimenten abgelöst. Architektur sollte belebend wirken wie Pop-Musik: schnell, stampfend, einhämmernd, schrill, bunt und fröhlich. Natürlich gab es daneben auch die düsteren Bluesgesänge, die sich mit der romantisch eingefärbten Nachtseite des Lebens beschäftigten. Auch in deren Sinn ließen sich temporäre Architekturen vorstellen (zum Beispiel Ruinen).

In England machte Archigram auf sich aufmerksam, in Amerika Site, in Italien das Superstudio und in Österreich Haus-Rucker-Co und Coop Himmelb(l)au. In Wien schien es am meisten zu brodeln und zu gären. Also fuhr ich dorthin, besuchte eine Ausstellung in der Galerie nächst Sankt Stephan, wo Monsignore Maurer, der Priester von Sankt Stephan, angeregt durch Hans Hollein, die neue Bewegung förderte. Hollein selbst war dabei, sich mit eigenen Werken in die Realität der Fußgängerzonen einzubringen. Ich schaute mir

seine neuesten Ladengestaltungen an und war hin- und hergerissen. Mir gefiel sein Wiener Schlagobers-Stil mit viel Gold und Silber und anderem postmodernem Schnickschnack nur bedingt. Von seinen Collagen und Texten war ich fasziniert. Sein legendärer Satz »Alles ist Architektur« funktioniert auch heute noch, genauso wie das ähnliche Statement seines Philosophenkollegen Paul Feyerabend, der in Amerika die Phase der Pop-art in die Denkwelt der Universitäten mit dem Slogan einführte: »Anything goes!«

In Wien hörte ich von Professor Günter Feuerstein, einem der Theoretiker der neuen Bewegung. Ich nahm brieflich mit ihm Kontakt auf. Er druckte viele meiner Zeichnungen und Entwürfe später in seiner Zeitschrift »Transparente« ab. Ein Treffen mit den Coop-Himmelb(l)au-Anführern Prix und Swi in ihrem Atelier unweit des Ronacher-Theaters machte mir klar, wie einsam und verloren ich in Deutschland dastand. Sie waren selbstbewusst und siegessicher und benutzten die altehrwürdige Stadt Wien als dekorativ-sterbende Hintergrundkulisse für ihre provokativen »Supersommer«-Inszenierungen, die nur einige Monate lang als »Fest-Dekorationen« auf sich aufmerksam machten und Besucher anzogen. Obwohl ernst-utopisch gemeint, erinnerten mich manche ihrer bewohnbaren Pneukugeln merkwürdigerweise auch an Mozartkugeln und an Olbrichs legendäre Goldblattkugel auf der Sezession. In diesem Zusammenhang erschien mir ihr Glaubenssatz »Architektur muss brennen« eher humorlos, zynisch und völlig überzogen.

Zurück in Hannover, überlegte ich gemeinsam mit meinen Freunden, ob wir nicht die Hochschule wechseln sollten. Wir waren uns einig: Hier in Hannover sind die Möglichkeiten zu begrenzt. Armin zog nach Zürich an die ETH um, Wolfgang, Klaus und ich bevorzugten die TU in Stuttgart. Dort lehrten immerhin Frei Otto, Rolf Gutbrod, Hans Kammerer und Antero Markelin.

Leider war die Stimmung im Stuttgarter TU-Gebäude, ein Hochhaus in der Stadtmitte, bei weitem nicht so locker wie in Hannover. Wir bereuten, aber blieben in Stuttgart. Ich wollte das Studium in jedem Fall mit dem Diplom beenden. Das war ich schon meinen Eltern, die mir das Studium finanzierten, schuldig.

Wir litten vom ersten Tag an unter dem kalten Massenbetrieb und den endlosen Diskussionen der linksaktiven Kommilitonen. Sie alle wollten nichts mit der aktuellen Fluxus- und Pop-Art-Bewegung, auch nicht mit den Kreationen der Landart-Leute und der neuen Architekturgruppen aus London, New York, Florenz und Wien zu tun haben. Meine Begeisterung galt jetzt den Zeltbauten Frei Ottos und seinen spannenden Vorlesungen. Wie Hans Mayer in Hannover pflegte auch er berühmte Gäste ins Audimax einzuladen. Der Vortrag von Buckminster Fuller wurde für mich zum unvergesslichen Höhepunkt.

Nach dem Diplom war ich enttäuscht und ernüchtert. Meine Studienfreunde zogen sich zurück oder begannen, in irgendwelchen Architekturbüros zu arbeiten. Manche strebten sogar dem Beamtenleben zu. Ich suchte nach wie vor nach Gleichgesinnten. Aber außer Frank Werner und Laszlo Vidolovits, die beide später Professuren übernahmen, fand ich niemand.

Erst bei unserem »Ulm neu«-Projekt, das ich zusammen mit Frank Hess entwickelte, konnten wir 1974/75 konkret verortete Lösungen vorschlagen, die meinen Vorstellungen vom Umgang mit historischer Bausubstanz (Ulmer Münster), aber auch mit banaler Nachkriegs-architektur und mit Landschaft in der Stadt nahekamen. Zu keinem Moment hatte ich der Geschichte und ihren Bauten den Kampf angesagt. Im Gegenteil: ich wollte den Dialog, harmonisch, spannungsvoll und ästhetische Bildfunken sprühend.

Leider ernteten wir dafür lokal viel Häme und herbe Kritik. Nichts davon wurde in Ulm ernsthaft diskutiert. Dafür brachten viele internationale Architekturzeit-schriften – allen voran das italienische »domus« – große Berichte darüber.

In der Zwischenzeit hatte ich mir in Stuttgart ein kleines Atelier zugelegt, viel gezeichnet, gemalt und zur Überraschung meiner Freunde und Eltern sogar geheiratet. Alle meine Bilder beschäftigten sich mit dem Thema: »Architek-tur, Mensch und Landschaft«. Die Utopie »Herrenhausen« war nicht vergessen. 1976 wurde sie durch meine römischen Villa-Massimo-Gartenerfahrungen erweitert. Ich versuchte die Naturgeometrie mit technischen Solarfeldern (damals neu!) zu verbinden und wild wuchernde Inseln einzubauen. Die Wohnbebauung brachte ich in Innenhöfen mit Brunnen unter oder entlang von strengen Umfas-sungskanälen. Museen fanden ihren Platz in großen, fest verankerten Kugeln.

Ich nahm an Kunstausstellungen teil und versuchte mit befreundeten Architekturbüros – über Wettbewerbe – in die Baurealität einzusteigen. 1977 beteiligte ich mich mit Studienfreunden, darunter Rolf Reiner Maria Borchard und Peter Klingemann, an dem Wettbewerb »Berliner Bundesgartenschau 1986«. Zu unserer Überraschung und Freude wurden wir mit dem ersten Sonderpreis ausge-zeichnet. Eine Zeitlang sah es sogar danach aus, dass unser gewagter Entwurf, der viele von mir entwickelte Ideen enthielt, realisiert würde.

Leider entpuppte sich die hoffnungsvolle Geschichte schnell als Illusion. Die beginnende Grünenbewegung, verkörpert durch die Berliner Schrebergärtner, hatte uns als Feinde entdeckt. Schnell wurde die Bild-Zeitung auf das beginnende Drama aufmerksam und hetzte gegen uns als »Verunstalter der Berliner Landschaft«. Wir mussten abtreten und das Feld in Britz, Buckow und Mariendorf an-deren überlassen. Realisiert wurde schließlich der zweite Preis von Büro Miller aus Stuttgart.

Unser Entwurf stieg trotzdem zur internationalen Berühmtheit auf. Wieder erschienen in vielen wichtigen Architektur-Zeitschriften Berichte darüber. Das große Landschaftsmodell der Gesamtanlage wurde in verschiede-nen Ausstellungen gezeigt. Meine Überblicksisometrie war weltweit so bekannt, dass ich 1992 sogar einen Brief von den Universal Studios aus Hollywood erhielt. Darin wurde ich gebeten, die Rechte daran an die Studios abzutreten. Steven Spielberg wollte die Zeichnung in seinem damals entstehenden Film »Jurassic Park« verwenden.

Obwohl ich sofort (ohne Geldforderung) zustimmte, kam die Zeichnung im Film letztlich nicht vor. Spielberg verzichtete darauf, einen konkreten Plan seines Saurier-parks zu zeigen. Die allgemeine Idee der Insel musste genügen.

STUDENTISCHE

ARBEITEN

WERKSTOFFCHEMIE UND BESCHICHTUNGSTECHNIK
Prof. Dr. Klaus Littmann

HOLZTECHNIK UND IHRE DIDAKTIK
Prof. Dr. Andreas O. Rapp

INSTITUT FÜR BERUFSWISSEN- SCHAFTEN IM BAUWESEN

Kompetenzorientierung in den schriftlichen Prüfungen im Ausbildungsberuf TischlerIn

Martin Kasselmann I Christoph Rösmann

Dipl.-Berufspäd. Johannes Wolff I Prof. Dr. Julia Gillen (Philosophische Fakultät)

Der Grundgedanke der Qualitätssicherung und Qualitätsentwicklung ist in der heutigen Gesellschaft allgegenwärtig. Unabhängig davon, in welchem Bereich dieser Gedanke zum Einsatz kommt, besteht das Ziel darin, ein bestehendes System/Verfahren zu erhalten und wenn möglich zu verbessern. Ein wesentlicher Aspekt der Qualitätssicherung und -entwicklung in der Berufsbildung ist mit dem Ziel der beruflichen Handlungsfähigkeit verbunden. Die moderne Berufsbildung sieht eine individuelle, ganzheitliche menschliche Arbeits- und Lerntätigkeit vor, um der zunehmenden Komplexität der beruflichen Umwelt zu begegnen.

Das Ziel dieser Arbeit bestand darin, kompetenzorientierte Ansätze in den schriftlichen Abschlussprüfungen der TischlerInnen zu identifizieren, um davon ausgehend Entwicklungspotenziale für den Beruf des Tischlers aufzuzeigen. Exemplarisch wurden hierzu für den Untersuchungszeitraum 2011 bis 2013 die Abschlussprüfungen im Bereich des Landesinnungsverbandes Niedersachsen/Bremen analysiert. Die schriftlichen Abschlussprüfungen im Bereich Niedersachsen/Bremen werden für 47 Innungen erstellt. Gemäß der Ausbildungsverordnung gliedert sich die Prüfung in die vier Bereiche Gestaltung und Konstruktion, Planung und Fertigung, Montage und Service sowie Wirtschafts- und Sozialkunde.

Die Grundlage zur Erstellung eines Analyserasters bildeten Ergebnisse einer Untersuchung, die vom Bundesinstitut für Berufsbildung (BIBB) durchgeführt wurde. Das Projekt »Kompetenzbasierte Prüfungen im dualen System – Bestandsaufnahme und Gestaltungsperspektiven« erstellte einen theoretischen Referenzrahmen, der auf das gesamte Prüfungswesen im dualen System angelegt werden kann. Für die Kategorie »Aufgabenstellung« sind dort folgende Indikatoren genannt:

◇ Berufstypische Aufgaben
◇ Berücksichtigung der Kompetenzdimensionen
◇ Praxisnähe/Authentizität
◇ Situationsbeschreibung
◇ Bezug auf Handlungsorientierung
◇ Bezug auf Prozessorientierung
◇ Freiheitsgrade bei der Bewältigung von Aufgaben.

Ausgehend von den Ergebnissen dieser Untersuchung wurde ein domänenspezifisches Analyseraster für den Tischlerberuf abgeleitet, welches folgende konzeptionelle Bereiche untersuchen sollte:

◇ Aufgabenform:
  gebundene und nicht gebundene Aufgaben
◇ Situationsbeschreibung:
  echte und unechte Situationsaufgaben
◇ Praxisnähe von Inhalt, Handlungsprodukt und Handlungsrahmen
◇ Authentizität von realen Arbeitsprozessen im realen Arbeitsumfeld
◇ Prozessorientierung:
  Berücksichtigung von vor- und nachgelagerten Prozessen
◇ Inhaltliche Komplexität:
  isolierte Fähigkeiten und Kenntnisse, systematischer Zusammenhang oder systematischer Wechsel von Fach- und Handlungssystematik
◇ Modellierungsleistung:
  Umfang der geforderten Problemmodellierung
◇ Klassifikationsmatrix
  ◇ Leistungskategorien Erinnern, Verstehen, Anwenden, Analysieren, Bewerten, Gestalten
◇ Wissensdimensionen Faktenwissen, Konzeptwissen, prozedurales Wissen

Unter begründeten Annahmen wurde ein domänenspezifisches Analyseraster für den Ausbildungsberuf TischlerIn erstellt, anhand dessen sich einzelne Aufgaben der schriftlichen Abschlussprüfungen analysieren lassen. Für Aufgabensätze der Jahre 2011 bis 2013 liegen auf dieser Grundlage konkrete Ergebnisse vor, wie zum Beispiel für das Kriterium Praxisnähe (siehe Tabelle).

Diese Ergebnisse zeigen, dass kompetenzbasierte Ansätze in den schriftlichen Abschlussprüfungen vorhanden sind, aber weiteres Entwicklungspotenzial besteht. So sollte zum Beispiel in den projektbezogenen Aufgaben der Rückgriff auf die Projektbeschreibung stärker verankert werden. Ebenso sollten unechte Situationsaufgaben – Aufgaben, bei denen die Situationsbeschreibung zur Lösung der Aufgabe keine Relevanz hat – weiter reduziert werden.

Ein zentrales Ergebnis dieser Arbeit stellt das domänenspezifische Analyseraster dar. Dieses Raster wurde einerseits dazu entwickelt, eine Bestandsaufnahme durchzuführen. Andererseits kann dieses Raster langfristig einen Beitrag dazu leisten, kompetenzbasierte Ansätze in den schriftlichen Prüfungen der TischlerInnen zu identifizieren und auf dieser Grundlage konkrete Weiterentwicklungsmöglichkeiten aufzeigen.

Abschlussprüfungen dienen nicht nur zum Messen der Leistung der Auszubildenden, sondern sind auch ein Mittel der Qualitätssicherung für die Ausbildung in Betrieben und berufsbildenden Schulen. Vor diesem Hintergrund wäre es denkbar, das Analyseraster zu verwenden, um den Entwicklungsprozess der schriftlichen Abschlussprüfungen zu unterstützen.

Das methodische Vorgehen kann beim Erstellen weiterer domänenspezifischer Raster nützlich sein. Hier geht es nicht darum, das Vorgehen exakt zu übernehmen, sondern von Erkenntnissen zu profitieren, die für die jeweilige Domäne von Interesse und Bedeutung sind. Dies dürfte insbesondere für die in der Klassifikationsmatrix zusammengestellten elementaren Anforderungen gelten.

Competence Orientation in Written Final Examinations in Vocational Training as a Joiner

The aim of this project was to identify competence-based approaches in written final examinations in vocational training as a joiner and based on this to show potentials for development.

A domain specific analysis matrix was created to review examination questions. The results show competence based approaches exist, but there is a potential for optimization.

The newly developed competence grid can be transferred to other domains only with methodological adjustments.

Tabelle

Ergebnis zum Kriterium »Praxisnähe«. Gegenüberstellung der Jahre 2011–2013.

Prüfungsjahrgang	2011	2012	2013
Anzahl der Aufgaben (n)	28	27	29
Einheit	(%)	(%)	(%)
Trifft voll zu	71	67	69
Trifft teilweise zu	29	30	28
Trifft gar nicht zu	0	4	3

IEG

ABTEILUNG
BAUKUNST
Prof. Zvonko Turkali

ABTEILUNG
ENTWERFEN UND ARCHITEKTURTHEORIE
Prof. Jörg Friedrich

ABTEILUNG
STADT RAUM GESTALTUNG
Prof. Hilde Léon

INSTITUT FÜR ENTWERFEN UND GEBÄUDELEHRE

Eine Herberge in Rom im städtebaulichen Kontext des ehemaligen Kasernenareals »Guido Reni«

A Hostel in Rome

Christina Hess

Prof. Zvonko Turkali **I** Dr. Jens Broszeit **I** Dipl.-Ing. Henrik Weber

Ort meiner Arbeit sollte das ehemalige Kasernengelände »Guido Reni« in einem Stadtteil nördlich des historischen Stadtzentrums sein.

Das Areal liegt seit Ende des Zweiten Weltkriegs brach und ist für die Öffentlichkeit nicht zugänglich. Meine Arbeit geht von einer schrittweisen Reurbanisierung des Geländes aus und versucht diese zusätzlich zu unterstützen.

Ziel des Herbergsentwurfs war es, eine Verbindung zwischen den Besuchern und den Bewohnern der Stadt zu schaffen. Ein sehr öffentliches und offen gehaltenes Erdgeschoss bietet Raum zum Verweilen und ist gleichzeitig mittels massiver, punktuell gesetzter Baukörper die »Stütze« für den darüberliegenden Riegel. Das Erdgeschoss bietet Räumlichkeiten für eine Bar, eine Rezeption, einen Gemeindesaal, einen Ideastore etc.

Die Gemeinschaftsflächen wie ein Speisesaal oder Gemeinschaftsküchen ziehen sich im Obergeschoss innerhalb der massiven Kuben fort. Die Herbergszimmer befinden sich ringsum in der hängenden Stahlkonstruktion.

My Thesis Project is located in the north of the historic city center on an former barracks site called »Guido Reni«. The area has been dormant since the end of World War II and is not accessible to the public. My work is based on a gradual re-urbanization of the area and should even support this development.

The aim was to design a hostel which could support a connection between visitors and the city's residents. A very public and open ground floor area offers space to relax and at the same time provides support to the upper floor with solid individual structures. The ground floor provides space for a bar, a reception, a community hall, an idea store, etc.

The common areas such as a dining room or communal kitchen are located upstairs in form of massive cubes. The steel structure hosts all the guest rooms.

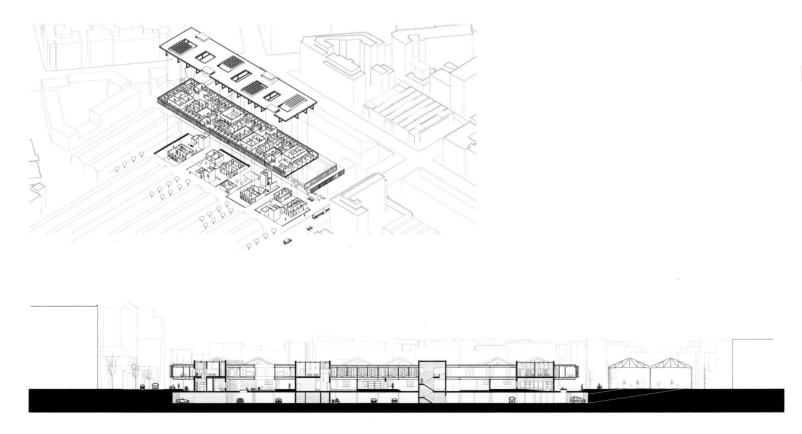

Theobroma Cacao
Ein Kakaomuseum für Ecuador

Claudia Falconi

Prof. Zvonko Turkali | Dr. Jens Broszeit | Dipl.-Ing. Henrik Weber

Theobroma Cacao
A Cocoa Museum
for Ecuador

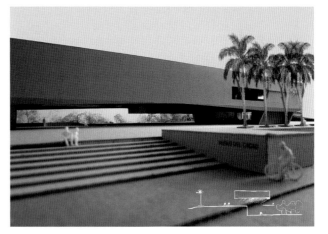

Platziert in einer Senke zwischen den stadtbildprägenden dichten Hügeln der Hafenstadt Guayaquil, ist es das Ziel des Entwurfes, über die Museumsnutzung hinaus diesen vernachlässigten Bereich der Stadt neu zu beleben. Die horizontalen und vertikalen Sicht- und Wegebeziehungen, sowohl im Innen- wie im Außenraum, ermöglichen eine Durchlässigkeit und Öffentlichkeit des Gebäudekomplexes, die ihn zu einem sozialen Knotenpunkt des Quartiers werden lassen. Ein öffentlicher Platz mit Freilichtbühne verbindet die unterschiedlichen Wegebeziehungen und Niveaus der Umgebung. Diese wird durch das Museum schattenspendend überdacht. Von diesem Platz aus gelangt man über eine großzügige Treppe sowohl zum Museum im ersten Obergeschoss als auch auf das Dach mit öffentlichen Nutzungen. Die schwebende Gebäudekubatur bietet dem Fußgänger freie Sicht auf die ikonische Flusslandschaft und den Horizont.

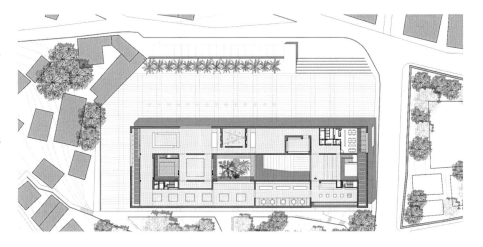

Placed in a valley between the iconic, historic and densely populated hills of the port city of Guayaquil, the aim of the museum´s design is to revive this neglected area of the city. The horizontal and vertical sightlines and public connections, both indoors and outdoors, bring transparency and openness to the building. It becomes a social hub of the neighborhood. A public square with an outdoor stage combines the intertwining levels and layers of landscape and architecture of the surroundings. The museum's wide spanning structure submerges the public space below in cool shaded areas. A spacious set of stairs leads the visitor into the museum's foyer, which leads on to the roof, which is for public use. The floating building volume offers pedestrians an unobstructed view of the unique river landscape and horizon.

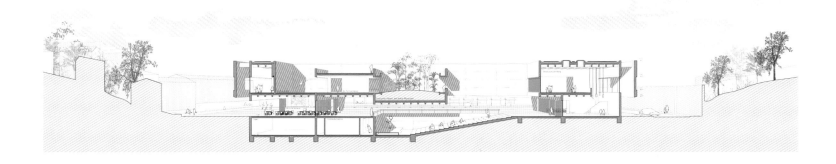

Floating Houses

Constantin Tibor Bruns

Prof. Jörg Friedrich I Dipl.-Ing. Peter Haslinger I Dipl.-Ing. MArch Simon Takasaki I Dipl.-Ing. Oliver Thiedmann

Sucht man mögliche Standorte für ein Flüchtlingsheim in
Hannover, bieten sich die innerstädtischen Wasserflächen
an, die ausreichend Platz und vielfältige Qualitäten bieten.
Ehemalige Binnenschiffe stehen günstig zur Verfügung
und bieten eine gute Basis zum Ausbau. Dieser Ansatz ist
auf viele Städte weltweit übertragbar.

Ein altes, ungenutztes Binnenschiff bietet unter Deck
genügend Platz für die benötigten technischen Einrichtungen, um das Boot bis zu einem bestimmten Grad autark zu
machen. Flusswasser kann über Filteranlagen aufbereitet
werden, Schmutzwasser mittels Minibiokläranlagen ge-
reinigt werden, für die Stromversorgung werden Photovoltaik, Windenergie, aber auch die Strömungsenergie des
Gewässers genutzt. Abhängig von der Größe des Gewässers
können mehrere Gebäudekörper eingesetzt werden.

Jeder Gebäudekörper setzt sich immer aus zwei Häusern
mit privatem Wohnraum und einem Gemeinschaftsbereich
mit Küche und Wohnraum zusammen. Der Gemeinschaftsbereich ist nur von einem Stahlgerüst umgeben, welches
mit Polycarbonat-Doppelstegplatten verkleidet ist. Durch
diese Leichtbauweise werden Sichtbezüge zwischen Innen-
und Außenraum hergestellt.

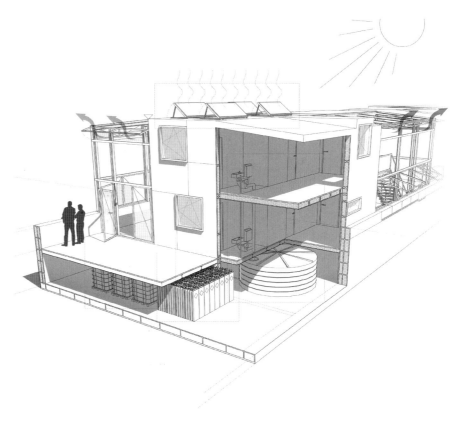

*The urban water surfaces in Hannover have potential as
locations for refugee centers. These are abundant and offer
good urban qualities. This potential can be found in many
other locations in Germany and around the world.*

*The old barge provides plenty of space below deck to
store a lot of technology that makes the boat to a certain
degree self-sufficient. River water can be purified using a
filtering process, wastewater can be purified by using
a mini bio-purification plant and power can be generated
by photovoltaics, wind energy, and energy from the river's
current.*

*Each building is composed of two houses and a shared
area. In addition to the private living room there is a communal zone which includes a living room and a kitchen.
This area is surrounded by a steel frame which is covered
with polycarbonate twin wall sheets. This lightweight construction creates a interior, which dissolves in its visual
links to the outside.*

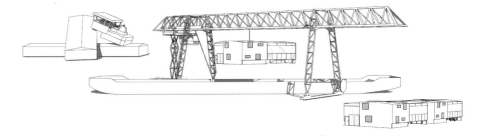

Wege für die Kunst
Eine Erweiterung der Neuen Nationalgalerie

Paths for the Arts
Extension of the
Neue Nationalgalerie

Jan Philipp Drude

Prof. Jörg Friedrich | Dipl.-Ing. Peter Haslinger | Dipl.-Ing. MArch Simon Takasaki | Dipl.-Ing. Oliver Thiedmann

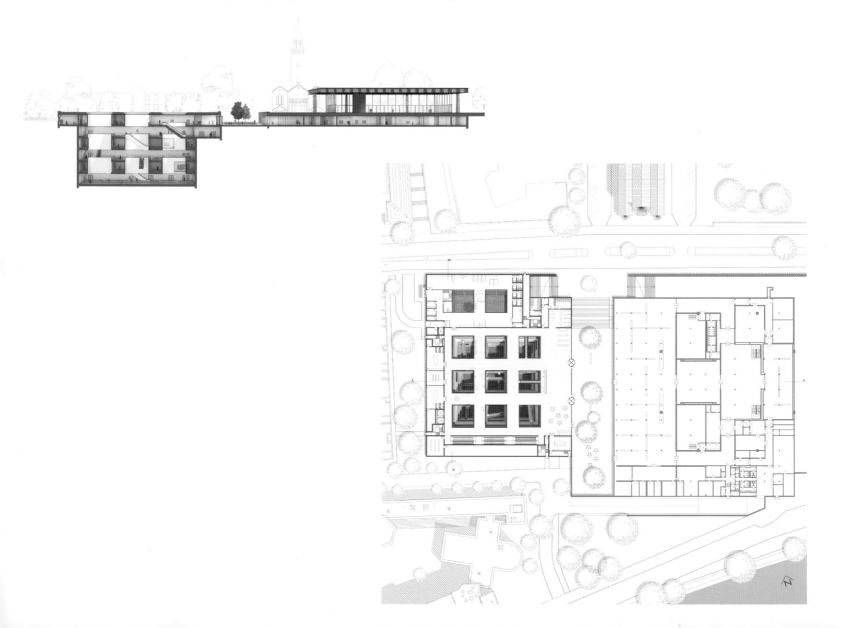

Der Entwurf für die Erweiterung der Neuen Nationalgalerie in Berlin ergibt sich aus dem Wunsch, die Sockel-
thematik von Mies van der Rohe weiterzuführen. Die
Räume des Museums verschwinden somit komplett im
Sockel sowie unter der Erde.

Im Inneren verläuft ein Wegenetz, welches um Lufträume arrangiert ist; diese Flure bilden im Entwurf die
Ausstellungsflächen. Hierbei sollen die Plastiken in
freien Geschossen ausgestellt werden, während die Bilder
in geschlossenen Gängen ihren Platz finden.

Die Erschließung der Ausstellungsbereiche wird in
erster Linie über Treppen geregelt, die sich durch die
Lufträume hindurchziehen.

Auf der untersten Ebene befindet sich die Sonderaus-
stellung, die einen großen freien Raum ergibt. Auch vom
Dach kann diese Struktur in Form einer Skulpturenaus-
stellung erlebt werden.

*The design for the expansion of the »New National Gallery«
in Berlin derives from the desire to continue the concept
of a large plinth that Mies van der Rohe took as a topic. The
rooms in the museum are therefore all placed inside the
plinth and the underground.*

*Inside there is a grid of routes, which are arranged
around atriums. These corridors are meant as the exhibition space. Sculptures are shown on open floors, whereas
paintings are displayed in closed corridors.*

*To walk through the building, stairs connect the floors
through the openings in the grid. On the lowest floor, there
is space for a special exhibition, that is one big room.
The plinth is accessible from outside and shows the structure of the building, as well as it is an open exhibition for
sculptures.*

Museums-erweiterung für Hanne Darboven

Daria Rath I Tim-Morten Neuenfeld

Prof. Hilde Léon I Dipl.-Ing. Tatsuya Kawahara
Dipl.-Ing. Inka Steinhöfel I Dipl.-Ing. Götz v. Stuckrad

Hanne Darboven Museum Extension

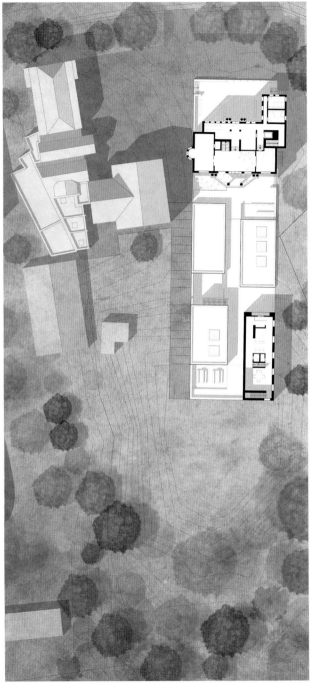

Grundrisse

Außenperspektive

Das Konzept des Museumsanbaus beruht auf der Achsenbetonung des Bestands. Die Ausbildung eines massiven Sockels, der sich vom Vorplatz der Villa bis in den hinteren Teil des Gartens zieht, ist das architektonische Element der Inszenierung.

Das Ausstellungsprinzip besteht aus Ausstellungskuben, die zwischen sich einen Wegeraum generieren. Hanne Darbovens Prinzip ist das Anfertigen mehrerer Einzelblätter, die als Ensemble ein Gesamtkunstwerk bilden. Daher variieren die Höhen und Niveaus der Ausstellungskuben, um das Betrachten und Wahrnehmen von Darbovens Werken aus verschiedenen Positionen zu ermöglichen.

Die Ausstellungskuben stoßen oberhalb des Ausstellungsbereiches durch den Sockel, sodass der Außenraum des Erdgeschossbereichs als eigene Landschaft verstanden wird.

Die einheitliche Materialität und die wenigen Öffnungen lassen das Gebilde wie eine monolithische Skulptur wirken.

The concept of the museum expansion intends to emphasize the existing building's axis, the Hanne Darboven mansion, by building a plinth which contains the exhibition's space. The plinth ranges from the mansion's forecourt into the garden of the back yard. The museum concept includes two types of exhibition space: On one hand there are exhibition cubes and on the other hand there is the in-between space which is generated by the cubes. Due to Hanne Darboven's approach of arranging her work of single-sheets into one whole composition, the cube's level varies to allow different positions of observing her work. Above the plinth the cubes form their own landscape by breaking through the plinth. The expansion's materiality and few openings create an image of a monolithic sculpture.

Ansichten und Schnitt

Schnitte

IEK

ABTEILUNG
BAUKONSTRUKTION UND ENTWERFEN
Prof. Michael Schumacher

ABTEILUNG
GEBÄUDETECHNIK
Prof. Dr. Dirk Bohne

ABTEILUNG
TRAGWERKE
Prof. Alexander Furche

INSTITUT FÜR ENTWERFEN UND KONSTRUIEREN

Auf den Spuren der Maya
Ein neues Besucher- und Forschungszentrum für die alte Akropolis Tikal

Searching the
Maya Civilization
A New Visitors'
and Research
Center for the
Ancient Acropolis
of Tikal

Luis Arturo Cordón Krumme

Prof. Michael Schumacher **I** Prof. Zvonko Turkali **I** Dipl.-Ing. Michael-Marcus Vogt

Gegenstand des Entwurfs ist die Erarbeitung eines Besucher- und Forschungszentrums mit integriertem Museum für die Ruinenstadt Tikal in Petén, Guatemala. Der Neubau unterwirft sich der städtebaulichen Konzeption: »Der Weg« als räumliches Gefüge und architektonisches Erlebnis. Im ersten Abschnitt beherbergt ein 500 Meter langes und zehn Meter hohes Gebäude die drei Nutzungen und leitet den Besucher vom Ankunftsbereich in das eigentliche Besucherzentrum. Im Grundriss teilt sich der zehn Meter breite Bau in zwei Räume: Ein Hauptraum und ein Seitenraum. Der Hauptraum folgt dem ansteigenden Gelände und überwindet mit einer Treppe die zehn Meter Höhenunterschied. Die Treppe, in der Gesamtansicht als Rampe zu erkennen, verbindet zwei Systeme: Neu und Alt, Außen- und Innenraum sowie Museum und Forschung.

The main idea of the project is the development of a structure for a visitors and research center with an integrated Museum for the Ancient City of Tikal in Petén, Guatemala. The new building submits itself to the urban concept: »The Path« as a spatial structure and architectural experience. In the first section a 500 m long and 10 m high building brings the three uses together and directs the visitors from the arrival area into the actual visitors center. The 10 m wide construction is divided in two spaces: a main room and a side room. The main room follows the rising terrain and overcomes a 10 meter terrain drop with a stair on the interior. The stairs, seen on the overall view as a ramp, connect two systems: New – Old, inside and outside, museum and research.

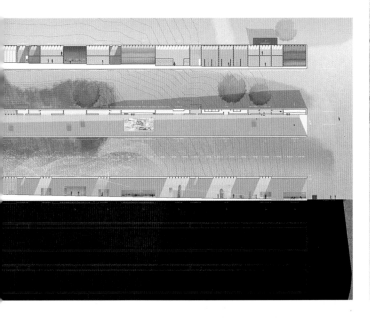

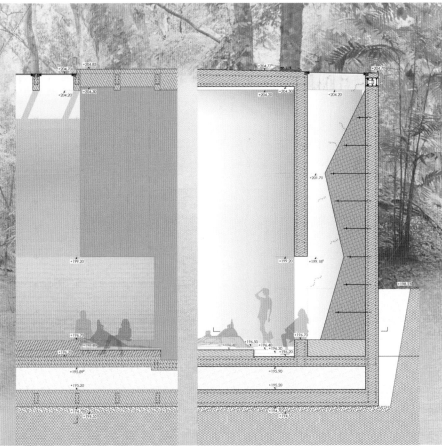

Ein Begegnungs-zentrum für die Leibniz Universität Hannover

International Meeting Center for the Leibniz Universität Hannover

Heiko Lubs

Prof. Michael Schumacher I Dipl.-Ing. Philipp Nehse
Dipl.-Ing. Michael-Marcus Vogt I Dipl.-Ing. Julia Bergmann

Der Entwurf für das neue Begegnungszentrum beschäftigt sich mit dem Thema des Weiterbauens. Der bestehende königliche Pferdestall wird um zwei neue Kopfbauten ergänzt, die der vorhandenen Gebäudegeometrie folgen und neue Entrees bilden. Die neue Dachkonstruktion bindet das Ensemble aus Alt und Neu zu einer Einheit zusammen. Durch die gläserne, reduzierte neue Hülle entsteht ein spannungsreicher Kontrast zwischen historischer Backsteinfassade und reduzierter moderner Formensprache. Eine Kupfereinlage im Glas dient als Sicht- und Sonnenschutz und verleiht dem Gebäude eine abstrakte Gestalt mit metallisch-rötlicher Farbigkeit. Der Innenraum wird von einer linearen hölzernen Rippenstruktur durchzogen. Durch die differenzierte Anordnung der hölzernen Elemente werden unterschiedliche Räume geschaffen und von den Erschließungsflächen visuell und funktional abgetrennt.

The design for the new community center features an extension to the existing royal stables. Two new wing buildings that take up the existing building geometry form the new entrance. The new roof structure binds the ensemble of old and new together to form a single unit. The new glass envelope creates a contrast, full of tension, between the historical brick facade and the reduced modern use of forms. A copper inlay in the glass panels serves to create privacy and screen off sunlight and gives the building an abstract shape with a metallic reddish tinge. A linear timber rib structure runs through the interior, with the wooden elements defining several different spaces. As a result of the nuanced arrangement of the wooden elements, different rooms are created and separated visually and funtionally from the entrance areas.

Gastronomie- und Infopavillon Wasserstadt Limmer

Information Pavilion

Enno Alting ❙ Jascha Baumgart ❙ Merle Barz ❙ Sabrina Behrens ❙ Amelie Bimberg ❙ Zina Blume ❙ Raphaela Djalili ❙ Stine Ernst ❙ Lea Frenz ❙ Annika Füchtenbusch ❙ Constantin Heller ❙ Lea Hovestadt ❙ Quang Minh Huynh ❙ Alexander Kosenko ❙ Clara Krehl ❙ Ole Meyer ❙ Lena Reischmann ❙ Vivien Ritsch ❙ Eike Ruhland ❙ Viktoria Sauer ❙ Raphael Schall ❙ Alena Schlömer ❙ Matthias Tippe

Prof. Michael Schumacher ❙ Dipl.-Ing. Julia Bergmann ❙ Dipl.-Ing. Patrick Gerstein ❙ M.Sc. Arch. Sebastian Grundgeir ❙ Dipl.-Ing. Nicole van Hülst ❙ Dipl.-Ing. Tobias Münch ❙ Dipl.-Ing. Philipp Nehse ❙ Dipl.-Ing. Michael-Marcus Vogt

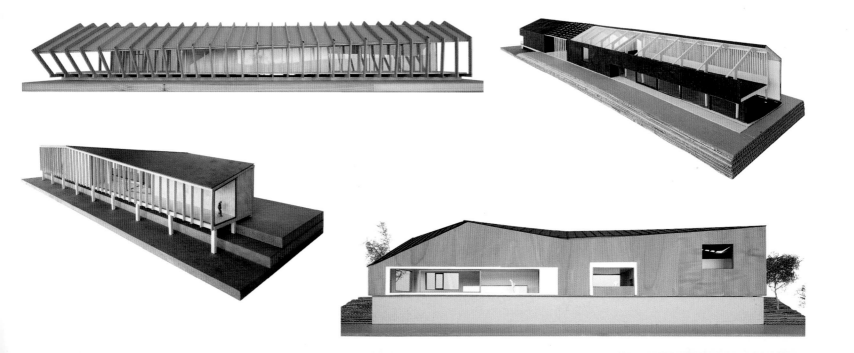

Im Grundlagenmodul »Baukonstruktion und Bauphysik« werden die Bauweisen des Holzmassiv-, Holzrahmen- und Holzskelettbaus bearbeitet. Entwurfsaufgabe ist die Neuplanung eines Gastronomie- und Informationspavillons auf dem Gelände der ehemaligen Continental-Werke in Hannover-Limmer. Das zu planende Holzbauwerk soll ein Café beherbergen und gleichzeitig in einem Infobereich über die historische Entwicklung der Insel und die zukünftige Bebauung informieren. In dem Fach »Grundlagen der Bauphysik« ist gleichzeitig zu diesem Entwurf ein vereinfachter Energienachweis nach EnEV zu führen.

The module »Construction and Building Physics« takes place parallel to the classes »KT III – Bauko 2 – Timber-frame and skeleton construction«. The task is to design an information pavilion in the grounds of the former Continental – Factory in Hannover-Limmer. The wooden building shall contain a café and an exhibition area which informs visitors about the history of the island and its future development. Simultaneously the students have to perform a simplified energy analysis according to German standard EnEV as part of the class »Fundamentals of Building Physics«

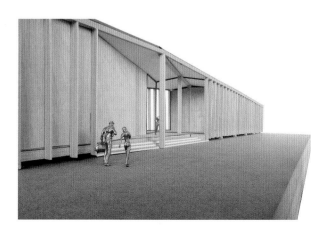

Effizientes Wohnen in der Lücke

Nele Fülscher I Henriette Breede

Prof. Dr. Dirk Bohne I Prof. Jörg Friedrich

Was bedeutet Effizienz, was beeinflusst sie und wie steht sie in Wechselwirkung mit der Architektur?

Die Mehrdeutigkeit des Titels durch unterschiedliche Auslegungsmöglichkeiten des zunächst schlicht erscheinenden Wortes »effizient« ist bewusst gewählt. Ziel dieser Arbeit ist es, Lösungsansätze zu präsentieren, die sich sowohl mit dem Potenzial räumlicher als auch energetischer Funktionalität auseinandersetzen. Im Vordergrund steht die Entwicklung eines passenden Energiekonzepts, das den Entwurf eines Künstlerhauses, das eine Baulücke in Antwerpen schließen soll, in seinen gestalterischen und konstruktiven Maßnahmen unterstützt.

Angesichts der heutigen Entwicklungen bezüglich Umwelt- und Klimaschutz wird es immer wichtiger, energetische Effizienz schon in der Gebäudeform und -art mit in die Entwurfsplanung einzubeziehen. Diese Einsicht basiert allerdings nicht nur auf ideellen Werten. Die rechtlichen Anforderungen an Neubauten und Altbausanierungen werden zunehmend verschärft und erfordern die Auseinandersetzung mit eben diesem Thema.

Neben den energetischen Ansprüchen an Neubauten im Allgemeinen, bringt auch die Innenstadt als Standort eines Entwurfs gewisse Herausforderungen mit sich. Im Kern der Großstadt kollidieren die große Nachfrage nach Wohnraum und die räumlich begrenzte Möglichkeit, diesen zur Verfügung zu stellen. Daher ist es ebenso wichtig, die gegebene Fläche möglichst effizient zu nutzen.

Dieser Beitrag dient sowohl der Veranschaulichung erzielter Ergebnisse, als auch der Erläuterung des Arbeitsprozesses mit etwaigen Problemstellungen und deren Lösung. Die unternommenen Maßnahmen münden in drei ausgewählte Energiekonzepte, die mit den jeweiligen

Ansicht Süd

Kenndaten und Ergebnissen vorgestellt, verglichen und bewertet werden.

Der Entwurf umfasst eine Kombination aus öffentlicher und privater Nutzung. Die oberen Geschosse werden zu einer Künstler-WG ausgebaut. Diese ist aufgeteilt in einen Gemeinschaftsbereich im zweiten Obergeschoss mit Wohnzimmer und Küche und vier geschossweise voneinander getrennte private Wohn- und Schlafbereiche, die jeweils mit einem Badezimmer ausgestattet sind. Im Sinne der kreativen Bewohner sind die Grundrisse offen und loftartig entworfen, um so viel Gestaltungsfreiheit wie möglich zu gewähren. Die WG zeichnet sich durch die mögliche Kommunikation und gegenseitige Inspiration aus, bietet den Bewohnern aber auch abgetrennte Rückzugsorte, die nur über das Treppenhaus verbunden werden.

Direkt unter den Wohnungen befindet sich im Erdgeschoss mit Galerie und dem angrenzenden Innenhof eine Ausstellungsfläche, die von den Bewohnern genutzt und betrieben wird. Diese bietet nicht nur Präsentationsmöglichkeiten für die Künstler, sondern dient gleichzeitig

als Café oder Lounge für kleine Veranstaltungen. Die Erschließung erfolgt über einen aus der Südfassade hervortretenden Windfang, der sich dem sechs Meter hohen Eingangsbereich öffnet. Hier bietet die Ausstellungsfläche nicht nur Platz für besonders großflächige oder vertikal ausgelegte Kunstwerke, sondern verleiht dem Eingang zudem trotz der begrenzten Fläche einen offenen Foyercharakter. Die hinteren zwei Drittel der Fläche sind mit einem Galeriegeschoss durchzogen, das weiteren Raum für Kunstobjekte bietet. Im hinteren Bereich des Erdgeschosses befinden sich die Lounge und der Weg zum Innenhof, der

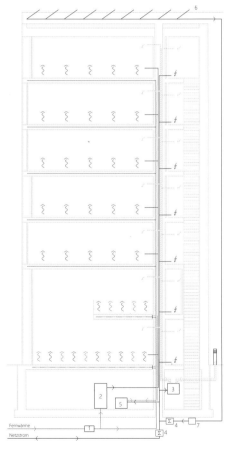

Strangschema Energiekonzept PV:
1 Fernwärme-Übergabestation
2 TWW-Speicher
3 Lüftung
4 Stromzähler
5 Kompressionskältemaschine
6 PV-Dünnschichtmodule
7 Wechselrichter

im Rahmen einer Ausstellung als Erweiterung der Lounge, als weitere Ausstellungsfläche oder auch mit den angrenzenden Hauswänden als Projektionsfläche für digitale Projekte, Präsentationen oder Lichtspiele genutzt werden kann. Im zugehörigen Kellergeschoss sind die notwendigen Räumlichkeiten für Technik, Lager und WCs angeordnet. Durch alle Geschosse zieht sich ein Leitungsschacht, der durch eine Glashülle mit individuell füllbarem Hohlraum als gestalterisches Mittel in der Ausstellung genutzt werden kann.

Dem Grundsatz der Effizienz folgend wird die gesamte zur Verfügung stehende Fläche genutzt. Die offene Grundrissgestaltung führt zu einem großen Nettogrundflächenanteil. Zur Minimierung von Energieverlusten ist die Fassade in nördlicher Ausrichtung weitestgehend geschlossen, während die großen Fensterflächen im Süden nicht nur zur Belichtung und Wohnqualität beitragen, sondern auch solare Gewinne im Winter ermöglichen. Im Sommer werden diese durch variable Sonnenschutzelemente reduziert.

Auch die Grundrissanordnung dient der energetischen Effizienz, indem unbeheizte Räume wie Lager, Technik und Verkehrsflächen an den Außenseiten angeordnet werden. Der Windfang, über den der Ausstellungsbereich erschlossen wird, dient als Pufferzone im Eingangsbereich, um Energieverluste durch ein- und ausgehende Menschen zu reduzieren. Des Weiteren ermöglicht die Anordnung von Theke, Küche und Badezimmern übereinander besonders kurze Leitungswege, die mit einem durchgehenden Schacht im Kellergeschoss direkt in den Technikraum münden.

Der Einsatz einer raumlufttechnischen Anlage mit Wärmetauscher zur Belüftung sorgt für ein hygienisches Klima und macht energetisch verlustreiche natürliche Belüftung überflüssig.

Für den Entwurf eines passenden Energiekonzeptes sind nicht nur Form, Funktion und Ausführung des Gebäudes relevant, sondern auch die gegebenen Voraussetzungen vor Ort. Unter Berücksichtigung eben dieser Standortbedingungen wurden so auch für das Künstlerhaus drei verschiedene Energiekonzepte entwickelt. Diese sollen mit passiven und aktiven Maßnahmen den Primärenergiebedarf des Gebäudes mit dem Fokus auf möglichst hohe Wirtschaftlichkeit reduzieren. Als Vergleichsobjekt fungiert ein entspre-

Primärenergiebedarf

Referenz — 105,1 kWh/m²a
WP — 38,5 kWh/m²a
BHKW — 37,7 kWh/m²a
PV — 40,6 kWh/m²a

Primärenergiebedarf der drei untersuchten Energiekonzepte

Annuität

Referenz — 6069€
WP — 5305€
BHKW — 5003€
PV — 3980€

Annuität der drei untersuchten Energiekonzepte

chendes Referenzgebäude nach EnEV-Vorgaben. Die passiven Maßnahmen zur Durchsetzung des genannten Ziels gleichen sich in allen drei Varianten und orientieren sich näherungsweise am Passivhausstandard, ohne dessen Erfüllung vorauszusetzen. Die Konzepte unterscheiden sich in den aktiven Maßnahmen: Die erste Variante bedient sich einer Photovoltaikanlage zur Eigenstromproduktion, die mit der bereitgestellten Fläche eine Deckungsrate von 73 % erreicht und mit Netzstrom ergänzt wird. Die benötige Wärmeenergie wird über Fernwärme in Form von Abwärme aus der nahegelegenen Hafenanlage bezogen. In der zweiten Variante dient ein BHKW zur anteiligen Erzeugung von Strom und Wärmeenergie. Ausgelegt am Trinkwarmwasserbedarf wird der zusätzliche Heizwärmeenergiebedarf wie in der ersten Variante durch Fernwärme gedeckt. Der Strom wird zu 100 % mit BHKW und Photovoltaik privat erzeugt. Die dritte Variante ist durch Einsatz einer Erdwärmepumpe charakterisiert, die den gesamten Heizwärmebedarf deckt. Die übrige Wärmeenergie für Trinkwarmwasser wird aus dem Fernwärmenetz bezogen. Die Stromproduktion erfolgt auch in diesem Konzept anteilig über Photovoltaik.

Alle drei Varianten erreichen mit dem jeweiligen Technikeinsatz das erklärte Ziel: Sie reduzieren den Primärenergiebedarf in Relation zum Referenzgebäude und bringen einen finanziellen Vorteil. Die größte Wirtschaftlichkeit mit 34 % Einsparung gegenüber der Referenz wird mit ausschließlichem Einsatz der Photovoltaikanlage erreicht. In Bezug auf den Primärenergiebedarf ist das Konzept BHKW knapper Vorreiter der sich nur um wenige Prozentpunkte unterscheidenden Reduzierungen.

Alle drei Konzepte sind als Ansatz denkbar, wobei die Variante PV sich auf nur wenige

Technikkomponenten stützt und somit nicht nur einen höheren Wirtschaftlichkeitsfaktor erreicht, sondern mit der geringsten Nutzung fossiler Energieträger auch ökologische Vorteile aufweist.

Efficient Housing in the Gap

What is efficiency, what affects it and in which way does it correlate with architecture?

The design of a residential building for a gap site in Antwerp is based on this topic. The term »efficient« in the title does not refer to just one possible interpretation but includes energetic as well as economic and constructive matters.

The objective is a design with a reasonable energy concept combining all of the mentioned aspects.

Concerning the function, the designed building is a house for artists due to the corresponding characteristic of the encircling district. It combines a shared flat in the upper floors with an associated exhibition space on ground floor.

Structurally, as passive measures, the organization of the floor plans, the orientation and the constructions are aligned with the general aim to achieve best possible efficiency while creating high living quality and comfort. In a second step active measures in terms of building technology are taken, in order to establish a comfortable indoor climate. Eventually, three possible active energy concepts are compared and discussed, particularly with regard to their primary energy demand and economic efficiency. As a result, the concept version with few but concerted technical components being complemented by public supplies is recommended as it achieves the best results regarding overall efficiency.

Studentisches Wohnen
Ein Wohnheim im Passivhausstandard (proKlima-Wettbewerb 2014)

Johannes Faller | Simon Ronstedt

Prof. Dr. Dirk Bohne | Dipl.-Ing. Maren Brockmann | Dipl.-Ing. Steen Hargus | Dipl.-Ing. Judith Schurr

Student Housing
A Dormitory in the Passive House Standard (proKlima competition 2014)

In dem von proKlima ausgelobten studentischen Wettbewerb wurde auf einer Brachfläche in der Nordstadt, zwischen Wilhelm-Busch-Straße und Am Judenkirchhof, ein Studierendenwohnheim mit Einzelapartments und Wohngemeinschaften geplant.

Die Gewinner des 1. Preises präsentierten ein Gebäudeensemble bestehend aus drei Wohnriegeln in Form von vorgefertigten Raumzellen, die ca. 120 Studierenden ein Zuhause bieten. Aufbauend auf der modularen Bauweise des Entwurfs soll auch die Energieversorgung modular gestaltet werden. Hierfür erhält jede Raumzelle ein eigenes dezentrales Lüftungsgerät sowie eine eigene Trinkwassererwärmungs- und Heizungsanlage. Als Energieträger soll ausschließlich Strom eingesetzt werden, der durch eine Photovoltaikanlage direkt am Gebäude erzeugt wird. Diese generiert in der Jahresbilanz mehr Strom, als für den Gebäudebetrieb benötigt wird.

For the student design competition held by proKlima, a dormitory was to be designed on a brownfield site in the Nordstadt district between the streets Wilhelm-Busch-Straße and Am Judenkirchhof, complete with individual apartments and residential communities.

The winning entry presented an ensemble of buildings consisting of 3 blocks in the form of prefabricated modular units that provide space for approximately 120 students. Based on the modular approach of design the energy supply is also conceived as being modular. Each spatial unit received a decentralized ventilation unit as well as a hot water and heating system. As energy carrier only electricity is used, which is produced by a photovoltaic system mounted on the building. It produces more power annually than is needed for the operation of the building.

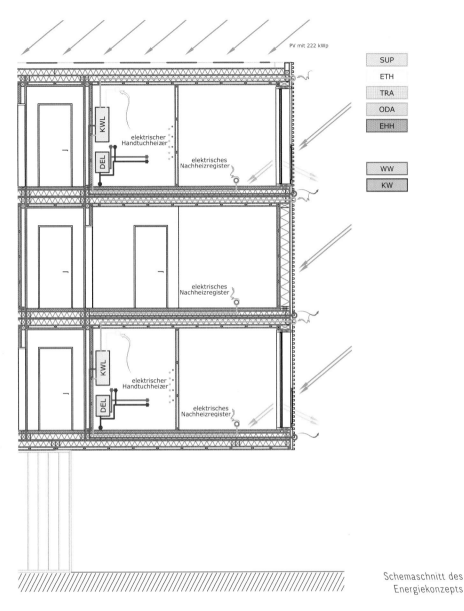

PV mit 222 kWp

| SUP |
| ETH |
| TRA |
| ODA |
| EHH |

| WW |
| KW |

KWL

elektrischer Handtuchheizer

DEL

elektrisches Nachheizregister

Schemaschnitt des Energiekonzepts

Modularer Aufbau der Wohnriegel

AddOn Bunker Welfenplatz
Experimentum – die Wissenswerkstatt für Kinder

Nikola Knauer | Nicholas Bicknell

Prof. Alexander Furche | Dipl.-Ing. Christoph Rüther

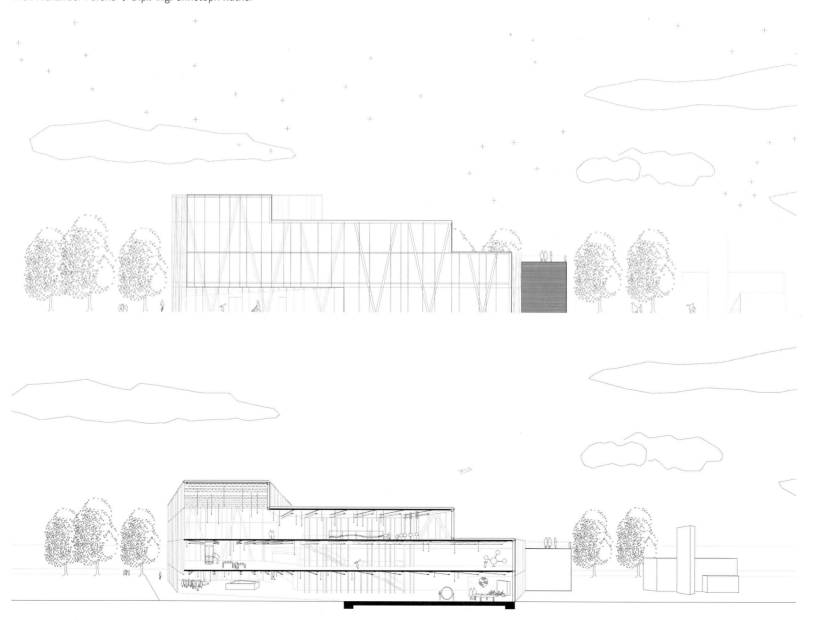

Dieser Entwurf beschäftigt sich mit einem Hochbunker auf dem Welfenplatz in Hannover, einer sehr zentralen und damit gut erreichbaren Position in der Stadt. Die Planung sieht ein interaktives Experimentiermuseum für Kinder und Jugendliche vor, das sich die jeweiligen Vorteile des dunklen und massiven Bunkers sowie des großzügigen und hellen Neubaus zunutze macht. Ein im Mittelpunkt stehendes Thema ist die »Bildung im Alltag«.

Das Museum besteht aus einem Neubau, welcher sich mit dem Bunker räumlich verbindet und sich über diesen stülpt. Der Neubau erstreckt sich über drei Geschosse; im Erdgeschoss und ersten Obergeschoss bestehen Verbindungen in den Bunker. Dem massiven Bunker mit dicken Stahlbetonwänden steht mit dem Neubau ein Leichtbau aus Stahl und Stahlverbund gegenüber. Die gesamte Tragkonstruktion des Gebäudes aus schrägen Stützen und Trägern bleibt für den Besucher sicht- und wahrnehmbar.

This is a design for the conversion of a bunker located on Welfenplatz in Hannover. It has a central position in town and therefore is well connected and easy to reach. Because of its living environment with young families, teenagers and children the design inhabits an interactive and experimental museum which takes advantage of the darkness and solidity of the bunker as well as the spacious and bright rooms of the new building. The focus here lies on »education in everyday life«. The museum has a new building which is next and on top of the former bunker. It has three floors and is connected to the high-rise bunker on the ground floor as well as on the first floor. As a contrast to the massive concrete of the bunker the new building is made from steel and steel composite. The supporting structure of the new building is always visible and noticeable for visitors.

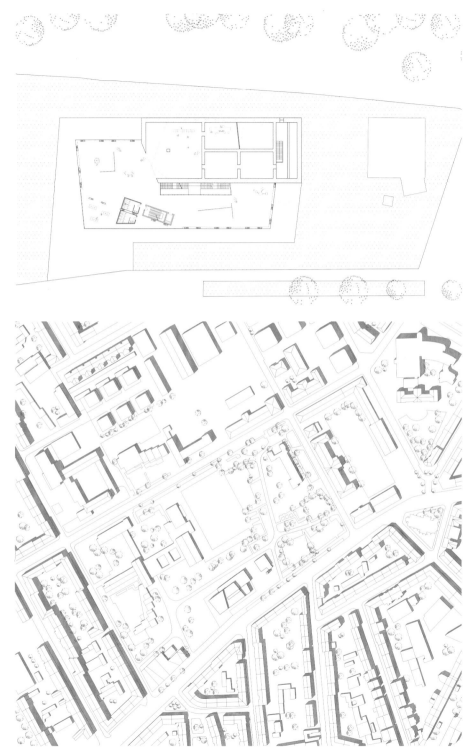

Brückenrestaurant an der Autobahn A2 (AIV-Wettbewerb 2014)

Bridge Restaurant on the Motorway A2

Vera Gutöhrle | Annika Metzler

Prof. Alexander Furche | Dipl.-Ing. Christoph Rüther

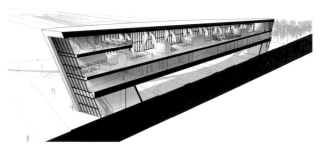

Die Raststätte Lehrter See liegt an der Autobahn A2 nordöstlich der Stadt Lehrte und verfügt über eine Rastanlage im nördlichen und einen Rastplatz im südlichen Bereich. Ziel der Aufgabe war es, die vorhandenen Anlagen durch ein Brückenrestaurant zu ersetzen und damit die angrenzenden Naherholungsbereiche zu verbinden. Unser Leitgedanke, ein markantes Bauwerk mit einer ablesbaren Konstruktion zu erzeugen, führte zu einer Stahlbeton-Fachwerkbrücke, welche sich bogenförmig über die Autobahn spannt. Großformatige, verglaste Fassadenöffnungen und die unterschiedlich hohen, vertikal abgeschrägten Enden geben der Brücke ihr charakteristisches Erscheinungsbild. Die filigrane Fußgängerbrücke verläuft in einem dem Brückenrestaurant entgegengesetzten Bogen und schließt punktuell an dieses an, um die Zusammengehörigkeit aufzuzeigen.

The motorway service station »Lehrter See« is located on the highway A2, northeast of the city Lehrte and contains a rest- and service area in the north as well as a resting area in the South. The aim of the task was to replace the existing service stations with a bridge-restaurant and thus link the nearby recreational areas. The main idea of the design was to create a distinctive appearance with a readable construction. The result is a ferroconcrete bridge, executed as a framework construction which spans arc-shaped across the motorway. The generously sized, glazed facade openings as well as the different levels of the ends of the bridge gives it a distinctive look. The filigree pedestrianbridge runs in a reversed arch to the bridge-restaurant. The two bridges are separated but also connected at certain points to clarify their togetherness.

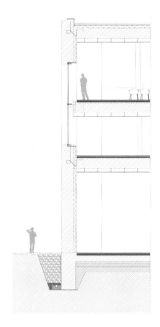

IES

ABTEILUNG
STÄDTEBAULICHES ENTWERFEN
Prof. Manuel Scholl
Prof. Andreas Garkisch

ABTEILUNG
STADT- UND RAUMENTWICKLUNG
Prof. Carl Herwath von Bittenfeld

ABTEILUNG
REGIONALES BAUEN UND SIEDLUNGSPLANUNG
Prof. Jörg Schröder

INSTITUT FÜR ENTWERFEN UND STÄDTEBAU

Park View

Max Kocademirci

Prof. Manuel Scholl I Dipl.-Ing. Christiane Axer
Dipl.-Ing. Henning Dehn I Dipl.-Ing. Frank Eittorf

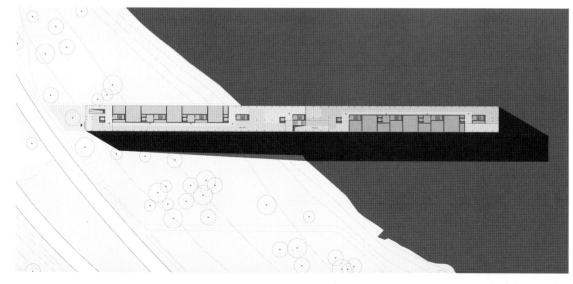

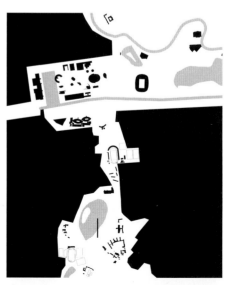

Entlang des Berliner Rings ist eine deutliche Zäsur in der Stadtmorphologie zu beobachten, die sich in Form eines Freiraumes lesen lässt. Dieser Freiraum definiert sich über den sich in die Stadt hineinziehenden Grünraum, der den Schillerteich einschließt, sich dann verjüngt und im Norden im Bereich des Allersees wieder öffnet. Die solitäre Setzung soll mit dem Thema des Wohnbaus verknüpft werden. Dabei wurde das für die Wolfsburger Wohnbebauung prägende Element der Zeile in eine großformatige Scheibe übersetzt, die in etwa die Länge der VW-Arena besitzt. Darüber hinaus wurde der Scheibe ein öffentlicher Freiraum eingeschrieben, indem subtraktiv Teile entnommen wurden. An diesem Freiraum liegen auch die gemeinschaftlichen Nutzungen für die Hausbewohner.

The urban morphology around the Berliner Ring indicates a radical caesura of the open space. In order to transcent this break a singular building is proposed within the park, reaching into the water. The typology refers to the predominant housing type in Wolfsburg – the row hoase.

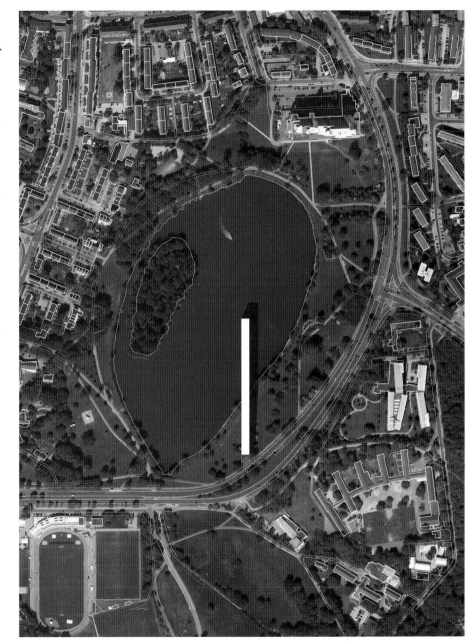

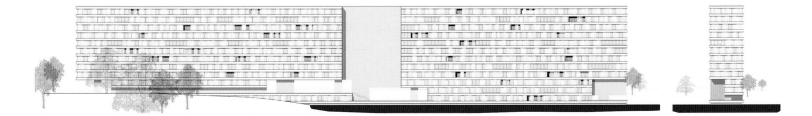

Wohnen in Hammerbrook

Hammerbrook, a place of simultaneity

Helen Ogbuehi I Daria Rath

Prof. Andreas Garkisch I Dipl.-Ing. Christiane Axer
Dipl.-Ing. Henning Dehn I Dipl.-Ing. Frank Eittorf

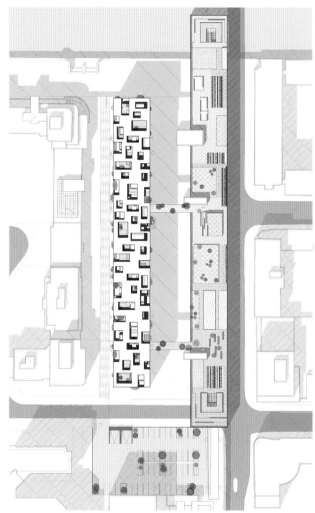

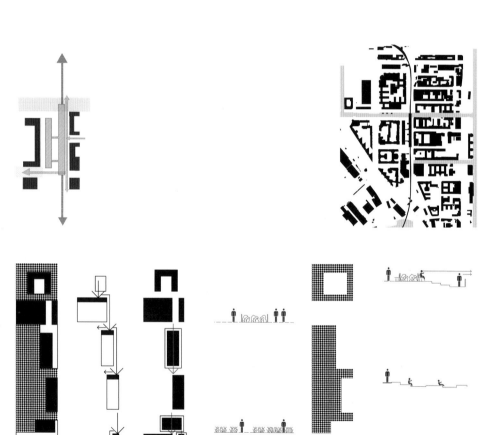

Das Grundstück ist eine Schnittstelle vieler potenzieller Räume, die unterschiedlich bespielt werden. Das Konzept versucht diese Räume zu bündeln und zu ergänzen.

Das Konzept der sich überschneidenden Räume wirft Fragen nach Öffentlichkeitsgrad und Grenzen auf. Sowie Grenzen unklar werden, verschwimmen auch die einzelnen Räume, sodass neue Raumerfahrungen und -situationen entstehen. In der klassischen Wohnsituation schirmt die Hauswand den Bewohner von der Öffentlichkeit ab und schützt ihn in seiner Privatheit. Das städtische Leben ist ein Nebeneinander von Mensch, Verkehr, Arbeit, Freizeit, Kultur, Bildung und Konsum. Es geht um die Verbindung all dieser Charakteristiken einer Stadt, diese sollen auf dem Entwurfsgrundstück gebündelt werden.

Located next to the elevated railway station of Hammerbrook, the project is surrounded by heterogeneous kinds of urban structure. It indicates its purpose of an interface of urban living. By defining, layering and blurring spatial limits the concept of the housing project creates new spatial experiences and qualities. To make pivate sphere possible every space receives its own facade with a different level of transparency. The building is in the shape of a massive, porous disc inclined. It is placed parallel to the station and contains different types of floor plans as the split level allows to receive light from two sides. Generated beween exterior and interior the surrounding circulation space also acts as community space. The project is supposed to operate as a city itself, to bundle urban processes and show a city's characteristics in a smaller scale.

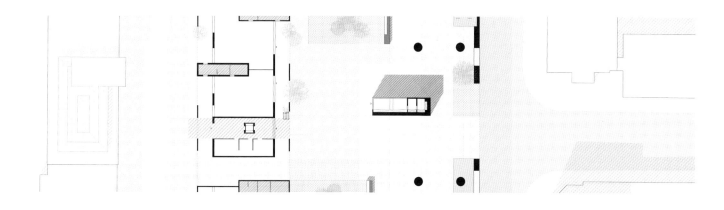

Schlaun-Wettbewerb
Quartier Zeche Sterkrade

Artur Mastel

Prof. Carl Herwarth von Bittenfeld

Schlaun Competition
Sterkrade Colliery Quarter

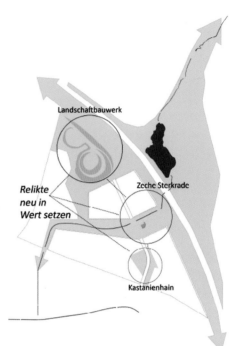

Landschaftbauwerk

Relikte neu in Wert setzen

Zeche Sterkrade

Kastanienhain

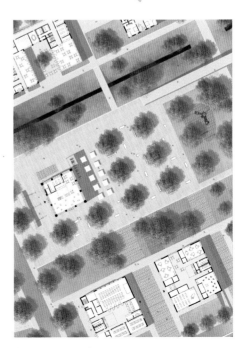

Der Schlaun-Wettbewerb hat die Förderung der Baukultur in Nordrhein-Westfalen zum Ziel und wird jedes Jahr vom gleichnamigen Schlaun-Forum e.V. ausgelobt. Der diesjährige Wettbewerb führt ins Zentrum des Ruhrgebiets: nach Oberhausen. Aufgabe ist die Entwicklung eines neuen Quartiers mit eigener Identität auf dem Gelände der ehemaligen Zeche Sterkrade. Ziel des Entwurfes ist die Umwandlung einer einst durch Industrie geprägten Fläche zu einem Wohnquartier mit klimaneutraler Qualität. Dabei werden Wohnnutzungen in einem breiten Angebotsspektrum in die bestehende Siedlungsstruktur integriert. Vorhandene Elemente wie der Alsbach und das Industriedenkmal werden reaktiviert und neu in Wert gesetzt. Eine geringe Versiegelung der Flächen stärkt die Idee eines Quartiers mit gartenstadtähnlichem Charakter. Unter den 60 eingereichten Städtebau-Arbeiten erhielt die Arbeit eine besondere Anerkennung.

The Schlaun competition aims to promote building culture in North Rhine-Westphalia and is held annually by the Schlaun-Forum e.V. The location for this year's competition is in the center of the Ruhr Area – the city of Oberhausen. The task is to design a new area with its own identity on the terrain of the former Sterkrade colliery. The concept of the design is the conversion of the former industrial area of Sterkrade to a residential area with climate-neutral quality. New typologies for a wide spectrum of user groups blend in the existing buildings. Elements like the Alsbach stream and the Sterkrade colliery monument, which are unused at the moment, are being reactivated. A minor sealing of the surface strengthen the landscape and the idea of an area with garden city character. Among the 60 urban design submissions this design idea received a special recognition.

Quartier Diebsteich

Alina Bayrak | Franziska Oelschlaeger

Prof. Carl Herwarth von Bittenfeld
Dipl.-Ing. Daniel Dickmann
Dipl.-Ing. Radostina Radulova

Urban Living Diebsteich

Grundlage des Konzepts bildet ein östlich an das Gebiet angrenzender Grünstreifen. An diesen knüpft das quartiersinterne Grün an und verbindet so Bestand mit Entwurf. Der Grünraum wird durch gezielte Eingriffe in kleinere Einzelflächen unterteilt. Jede von ihnen erhält dabei eine differenzierte, freizeitorientierte Nutzung; alle werden in nördliche bzw. südliche Richtung gegeneinander verschoben. Die entstandenen Überschneidungsbereiche schaffen eine Verbindung und ermöglichen zugleich eine privatere Atmosphäre in den zurückliegenden Flächen. Die Bebauungsstruktur reagiert auf den umliegenden Bestand mit einer geschlossenen Blockrandbebauung im Süden und einer kleinteilig aufgelockerten, niedrigeren Struktur im Norden. Zur besseren Orientierung ist jeder Grünfläche ein Hochpunkt in Form eines zwölfstöckigen Gebäudes zugeordnet. Des Weiteren befindet sich in jedem Quartier ein öffentlicher Platz mit Nahversorgungseinrichtungen. Aufgrund der starken Lärmbelastung durch Bahnverkehr süd- und westseitig werden dort zum Schallschutz tiefere sowie höhere Riegel in die Blockrandbebauung integriert. Der fahrende Verkehr wird größtenteils aus dem Gebiet ausgegliedert, die Haupterschließung erfolgt über Fuß- und Radwege.

The main concept of the project »Quartier Diebsteich« consists of a green belt which is fragmented into four courtlike green spaces with different characters and programs. The structure of the buildings mimics the shape, scale and typography of their surrounding. Each of the structural layers is indicated with a highrise element.

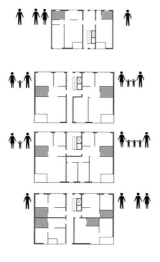

ConneXio

Carolina Voelker **I** Clara Charlotte Meyerfeldt

Prof. Carl Herwarth von Bittenfeld
Dipl.-Ing. Daniel Dickmann
Dipl.-Ing. Radostina Radulova

Eine prägnante Grünraumachse, die durch das Entwurfsgebiet verläuft, stellt das Hauptmerkmal des Projekts dar. Die bestehenden Gebäudetypologien, hauptsächlich Blockrand- und Zeilenbebauung, werden durch das Entwurfsgebiet unterbrochen. Ziel des städtebaulichen Entwurfs ist es, eine Verbindung (lat.: connexio) zwischen den Wohngebieten im Osten und im Westen zu schaffen. Die dadurch entstehende Bebauungsachse schneidet die Grünraumachse im Entwurfsgebiet. Im nördlichen Bereich ergibt sich so eine große Grünfläche, im Süden wird die Blockrandbebauung fortgeführt. Büros und ein Hotel sind in den äußeren Blöcken entlang der viel befahrenen Plöner Straße vorgesehen. Die weitestgehend fünfgeschossige Bebauung wird als Besonderheit durch vier Hochpunkte ergänzt, die durch das Gebiet zum Bahnhof hin ansteigen und der Orientierung dienen.

The urban design project aims to connect (lat.: connexio) the two neighborhoods in the East and in the West. Office buildings and hotels are proposed for the outer perimeter along the Plöner Strasse with its heavy traffic circulation. Four highrise buildings, ascending in successsion, serve as a highlight in the five-storey complex and point the way to the new Diebsteich railway station.

Caracas

Season Strip – Housing, Fields and Park

Marc Glugla

Prof. Jörg Schröder
Arch. Maddalena Ferretti Ph.D.
Mag. Arch. Christian Haid M.Sc.
Dipl.-Ing. Sarah Hartmann
Dipl.-Ing. Ines Lüder
Arch. Emanuele Sommariva

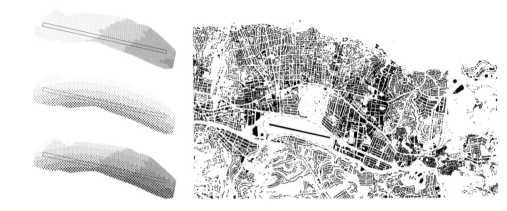

Mit diesem Projekt wurde ein Nachnutzungskonzept für die 100 Hektar große Fläche des ehemaligen Militärflughafens La Carlota in Caracas (Venezuela) entworfen. Ziel war es, eine räumliche und funktionale Strategie für diesen innerstädtischen Transformationsraum zu entwickeln, die im Gegensatz zu bisherigen Konzepten (etwa im Wettbewerb »Caracas 2020«) den von der Stadt getrennten, direkt am Fluss liegenden Raum vielfältig und vor allem mit einer klaren sozialen Ausrichtung wieder mit dem Stadtgewebe verknüpft. Die saisonalen Veränderungen vor Ort – vor allem die Regenzeit – wurden in die neugestalteten räumlichen Strukturen aufgenommen, um das Areal durch sich temporär verändernde Atmosphären, Funktionen und Räume flexibel zu bespielen. Im Vordergrund standen die Grundversorgung mit öffentlich zugänglichem Freiraum, der Umgang mit saisonalem Hochwasser, die Schaffung neuer Verbindungen sowie ein innovatives Konzept für ein Wohncluster auf dem Areal. Für dieses wurde ein partizipativer Siedlungs- und Bauprozess formuliert, der auf die Bedürfnisse und Instabilitäten der sozial schwachen Bevölkerungsschicht reagieren kann.

The project »Seasonal Strip« intends to develop a concept for the future use of the 100-acre site of the former military airport »La Carlota« in Caracas, Venezuela. The aim of this project is to develop a spatial and functional strategy for this »space of transformation« as an alternative to current proposals – for example for the competition »Caracas 2020«. And, with a clear social focus, to re-link the riverside site back to the city from which it is currently separated. Local seasonal changes – especially the rain season – were assimilated into the newly designed spatial structures, in order enrich the site with temporarily changing atmospheres, functions and spaces. The main issues were were the enhancement of accessible urban open space, the seasonal flooding, the creation of new connections, as well as an innovative concept for a housing cluster on the site. The cluster was designed as a participatory settlement and construction process, which is able to respond to the needs and instabilities of the socially deprived population.

ROMA 2025

Marius Domeier I Juliane Andrea Doniek I Patrick Rahe I Isabelle Wichmann

Prof. Jörg Schröder I Arch. Maddalena Ferretti Ph.D. I Mag. Arch. Christian Haid M.Sc.
Dipl.-Ing. Sarah Hartmann I Dipl.-Ing. Ines Lüder I Arch. Emanuele Sommariva Ph.D.

Das Entwurfsstudio ROMA 2025 bearbeitete in einem territorialen Maßstab das komplexe System der Metropolregion
Rom. Die traditionelle Kulturlandschaft wurde transformiert, um eine Art »SUPER AGRO« zu erarbeiten, in dem
übergeordnete Themen wie Wohnen, Mobilität, Lebensmittel-
versorgung, öffentlicher Raum, Renovierung des Bestandes,
Umgang mit der Umwelt, Tourismus sowie Partizipation
in verschiedenen Maßstäben thematisiert und für eine ter-
ritoriale Vision zusammengebracht werden konnten. Diese
Vision kann Teil einer vielfältigen Zukunftsstrategie für
Rom sein.

*ROMA 2025 – NEW LIFE CYCLES FOR THE METROPOLIS deals
with the complex system of Rome's metropolitan area on
a territorial level. The traditional cultural landscape was
transformed to establish a sort of »SUPER AGRO« where
general issues such as housing, mobility, food supply, public
space, building renovation, dealing with the environment,
tourism and participation are addressed at different scales
and brought together in a territorial vision that can become
part of a varied strategy for Rome's future.*

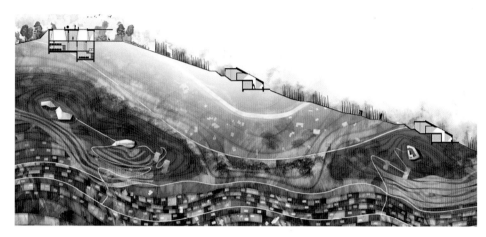

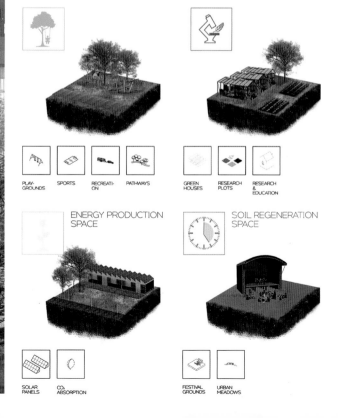

PLAY-GROUNDS | SPORTS | RECREATION | PATHWAYS | GREEN HOUSES | RESEARCH PLOTS | RESEARCH & EDUCATION

ENERGY PRODUCTION SPACE | SOIL REGENERATION SPACE

SOLAR PANELS | CO₂ ABSORPTION | FESTIVAL GROUNDS | URBAN MEADOWS

American Dream

Marie Kickhöfel | Jessica Meissner

Prof. Jörg Schröder
Arch. Maddalena Ferretti Ph.D.
Mag. Arch. Christian Haid M.Sc.
Dipl.-Ing. Sarah Hartmann
Dipl.-Ing. Ines Lüder
Arch. Emanuele Sommariva Ph.D.

Im Entwurfsstudio AMERICAN DREAM – CASE STUDY RESSE entwickelten die Studierenden Szenarien für die Transformation von Einfamilienhausquartieren am Beispiel eines Orts in der Wedemark. Insbesondere die Themen Innenentwicklung, neue Typologien, Anpassung des Gebäudebestands und des Freiraums, Mobilität und der Bezug zur Landschaft spielten für den Entwurfsprozess eine Rolle.

Das Projekt DIY – Resse autark steht beispielhaft für den Ansatz, öffentliche und private Flächen vermehrt für die Produktion von Energie und Lebensmitteln zu nutzen. Der typische Zusammenhang von Erschließungsstraßen und eingezäunten Parzellen mit freistehenden Einfamilienhäusern wird zugunsten neuer Gemeinschaftsflächen im Inneren aufgebrochen. Die Rückseiten werden zu neuen Vorderseiten. Vorgeschlagen wird zudem, die energetische Sanierung dafür zu nutzen, die Gebäude an aktuelle Wohnbedürfnisse anzupassen.

Within the design studio AMERICAN DREAM – CASE STUDY RESSE the students developed visions for the future transformation of settlements of detached houses. Especially the topics of densification, new typologies, adaption of existing buildings and free spaces, mobility and the relation to the landscape were relevant for the design process.

The project shown represents an approach to intensify the production of energy and food in public as well as private spaces. The typical connection of streets and lots is opened up in favour of joint use of inner block areas. Back sides become the new front sides. Energetic restoration is being used to adapt the buildings for current requirements related to housing.

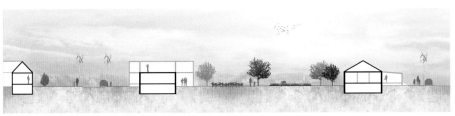

 4607,1 m² Gemüse 280,0 m² Schweine 2165,5 m² Kartoffeln 740,0 m² Hühner

IF

FACHGEBIET
ENTWERFEN URBANER LANDSCHAFTEN
Prof. Dr. Martin Prominski

FACHGEBIET
FREIRAUMPOLITIK UND PLANUNGSKOMMUNIKATION
Prof. Dr. Bettina Oppermann

INSTITUT FÜR FREIRAUM-ENTWICKLUNG

Aachen-Preuswald
Die Revitalisierung einer Großwohnsiedlung

Florian Depenbrock

Prof. Dr. Martin Prominski (IF) | Prof. Katja Benfer (ILA)

Aachen-Preuswald
The Revitalization of a
Large Housing Estate

Die Großwohnsiedlung Preuswald im Süden der Stadt Aachen wurde in den 70er Jahren nach dem Leitbild »Urbanität durch Dichte« in einem Waldgebiet errichtet. Auf rund 25 Hektar leben ca. 2000 Einwohner. Der größte Wohnanteil befindet sich seit 2007 im Eigentum der Deutschen Annington Immobilien GmbH. Das Unternehmen steht in der Kritik, Sanierungsmaßnahmen zu vernachlässigen. Die Siedlung macht entsprechend einen veralteten Eindruck und weist eine Vielzahl typischer Defizite auf.

Ziel der Arbeit ist die ganzheitliche Aufwertung der Siedlung in städtebaulichen, architektonischen und landschaftsarchitektonischen Belangen. Kombinierte Maßnahmen sollen zu einer langfristigen Verbesserung der Wohnsituation des Quartiers beitragen. Die alte Ringerschließung bildet die entwurfstragende Struktur für diesen Prozess. Zusammen mit neuen Aufenthaltsbereichen wird sie zur multifunktionalen Hauptader des Quartiers.

Preuswald, a large housing estate in the south of Aachen, was built within a forested area based on the concept of »Urbanity through density« in the 1970s. 2000 residents live on about 25 hectares. Since 2007, the biggest property owner and residential landlord on the estate is »Deutsche Annington Immobilien GmbH«. The company has been criticized for neglecting renovation and repairs to its properties. As a consequence, the estate makes an outdated impression and shows a number of typical deficits. The goal is the holistic revitalization of the estate with regards to urban developmental, architectural and landscape architectural concerns. Combined measures should contribute to a long-term improvement of the living conditions in the neighborhood. The Reimers Road – a former ring road – is a key structure for this process. In combination with new public recreation areas, it becomes the multifunctional mother load of the neighborhood.

Entwerfen urbaner Wälder als Aufgabe der Landschaftsarchitektur

Design of Urban Forests as a Responsibility of Landscape Architecture

Monika Spoerhase

Prof. Dr. Martin Prominski | Prof. Dr. Sigrun Langner

ORTSBEZUG
RAUMBEZÜGE HERSTELLEN
AUSBLICKE GEWÄHREN
KLARE KANTEN LEITEN
ORIENTIERUNGSSYSTEM
RELIKTE BERGEN & RECYCLEN

CHARAKTER
PARKWALD
NATURNAHER WALD
WIRTSCHAFTSWALD
LICHTER WALDHAIN

ETABLIERUNG
KURZUMTRIEBSPLANTAGEN
VORREITER
WEITERENTWICKELN
PLENTERN
UNVERBINDLICH
EINNISTEN

MULTIFUNKTIONALITÄT
KUNST UND INSTALLATION
WALD ALS KULISSE
PRODUKTIVITÄTEN EINBINDEN
WALD ALS ALLEMENDE
WALD ERFORSCHEN

GRENZE
HECKEN BEGRENZEN
BAUMREIHEN AKZENTUIEREN
HÖHEN VARIIEREN
SÄUME LOCKERN

ANPASSUNG
PFLEGEND EINGREIFEN
NUTZER AKTIVIEREN
RITUALISIEREN
BARFUSSTAG

ZUGÄNGLICHKEIT
VON DICHT ZU LICHT
EINSAME ORTE
WALD BELEUCHTEN
WALD AUFRÄUMEN
WALDBODEN LÄDT EIN
VIELSEITIGE WEGEFÜHRUNG

STRUKTUR
AUSNAHMEN ZULASSEN
MIT RICHTUNGEN LENKEN
INSELN UND ZIMMER
PATCHWORK

INVASION
UNVERBINDLICH
TIERE WEIDEN
RÄUME DEFINIEREN
WEGE FORMEN SICH
WALD VERDRÄNGEN

Mit der Anlage urbaner Wälder wird insbesondere eine Kostenersparnis gegenüber anderen Freiraumtypen angestrebt, zugleich sollen die städtischen Flächen urbanen Zwecken dienen, wofür eine erlebniswirksame Gestaltung der Wälder gefragt ist.

In der Arbeit wurde ein Leitfaden für Landschaftsarchitekten entwickelt, in welchem das noch wenig etablierte Entwurfsfeld urbaner Wälder in Form von Typologien und Maßnahmen aufbereitet wurde. Die Grundlage bildeten das aus einer Recherche von Referenzprojekten herausgearbeitete Wissen sowie Erfahrungen aus drei eigenen Entwurfsproben.

Der hierfür exemplarisch aufgeführte Entwurf »Waldsequenzen« auf dem Areal des Bahnhofs Plagwitz in Leipzig verfolgt eine offene und prozessorientierte Entwurfsstrategie und setzt sich damit auseinander, wie die verschiedenen Ansprüche der Nutzer mit dem wachsenden Wald realisiert und arrangiert werden können.

The establishment of urban forests has two main purposes. On the one hand it is less expensive than other forms of open space. On the other hand, urban areas are supposed to fulfill certain functions. For this, attractive design is vital.

The main focus of this thesis is to cover the yet not established design field of urban forests comprehensively and to present a manual for landscape architects. It comprises results of the analysis of reference projects in landscape architecture and forestry and from own test designs.

The concept »Waldsequenzen« on the site of Plagwitz train station in the city of Leipzig for example, follows an open and process-oriented strategy and deals with the integration of various demands of different users with the requirements of the growing forest.

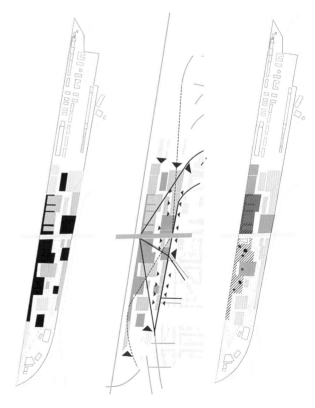

IGT

ABTEILUNG
ARCHITEKTUR UND KUNST 20./21. JAHRHUNDERT
Prof. Dr. Margitta Buchert

ABTEILUNG
BAU- UND STADTBAUGESCHICHTE
Prof. Dr. Joachim Ganzert

GENDER_ARCHLAND
FORUM FÜR
GENDERKOMPETENZ IN ARCHITEKTUR | LANDSCHAFT | PLANUNG
Prof. Dr. Tanja Mölders

ABTEILUNG
PLANUNGS- UND ARCHITEKTURSOZIOLOGIE
Prof. Dr. Barbara Zibell

INSTITUT FÜR GESCHICHTE UND THEORIE DER ARCHITEKTUR

Neue Mitte Linsburg
Entwicklungskonzept für ein neues Ortszentrum

Lena Grimm | Yvonne Janßen

Prof. Dr. Barbara Zibell | Dipl.-Ing. Hendrik Bloem

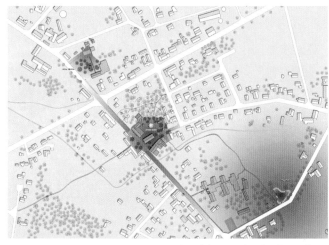

Drei Schwerpunkte der Entwicklung

Perspektive Neue Mitte Linsburg

Der Ort Linsburg, im Herzen Niedersachsens gelegen, ist mit dem Auto in etwa einer halben Stunde von Hannover aus zu erreichen. Mit seinen ca. 900 EinwohnerInnen muss sich das Dorf dem demografischen Wandel und damit einer schrumpfenden und alternden Bevölkerung stellen. Linsburg ist durch Schließungen von Einrichtungen sowohl im öffentlichen Bereich als auch im privaten Sektor betroffen. Um diesem Trend entgegenzuwirken und vor allem um für die älteren MitbürgerInnen eine Grundversorgung sicherzustellen, haben sich die LinsburgerInnen dazu entschlossen, einen Dorfladen zu gründen. Dadurch sollen gleichzeitig auch neue Impulse für den Ort geschaffen werden. Der Ort selbst besitzt nämlich nicht nur eine intakte bauliche Struktur, sondern auch eine funktionierende Dorfgemeinschaft, welche die Grundlage für viele gemeinsame Aktivitäten bildet. Mit dem Projekt »Neue Mitte Linsburg« der Leibniz Universität Hannover sollten die Gegebenheiten vor Ort untersucht und analysiert werden. Auf dieser Grundlage wurden dann Konzepte für die weitere Entwicklung des Ortes im baulichen sowie im sozialen Sinne erstellt. Durch Besuche vor Ort konnten sich die Studierenden ein Bild von der momentanen Situation machen.

Linsburg besteht aus drei Ortsteilen: Meinkingsburg, der Siedlung Weißer Berg am Bahnhof und dem sogenannten Dorf. Wichtige Aspekte Linsburgs, wie die gute Verkehrsanbindung an S-Bahn und Bundesstraße sowie Gewerbebetriebe, sind in den Ortsteilen Meinkingsburg und Weißer Berg angesiedelt.

Im Dorf selbst sind neben der Freiwilligen Feuerwehr und dem Kindergarten mit angrenzender Sporthalle der Bäcker, der Getränkemarkt und der Metzger hervorzuheben.

Das intakte Ortsbild ist durch die regional typische Architektur entstanden. Der Klinker als gestaltgebendes Material war und ist ein regionales Produkt, das über viele Jahre hinweg Anwendung in den Bauten gefunden hat. Überall im Ort finden sich Resthöfe mit großen Grundstücken, bei denen es schwer ist, neue Interessenten zu gewinnen. Sie bilden jedoch die Grundlage für die dörfliche Struktur und den Charakter des Ortes.

Des Weiteren gibt es in Linsburg ein ehemaliges Jagdschloss, von dem aber nur noch ein Gebäude erhalten ist und das sich heute in Privatbesitz befindet. Im Ort verteilt finden sich die oben genannten Einrichtungen des öffentlichen und gemeinschaftlichen Lebens. Durch die Schließung des Gasthofes Oelschläger ist allerdings ein wichtiger sozialer Aspekt in der Dorfgemeinschaft weggefallen – ein Ort zum Versammeln und Austauschen. Im Moment bilden nur Kindergarten und Bäcker sowie verschiedene Vereinsaktivitäten Möglichkeiten zur Begegnung. Diese sind allerdings nur begrenzt geöffnet oder sprechen nur bestimmte Personengruppen an, außerdem mangelt es an Möglichkeiten zum Verweilen und gesellschaftlichen Zusammenkommen. Eine weitere wichtige Einrichtung im Ort ist auch das Alten- und Pflegeheim, in dem ca. 100 Personen leben.

Eine der vier studentischen Arbeiten setzt sich mit dem »Guten Leben« in Linsburg auseinander. Wobei unter diesem Begriff ein Leben verstanden wird, das über die Grundbedürfnisse und somit das reine Überleben hinaus den Menschen weitere Spielräume ermöglicht.

Die Aspekte der historischen Strukturen, sowohl im baulichen als auch im sozialen Sinne, wie Multifunktionalität und Kooperationen, regionale Identität und Natur spielen eine besondere Rolle in dieser Arbeit.

Die Dreiteilung Linsburgs in Meinkingsburg, Siedlung Weißer Berg und Dorf ist gestaltprägend für den Ort. Dieses Element soll für die Entwicklung des Orts übernommen werden und mit der Alten Mitte, dem Dorfteich und der Neuen Mitte drei Plätze in ihrer Position gestärkt sowie neu geschaffen werden. Die Eingriffe können unabhängig voneinander und oft mit nur wenig Aufwand vorgenommen werden.

So soll die Alte Mitte Linsburg vom Parkplatz zum Sport- und Parkplatz werden, der Dorfteich durch eine allseitige, barrierefreie Umgehung die Natur für jedermann ins Dorf holen. Die Neue Mitte Linsburg soll einerseits im Außenbereich durch die rote Klinkerbepflasterung und das Shared-Space-Konzept Raum für gemeinschaftliche Aktivitäten schaffen. Andererseits soll das Dorfgemeinschaftshaus Linsburger Hof auch im Innenraum Platz zum Austauschen, Ausruhen und für gemeinsame Feiern bieten. An der Neuen Mitte sollen Einrichtungen öffentlichen Interesses die Umgebung beleben und einen sozialen, kommunikativen Treffpunkt schaffen. So findet sich hier der Dorfladen mit Dorfcafé, eine kleine Werkstatt, der Busstop, gemeinschaftliches Wohnen und ein Tagungs- und Konferenzzentrum. Hinter dem Dorfladen bietet der Verschenkstand einen zusätzlichen Anreiz, im Dorfladen einzukaufen; an ihm werden von Kartoffeln bis zu Dreirädern eine Vielzahl an Nahrungsmitteln und Gebrauchsgegenständen ausgetauscht und verschenkt. An den Dorfplatz schließt eine Streuobstwiese an, auf der alte Obstsorten aus der Region angepflanzt werden. Die Bäume werden von Freiwilligen aus Linsburg gepflegt. Die Ernte der Obstwiese steht allen zur Verfügung.

Ein anderer Entwurf interpretiert den Ort Linsburg als einen Organismus. In der Analyse fiel auf, dass bereits viele wichtige Funktionen für ein intaktes Dorfleben – wie zum Beispiel Kindergarten, Bäcker und Getränkemarkt – vorhanden sind. Sie sind im Dorf verteilt wie Organe in einem Körper. Diese »Organe« brauchen jedoch ein sie mit Sauerstoff versorgendes Herz. Das eigentliche »Herz« des Ortes, eine richtige Dorfmitte, wo sich die BürgerInnen treffen können und wo man sich mit den Mitteln des täglichen Bedarfs versorgen kann, existiert zurzeit nicht. Und so wie ein Organismus ohne ein Herz

nicht leben kann, so kann auch Linsburg ohne eine richtige Dorfmitte nicht funktionieren. Dieser Entwurf für die Neue Mitte Linsburg sieht daher das neue »Herzstück« Linsburgs im ehemaligen Hof Müller vor – in Form eines Dorfladens sowie eines Dorfgemeinschaftshauses mit ergänzenden Funktionen wie einem Café, einem Grillplatz, einem Schachspielfeld, einem Spielplatz und einem öffentlichen WC. In diesem großzügigen Shared-Space-Bereich können sich die LinsburgerInnen aufhalten, Beziehungen pflegen und aktiv am Dorfleben teilnehmen. Auch die BewohnerInnen des nahe gelegenen Alten- und Pflegeheims können sich in der Neuen Mitte Linsburg selbst versorgen und mit ihren Angehörigen einen Ausflug ins Dorfcafé unternehmen.

Zudem werden die bestehenden Funktionen in Linsburg optisch durch einen rötlichen Straßenbelag (eventuell kann man dafür die alte Straßenpflasterung nutzen) verbunden, der sich durch das Dorf schlängelt wie Blutbahnen durch einen Körper. So funktioniert die Pflasterung als Wegeleitsystem durch den Ort. Zusätzlich zu den schon vorhandenen werden neu definierte Funktionen mit vernetzt (»Umbau statt Zuwachs«) und in der Folge wird das ganze Dorf »belebt«.

Linsburg Inner City Concept for Urban Planning Development

The project »Neue Mitte Linsburg« is about finding a new center for Linsburg, which is a small town with about 900 inhabitants in the center of Lower Saxony. The town is struggling with the demographic change meaning a declining population and the loss of social infrastructure. To counteract this development and to create new impulses the Linsburger population decided to open a village shop. The students of the Leibniz University Hannover have been analyzing the town to create concepts for the development of Linsburg, not only in a constructional way but also in a social way.

Linsburg itself is split into three parts, important aspects as the good transport connection and important businesses are located in the two smaller parts. There are some smaller shops in the center but the village lacks a shop that caters for everyday needs. The beautiful townscape is based on a for the region typical brick architecture. Everywhere in the village are properties with big gardens and old buildings, they create the character of the town.

The first project worked on the idea of a good life in Linsburg. The aspects of a historic structure, in planning and in the social sense, multifunctionality, cooperations, regional identity and nature play a big role in this work. The idea is to emerge three social meeting points, by sustaining the old center and the pond and creating a new center with village shop, community center and more. The second project approaches the topic with an interpretation: village as an organism. Many important functions for the village life are already spread in Linsburg like organs in a body. These organs only need to be connected by a heart. The middle of Linsburg fulfils this function, with supplies for everyday needs and a meeting place for the people of the village.

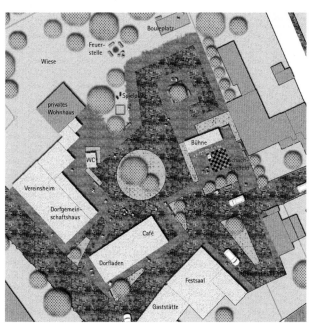

Plan Neue Mitte Linsburg

Stadt_Teil_Raum_Aneignung
Das Beispiel Nordstadtgarten

Nele Fülscher I Lena Grimm I Linda Kauffmann I Anne Olzog

Prof. Dr. Tanja Mölders

Das »Recht auf Stadt« ist – auch über 40 Jahre nach Henry Lefebvres *Le droit à la ville* – ein aktuelles stadtpolitisches Thema. Beispiele wie die Rote Flora und das Gängeviertel in Hamburg oder die Protestbewegung Kotti & Co. in Berlin zeigen, wie sich soziale Bewegungen der Ökonomisierung des Raums entgegenstellen und dass der Kampf zwischen der Raumaneignung »von oben« und der Inbesitznahme »von unten« nicht mit dem letzten Jahrhundert ausgeklungen ist.

Während viele Formen der Raumaneignung auf geschlossenen, privaten Ebenen stattfinden (zum Beispiel Hausbesetzungen) zeigt sich eine für Deutschland relativ neue Bewegung im öffentlichen Freiraum. Das Phänomen des urbanen Gärtnerns befindet sich durch den Konflikt zwischen der bürgerschaftlichen, sozialen Nutzung und der Ökonomisierung des urbanen Freiraums ebenfalls im Zentrum des Diskurses »Recht auf Stadt«. Die Motivationen hinter dieser Form der

Raumaneignung fallen jedoch je nach Beispiel und Hintergrund recht unterschiedlich aus.

Der Nordstadtgarten reiht sich in die Vielzahl von Urban-Gardening-Projekten in der Stadt Hannover ein. Der seit 2014 bestehende Garten vor der alten Schokoladenfabrik Sprengel stellt aufgrund seiner gerade erst anlaufenden Etablierung im Stadtteil einen interessanten Untersuchungsraum dar. Ausgehend von der Leitfrage des Seminars, wer sich welche städtischen Räume mit welchen Konsequenzen wie aneignet, wurde in einer empirischen Untersuchung der Frage nachgegangen: Welche Motivationen stehen hinter dem Nordstadtgarten?

Methodik Vor der Analyse des konkreten Projekts Nordstadtgarten wurden allgemeine Informationen und Hintergründe zum Thema Urban Gardening untersucht, die aus Internet- und Literaturrecherchen gewonnen wurden.

Um Daten über die verschiedenen Motive für die Nutzung des Nordstadtgartens zu erhalten, wurde eine Erhebung von Primärdaten mithilfe eines Fragebogens bei den NutzerInnen des Gartens durchgeführt. Für dessen Entwicklung wurden im Bereich der Motivationsabfrage wählbare Antwortmöglichkeiten auf Grundlage einer Literaturrecherche erstellt.

Um die quantitative Befragung qualitativ zu untermauern, wurde zusätzlich ein Interview mit einer/m InitiatorIn geführt. Das Gespräch gab nicht nur Aufschlüsse über die persönlichen Einschätzungen, sondern auch über die Anfänge und Hintergründe des Nordstadtgartens sowie die allgemeinen Motivationen vieler NutzerInnen.

Urban Gardening Urban Gardening beschreibt eine bürgerschaftliche Gartenbewegung, bei welcher Subsistenz, das heißt die selbstständige Versorgung mit Lebensmitteln, sowie eine Neudefinition urbaner Lebensqualität im Fokus stehen. Sie ist stark ortsbezogen, wodurch sie einen hohen Quartiers- und Nachbarschaftsbezug erhält, und beinhaltet, neben ästhetischen, vor allem soziale Qualitäten.[1]

In der sozialen Trendforschung können in Bezug auf das urbane Gärtnern verschiedene Grundbewegungen ausgemacht werden. Diese Bewegungen stellen sowohl die Triebkräfte als auch das Ergebnis eines sozialen Wandels dar,

wobei sie Ausdruck der Veränderung sind, aber auch Wünsche und Sehnsüchte der Bevölkerung aufzeigen. Gründe für Urban-Gardening-Projekte sind starke Unsicherheiten insbesondere auf dem Arbeitsmarkt, eine steigende Entsolidarisierung sowie die wachsende Fremdbestimmung durch konsumorientierte Konditionierung. Dies führt zu einer Konzentration auf die nahe Umgebung, um sich in diesen dauerhaft unbestimmten und unsicheren Verhältnissen einzurichten. Gleichzeitig findet ein Rückzug von institutionellen Strukturen und unerwünschten Zugriffen statt. Im urbanen Gärtnern werden Güter wieder selbst hergestellt und natürliche Prozesse direkt erlebbar. Der steigenden Rationalisierung und Entfremdung vom Substantiellen im Alltag stehen das ganzheitliche Erfahren und Erleben der Umwelt entgegen, wie es auch im Urban Gardening stattfindet.[2]

Darüber hinaus beinhaltet das urbane Gärtnern auch politische Aspekte. Die Besetzung und Umwidmung von Räumen und die damit verbundene Störung sind Formen des Protests gegen die Ökonomisierung des urbanen Raumes. Indem die eigentliche Bedeutung und Bestimmung von Flächen außer Kraft gesetzt wird und Neudefinitionen vorgenommen werden, werden Räume angeeignet und sowohl sozial-räumlich als auch materiell-physisch transformiert.[3]

Der Nordstadtgarten Der Nordstadtgarten, der erst seit kurzem existiert, ist eines der mittlerweile zahlreichen Urban-Gardening-Projekte Hannovers. Seine Gründung geht offiziell auf drei bis vier BewohnerInnen des Sprengels zurück. Sie sind als Arbeitsgemeinschaft zu verstehen.

Der Garten wird von etwa zehn Parteien genutzt, unter anderem von Kindergärten, Familien und NachbarInnen. In der Regel haben diese weder einen Balkon noch Zugang zu einem Garten und nutzen deshalb den Nordstadtgarten als Alternative. Der Garten ist prinzipiell für jeden zugänglich, jedoch gilt als Voraussetzung der Nutzung der respektvolle Umgang miteinander. Es soll sich dort jeder willkommen und wohlfühlen. Die Nutz- und Zierpflanzen sind im Allgemeinen nicht direkt auf dem Boden angesiedelt, sondern wegen des verunreinigten Bodens auf Hochbeeten. Generell soll der Garten allerdings mit nur wenig Planung bestehen, um die selbstständige und individuelle Gestaltung und Vorgehensweise der NutzerInnen zu ermöglichen.

Die hinter dem Nordstadtgarten stehenden Motivationen sind direkt mit den Zielen des Projektes verknüpft. Mit dem Garten sollte zuallererst die drohende Privatisierung des Grundstücks verhindert werden. Der Wunsch, die Fläche als für alle frei zugänglichen Platz zu erhalten, war einer der Hauptgründe für die Entstehung des Gartens. Denn die Nordstadt Hannovers – ein multikultureller Stadtteil, in dem Familien und StudentInnen noch günstig leben können – ist von Gentrifizierung bedroht: Viele Freiflächen werden von InvestorInnen aufgekauft und bebaut. Entstandene Wohnungen werden anschließend zu hohen Preisen verkauft oder vermietet. So werden die öffentlichen oder halböffentlichen Freiräume der Nordstadt immer weiter eingegrenzt.

Zumindest dem Bebauen von Freiflächen möchte die AG entgegenwirken und den Menschen die Chance bieten, sich dort mit kleinen Dingen zu verwirklichen, wenn sie zu Hause nicht die Möglichkeit dazu haben. Das Ziel, die Fläche vor kommerzieller Verwertung zu schützen, ist somit die oberste Priorität. Zugleich soll eine Versiegelung der Fläche verhindert werden. Diese bewusste, sozialökologische und antikapitalistische Nutzung des Raumes ist bezeichnend für den politischen Aspekt bzw. den hinter dem Nordstadtgarten stehenden Protest, der der Gentrifizierung des Stadtteils entgegenwirken soll.

Dieser Hintergrund beschreibt allerdings nur einen Aspekt der Motivation. Auf der anderen Seite stehen die Interessen einzelner Personen. So dient die Tätigkeit im Nordstadtgarten vielen als Ausgleich und als Entschleunigung vom hektischen Alltag. Gleichzeitig kommen den NutzerInnen die körperliche Aktivität an der frischen Luft und der gesundheitliche Aspekt zugute. Gartenarbeit beinhaltet nicht nur körperliche, sondern auch geistige Erholung.

Des Weiteren wird das Gartenprojekt für soziale Kontakte genutzt. Vor Ort lernt man neue Menschen kennen und kann genauso auch bereits bestehende Kontakte pflegen. Der Nordstadtgarten ist also ein Ort der Kommunikation, der insbesondere in Zeiten der vermehrt virtuellen und digitalen Kommunikation einen Treffpunkt in der Realität bietet.

Insgesamt kann der Nordstadtgarten als nicht kommerzieller Treffpunkt beschrieben werden, der weitestgehend hierarchiefrei strukturiert ist und dessen Nutzung kostenlos ist.

Fazit Die Raumaneignung im Rahmen des Nordstadtgartens findet auf Ebene des öffentlichen Freiraums statt. Die Nutzung als Garten auf der Gemeinschaftsfläche stellt einen sozialen und bürgerschaftlichen Ansatz der Aneignung dar, welcher sowohl ästhetischen als auch gesellschaftlichen Einfluss auf sein städtisches Umfeld hat.

Insgesamt scheint das urbane Gärtnern eine Handlung zu sein, welche eine Vielzahl menschlicher Bedürfnisse befriedigt und darüber hinaus als sozialgesellschaftliches Instrument mit unterschiedlichen Zielen genutzt wird.

Bei der Beantwortung der Fragestellung, welche Motivationen hinter dem Nordstadtgarten stehen, lässt sich festhalten, dass das Projekt von vornherein eine starke politische Ausrichtung hatte. Zwar werden unter anderem Motivationen wie das gemeinschaftliche Arbeiten und die Produktion günstiger Lebensmittel genannt, allerdings steht der Erhalt von Freiflächen zu eigenen, selbstbestimmten Bedingungen im Vordergrund. Damit verbunden ist der Widerstand gegen eine übermäßige Verdichtung des Außenraums, welcher sich direkt auf den Protest gegen die fortschreitende Ökonomisierung des Raums bezieht. Somit ist der Nordstadtgarten ein Paradebeispiel für den Diskurs über das Recht auf Stadt.

Allerdings stellt sich die Intention, mit der Nutzung der Freifläche der Gentrifizierung der Nordstadt entgegenzuwirken, als ambivalent dar. Denn die Praxis zeigt, dass durch gärtnerische Projekte in vielen Fällen eher das Gegenteil geschieht. Durch die Aufwertung des Außenraums steigt die Attraktivität der Viertel und damit auch das Risiko der Gentrifizierung. Allerdings sollte dies nicht von der Durchführung solcher Projekte abhalten. Sozialpolitische Projekte mit gestalterischem Aspekt stellen ein wichtiges Instrument zur Revitalisierung und gesellschaftlichen Entwicklung benachteiligter Stadtteile dar.

1   Bergmann, Malte/Lange, Bastian: *Eigensinnige Geographien. Städtische Raumaneignungen als Ausdruck gesellschaftlicher Teilhabe.* Wiesbaden: VS Verlag für Sozialwissenschaften 2011., S. 23ff

2   Müller, Christina (Hg.): *Urban Gardening. Über die Rückkehr der Gärten in die Stadt.* 2. Auflage. München 2011, S. 118ff

3   ibid., S. 58, 66

Nordstadtgarten

The »right to the city« is an important issue today. The more public space is economized, the more movements start to fight for their »right to the city«. Most of them are in closed, private spaces, but a relatively new movement acts in public spaces. The urban gardening movement is caused by many different motivations and intervenes in an economized use of public space.

The Nordstadtgarten joins into a long list of urban gardening projects in Hannover.

»What are the motivations behind the Nordstadtgarten project?« is the question which was posed in terms of this new project. The corresponding data is based on a questionnaire and an interview with one of the initiators. The garden was founded in 2014 next to the former Sprengel chocolate factory by people living in neighboring communal housing. The garden was introduced to the neighborhood by dint of a barbecue. By now, the garden is used by around ten different groups, from kindergartens to families and neighbors. It is open to all and relies on mutual respect between individual users and different user-groups.

The motivation is strongly connected to the aim of the project. Firstly, a privatization of the site should be prevented. With the wish to keep the free space, the Nordstadtgarten was founded in the first place. Keeping the site from investors also has a political character. This idealistic view only shows one side of the motivation, the other side are the motivations based on individual interests. The Nordstadtgarten provides a convenient place to meet other people and communicate, to improve health and fitness, relax or just to enjoy the fresh air and to be able to grow your own food.

Altogether, urban gardening is an act that satisfies a lot of human needs, being both a social and political instrument.

Learning from Informal Structures

Rafael Heine

Prof. Dr. Margitta Buchert

Relevanz des Themas Informalität ist ein Phänomen, welches im Architekturdiskurs zunehmend an Bedeutung gewinnt. Gerade informelle Siedlungen, deren Ruf eher von Primitivität und Pragmatismus als von kulturellem Reichtum geprägt ist, dienen als Forschungsfeld und Inspiration für zeitgenössische Architekturbüros und Think Tanks.[1] Dieses Forschungsfeld wird unter dem Begriff des informellen Urbanismus zusammengefasst, welcher auch in anderen Bereichen wie Soziologie, Ingenieurswissenschaften, Kultur, Politik oder Geographie als Forschungsbegriff Anwendung findet.[2] Sowohl Phänomene als auch Morphologien des sogenannten informellen Urbanismus werden als Qualitäten aufgefasst, da ihnen eine gewisse Eigendynamik immanent ist. Informelle Strukturen erscheinen nie absolut und befinden sich in einem ständigen Wandel.[3]

Lacaton & Vassal, Palais de Tokyo 2012

Besonders durch die strukturalistischen Strömungen der 1960er und 1970er Jahre wurden aneignungs- und wachstumsoffene Strukturen in der Architektur propagiert, um auf sich ändernde Bedingungen und Bedürfnisse der Gesellschaft reagieren zu können.[4] Die Konzepte der Strukturalisten sind wegen ihrer Bestrebungen, Wachstum zu ermöglichen, mit heutigen Forschungen über den informellen Urbanismus eng verknüpft. Es stellt sich jedoch grundsätzlich die Frage nach der Form von Strukturen, die informelle Phänomene durch räumliche Flexibilität ermöglichen sollen. Im Vordergrund dieser Überlegungen steht das Problem, dass offene Interpretierbarkeit von Architektur und ihre konkrete, auf ein bestimmtes Programm ausgerichtete architektonische Ausformulierung im Widerspruch zueinander zu stehen scheinen. Trotz aller Qualitäten informeller Strukturen birgt ein zu hohes Maß an Flexibilität die Gefahr eines Mangels an architektonischer Spezifik.

formell / informell Der Begriff formell ist dem lateinischen Wort formalis entlehnt, was mit »an eine Form, an ein Formular gebunden«, und »förmlich« übersetzt werden kann.[5] Im Deutschen wird das Wort verwendet, um Handlungen zu beschreiben, die bestimmten festgelegten Ordnungen oder gesellschaftlichen Formen entsprechen. Über die Form hinaus müssen formelle Handlungen nicht zwangsläufig einen weiteren Zweck erfüllen.[6]

Für die Architektur und den architektonischen Entwurf bedeutet dies schlussfolgernd, dass formelle Handlungen Ordnungen oder Ideen zu folgen haben, die vorher determiniert wurden. Formelle Handlungen im Entwurf können etwa durch einen städtebaulichen Masterplan erzwungen werden, der den Handlungsspielraum jedes beteiligten Architekten durch seine Regeln maßgeblich einschränkt. Formelle Determiniertheit kann ein hilfreiches Mittel sein, um innerhalb eines Systems Ordnungsmäßigkeit zu erreichen.

Der Begriff informell steht hingegen für »ohne (formalen) Auftrag« und »ohne Formalitäten, nicht offiziell«.[7] Er wird gebraucht, um Aktivitäten zu beschreiben, die eher spontanen Charakter besitzen und denen keine konkreten Planungen vorausgegangen sind.[8] Im Gegensatz zu formellen Handlungen sind informelle Handlungen also von unmittelbaren

Aktionen geprägt, die ohne ein festes Regelwerk auskommen. Als Vorteil lässt sich ausmachen, dass man in einem informellen Umfeld größere Möglichkeiten der direkten Realisierung von Ideen hat. Informalität kann sich jedoch dann nachteilig auswirken, wenn durch das Fehlen von Regeln eine informelle Ordnung in Chaos ausartet.

Pragmatismus als Motor Der informelle Urbanismus ist unter anderem wegen seiner Phänomene, die sich meist spontan und aus einem reinen Bedürfnis heraus vollziehen, für die Architektur als Vorbild von Bedeutung. So ist man besonders dann kreativ, wenn es darum geht, aus wenigen vorhandenen Mitteln einen größtmöglichen Nutzen zu ziehen. Die Architekten Lacaton und Vassal sehen gerade in der unbeständigen Gestalt von Gebäuden, welche sie etwa bei improvisierten Bauprozessen im Niger beobachtet haben, ihre architektonische Qualität.[9]

Da mit Architektur allerdings eher beständige statt variable Eigenschaften konnotiert werden, scheint die These, dass sich Architektur möglicherweise im Laufe der Zeit prozessual an unterschiedliche Bedingungen anpassen und verändern könnte, nur schwer mit der vorherrschenden Auffassung von Architektur vereinbar zu sein. Das Büro Urban Think Tank plädiert jedoch genau für diese Art von Architektur, die sich vom Objekthaften, Monumentalen und Massiven distanziert. Um auf sich ändernde Bedürfnisse einer städtischen Kultur reagieren zu können, habe Architektur aus industriellen, austauschbaren Teilen zu bestehen. Somit werde der soziale Einfluss gestärkt und die Gestalt des Gebäudes zu einer weniger wichtigen Priorität.[10]

Ähnlich äußern sich auch Lacaton & Vassal zum Thema Beständigkeit und Variabilität von Architektur. Ihrer Meinung nach werde bei der Planung eines Gebäudes selten berücksichtigt, dass es nicht für die Ewigkeit geschaffen wird. Täte man dies, würde unsere heutige Architektur an Schwere verlieren und möglicherweise sogar ganz in den Hintergrund treten. Diese leichte, demontable Architektur entspräche im Gegensatz zum Monument, welches den Charakter einer für die Ewigkeit gebauten Architektur besitzt, den Möglichkeiten und der Verarbeitungsweise industrieller Produkte.[11]

Exemplarisch für diese Art, mit Architektur umzugehen, steht das Ausstellungs- und Veranstaltungsgebäude Palais de Tokyo, welches 2012 von Lacaton & Vassal umgebaut wurde. Die Räumlichkeiten vermitteln durch roh belassene, nicht bearbeitete oder verkleidete Oberflächen den Charakter des Unvollkommenen. Die Konstruktion aus Stützen, Trägern und Rippen verleiht dem Raum nur wenig Raumstruktur und lässt ihn großzügig erscheinen.[12]

Der rohe und robuste Charakter des Palais de Tokyo suggeriert eine Variabilität des Programms und regt dazu an, die Räume bei Bedarf an ein neues Programm anzupassen. Insofern steht eine variable, generische Struktur wie diese nicht im Widerspruch zu Beständigkeit. Beständig ist sie nicht im Sinne einer spezifischen Gestalt, sondern in dem Sinne, dass sie Änderungen im Programm übersteht. In dieser Resistenz der Struktur gegenüber Eingriffen wird ihre architektonische Qualität gesehen, da sie Möglichkeiten zumindest potenziell eröffnet und die Aufmerksamkeit auf das Geschehen und nicht die architektonische, materielle Gestalt lenkt. Die Positionen von Urban Think Tank und Lacaton & Vassal unterscheiden sich insofern von Aldo Rossis Theorie der Permanenz von Baudenkmälern, welche seiner Meinung nach für das Stadtbild von so großer Bedeutung seien, dass sie in ihrer Gestalt nicht verändert werden dürften.[13]

Zusammenfassung und Ausblick Informelle Strukturen verkörpern nie eine absolute Wahrheit oder Lesart, sondern sind stets vielschichtig und komplex. Eine generische Struktur, die architektonisch nicht spezifiziert ist, ist dann nicht banal, wenn sie eine eigene Spezifik und Form aufgrund ihrer Interpretierbarkeit entwickelt. Durch die Determinierung architektonischer Elemente kann der Architekt Einfluss darauf nehmen, ob sich die Form der Architektur ändert. Wenn sie eine ungeplante und wandelbare Form annehmen soll, muss sie über strukturelle, räumliche und atmosphärische Kapazitäten verfügen, damit sie zur Aneignung anregend wirkt und somit ihren Formcharakter ändert. In einem sozialen Kontext wie Caracas, in dem Informalität zum Alltag der Menschen gehört, bedarf es weniger Anreize als in dem vorrangig formell geprägten Kontext europäischer Städte. Der Grad, der an architektonischer Determinierung für das Auftreten informeller Phänomene

erforderlich ist, hängt stets von der jeweiligen Aufgabe und dem Kontext ab.

Zusammenfassend kann festgehalten werden, dass die in den Fallbeispielen analysierten Entwurfshaltungen teilweise stark voneinander abweichen oder sogar konträr zueinander stehen. So wird in der vergleichenden Analyse das Feld zwischen fixiertem und flexiblem Programm, spezifischer und generischer Inszenierung, heteronomer und autonomer Form und zwischen organischen und rationalen Strukturfügungsprinzipien aufgespannt.

Des Weiteren wurde in der Ausarbeitung aufgezeigt, dass nicht allein Strukturen entscheidend für das Auftreten informeller Phänomene sind, sondern dass darüber hinaus die Raumwirkung in ihrer Gesamtheit von Bedeutung ist. Forschungspotenzial besteht in der Vertiefung und weiteren Differenzierung der genannten Aspekte sowie der Frage nach dem Zusammenhang von Strukturen und der Intensität ihrer Atmosphären.

1 Wright, Gwendolyn: »Informal Cities. Multiple Realities«. In: Brillembourg, Alfredo/Feireiss, Kristin/Klumpner, Hubert (Hg.): *Informal city. Caracas case*. München: Prestel 2005, S. 79. Der Überbegriff informelle Siedlung bzw. informelle Stadt beschreibt illegal entstandene, selbstgebaute Kommunen. Je nach Region und Sprache existieren verschiedene Bezeichnungen für dieses global auftretende Phänomen: in Lateinamerika barrio oder barrida, in Brasilien favela, in Indien jhopti, in Ägypten ashwaiyyat, in frankophonen Ländern bidonville oder in englischsprachigen Ländern shanty towns.

2 Brillembourg, Alfredo/Klumpner, Hubert: »Towards an Informal City«. In: Brillembourg, Alfredo/Feireiss, Kristin/Klumpner, Hubert Hg.: Informal city. Caracas case. München: Prestel 2005, S. 301ff

3 Brillembourg, Alfredo/Feireiss, Kristin/Klumpner, Hubert Hg.: Informal city. Caracas case. München: Prestel 2005, S. 298ff

4 Maki, Fumihiko/Ohtaka, Masato: »Some Thoughts on Collective Form«. In: Kepes, Gyorgy (Hg.): *Structure in art and science*. London: Vista 1965, S. 120

5 www.de.pons.com/%C3%BCbersetzung/latein-deutsch/formalis 13.05.2014

6 www.duden.de/rechtschreibung/formell 14.05.2014

7 www.duden.de/rechtschreibung/informell_unfoermlich_formlos 21.05.2014

8 ibid. 21.05.2014

9 Goulet, Patrice/Lacaton, Anne/Vassal, Jean-Philippe: »A conversation with Patrice Goulet«. In: Puyuelo, Anna (Hg.): *2G n.60 Lacaton & Vassal – recent work*. Barcelona: Editorial Gustavo Gili 2012, S. 126f

10 Brillembourg, Alfredo/Klumpner, Hubert: »INTRODUCTION Urban Think-Tank«. In: Feireiss, Kristin/Commerell, Hans-Jürgen (Hg.): *Moderating urban density*. Berlin: Aedes 2006, S. 5

11 Goulet, Patrice/Lacaton, Anne/Vassal, Jean-Philippe: »A conversation with Patrice Goulet«. In: Puyuelo, Anna (Hg.): *2G n.60 Lacaton & Vassal – recent work*. Barcelona: Editorial Gustavo Gili 2012, S.125f

12 www.lacatonvassal.com/index.php?idp=20 29.05.2014

13 Rossi, Aldo: *Die Architektur der Stadt*. Düsseldorf: Bertelsmann 1973, S. 26–28, 42–45

Learning from Informal Structures

The study scrutinizes the phenomenon of informal structures. A subject that is increasingly important in architectural discourse. By pointing out the potential of structures according to their informal qualities, the aim is to enlarge the design repertoire and to show the spectrum of design strategies which tend to create informal qualities. Beginning with a linguistic explication of the terms which are related to the topic, the study continues exploring different approaches to informal urbanism and interpretations of architects gained by their research on informal phenomena and morphologies. Using case studies, it focuses on the way architects aim to generate informal qualities. In a final comparative analysis, design theoretical aspects of informal structures are discussed with focus on their relevance for future architecture.

Transformations-prozesse von Großstrukturen

Sarah Wehmeyer

Prof. Dr. Margitta Buchert

Auf der Suche nach einer neuen Dichte in der Stadt rückt im Rahmen der Arbeit die Extremtypologie des panoptischen Systems der Justizvollzugsanstalt Münster ins Blickfeld. Nach Standortverlagerung der Gefängnisnutzung wird das Gebäude in absehbarer Zeit als bauliches Denkmal im Herzen der Stadt »nur« noch ein Großvolumen mit Form, jedoch ohne Funktion sein. Öffnet sich mit dieser hermetisch abgeriegelten, unbekannten urbanen Insel dennoch ein Handlungsraum, ein zukünftig denkbarer Lebensort? Welcher Strategien bedarf es, um derartige, emotional negativ behaftete Großstrukturen im urbanen und gesellschaftlichen Kontext zu reaktivieren?

Ziel ist es, basierend auf der Analyse von vier Referenzobjekten, elementare Bausteine für

Offene Anschlüsse Rotterdam

zukunftsorientierte, bauliche und programmatische Transformationsprozesse von bestehenden Großstrukturen herauszufiltern, um auf differenzierten Ebenen eine bedeutungsbezogene Um- beziehungsweise Aufwertung derselben als Lebensraum zu generieren.

Learning from Die vier ausgewählten Fallbeispiele könnten in ihrer kontextuellen Ausgangssituation, ihrem Maßstab und Erscheinungsbild kaum unterschiedlicher sein. Es handelt sich um die vom Architekturbüro ZUS katalysierte architektonische Besetzung und Transformation eines auf den ersten Blick scheinbar belanglosen Bürokomplexes in Rotterdam, dem Schieblock mit angrenzender Luchtsingel. Es folgt die Umcodierung eines deutschen U-Boot-Bunkers aus dem Zweiten Weltkrieg in Saint-Nazaires mit dem Entwurf »Alvéole 14« von LIN. Schließlich wird der informelle Adaptions- und Modifikationsprozess des drittgrößten venezolanischen Hochhauses, des Torre David, im Kontrast zum alternativen Berliner Baulückenfüller in der Brunnenstraße 6 von Brandlhuber betrachtet. In ihrem differenzierten Umgang mit dem Vorgefundenen und dem Etablieren des neu Erfundenen spannen die Projekte das weite Feld von Transformationsprozessen auf, die gewollt initiiert, instinktiv und zufällig heranwuchsen oder bereits in der Planung für die zukünftige Evolution mitgedacht wurden.

Übergreifend knüpfen die Projekte innerhalb sozialer, baulicher, ökonomisch oder emotional »schwieriger« Situationen an vorhandene Substanzen an. In ihren Einengungen entwickeln sie eine Freiheit, die mit dem Bestehenden neue Wahrnehmungs- und Bedeutungsebenen zwischen Architektur, Mensch und Stadt hervorruft. Die Modifizierungen ermöglichen den Menschen erstmals oder wiederkehrend den Zugang zum gebauten Raum und seinem spezifischen, urbanen Kontext.

Parameter Innerhalb der Projekte können wiederkehrende Einflussgrößen und Kernbegriffe fünf Parametern zugeordnet werden. Es geht um das Eingehen von Bindungen, das Erarbeiten von Raumstrukturen, die aneignungsoffen und anschlussfähig für den Menschen und das urbane Umfeld bleiben, nicht zuletzt auch um den Ansatz, über die eigene Disziplin hinaus zu lernen,

Architektur und Stadtentwicklung umzudenken. Der Prozess, als omnipräsenter Parameter, definiert nun den Rahmen, in dem es um das permanente Entdecken bestehender Strukturen und neuer Handlungsräume, das Aufeinandertreffen zufälliger Begegnungen und gezielter Maßnahmen geht. Diese Bausteine legen die Grundlage für die Herangehensweise und Strategieentwicklung der Transformationsprozesse von Großstrukturen.

Bindungen In der übergreifenden Betrachtung der Transformationsprozesse scheint es elementar, sich ausgehend von den vorhandenen Bezügen und Schichten des Ortes zu entwickeln. Das Potenzial von Ort und Transformation liegt in der Ambivalenz von sichtbar positiven Qualitäten und scheinbar negativen Einschränkungen. Es gilt, wie die Brunnenstraße exemplarisch manifestiert, eine Entwurfshaltung einzunehmen, die sowohl kontextuelle Zusammenhänge respektiert als sich auch im »Dialog mit ihrem physischen, sozialen und historischen Kontext selber erschafft.« [1] So formt Brandlhuber aus den bestehenden Bauvorgaben eine abstrakte Dachlandschaft und übersetzt die Geschossigkeit der Nachbarbebauung in Versprünge der Geschossdecken, welche ornamentartig die Fassade gliedern. Das Büro LIN hingegen greift in ihrer Intervention die spezifische Bunkeratmosphäre auf und schafft mit den Gebrauchsspuren der Geschichte den fesselnden Rahmen für eine neue Kulturlandschaft. Die Überinterpretation sowie das Offenlegen der inneren und äußeren Bezüge führen zu einer extremen kontextuellen Bindung.

Resistenz + Anpassung Aus den Bindungen heraus zu entwerfen bedeutet auch, Raum für das Nicht-Geplante zu lassen. Die Transformation sollte urbane Charakteristika adaptieren, indem sie kein statisches Planende mehr, sondern den offenen Ausgang fixiert. Die Großstruktur wird dementsprechend als Nährboden für urbane Experimente verstanden, welche im kontinuierlichen, urbanen Veränderungsfluss mobil bleibt. Ungewollte Entwicklungen oder positive Überraschungen bilden hierbei gleichermaßen das Fundament für einen urbanen Lebensort. [2]

Es werden folglich physische Strukturen im Bestehenden und im Entwurf gesucht, die widerstandsfähig und zugleich offen für die Aneig-

Raumrohling Brunnenstraße

Raumrohling U-Boot-Bunker

nung durch die Nutzer und die Verschmelzung mit dem urbanen Umfeld sind:[3] Architekturen wie etwa die imposante, weitläufige Kammerstruktur des U-Boot-Bunkers, die in ihrer freien Grundrissstruktur flexibel für jegliche Inanspruchnahme ist. Die graue Masse kann die Veränderungen absorbieren sowie in ihrer Transformierbarkeit weiterhin als eigenständige Einheit bestehen. Implementiert werden lediglich reduzierte Boxen als dienende Einheiten.

Es gilt zu entdecken, ob Bestehendes bereits über Raumrohling-Qualitäten verfügt oder ob es noch um aktivierende, architektonische Möglichkeitsräume zu erweitern ist.

Offener Anschluss Die Zugänglichkeit der Struktur manifestiert sich im offenen Anschluss. Folglich greift die Architektur innerhalb der Transformation, ob im Bestand oder Neubau, die Stadt als zentrales »Programm« auf. Der gebaute Raum wird in direkter Weise mit dem urbanen Raum verknüpft. Der Schieblock inkorporiert diesen Parameter mit seiner reaktivierten öffentlichen Erdgeschosszone sowie seinen gestalterischen Wegweisern, welche fließend vom Straßenniveau in den gebautem Raum übergehen. Eine markante Farbgebung leitet den Passanten ebenfalls auf dem +1-Niveau. Die Luchtsingel fungiert hier als Brücke aus dem urbanen Raum in das Gebäude. Das Öffnen und Veröffentlichen der Struktur initiiert den Impuls für urbane Prozesse, ebenso öffnet sie die Strukturen für die Aneignung der Nutzer.

Aneignung Mit der Transformation der Struktur wird den Menschen ein maximal nutzungsneutraler und effizienter Handlungsraum zur Entfaltung offeriert. Die Brunnenstraße vermittelt

diese materielle und programmatische Offenheit gegenüber dem Nutzer. Ihre Architektur bleibt unfertig und provoziert geradezu einen aktiven Dialog mit Stadt und Mensch. Eine rohe Ästhetik, die im individuellen Adaptionsprozess Glücksmomente evoziert. Gemäß brandhuberischer Manier gilt es nach effizienten Maßnahmen zu forschen, um Strukturen mit wenig Aufwand zu beleben oder auch für eine unkomplizierte Aktivierung durch den Nutzer vorzubereiten.

Offener Prozess Sowohl die Bewohner des Torre David, die auf Grund ihrer Wohnungsnot ein immenses Improvisationstalent in der Aneignung der leerstehenden Hochhausstruktur entwickeln, als auch die bereits als aneignungsoffene Struktur konzipierte Brunnenstraße kristallisieren die Offenheit gegenüber dem Input der Bürger als bedeutsame Komponente heraus. Den Menschen sei eine Mitverantwortung in der Aktivierung ihres Lebensumfeldes zu übertragen, sei es bezogen auf die Individualisierung des privaten Umfeldes oder bezogen auf die Aneignung urbanen Raums. Herausragendes Beispiel ist hierbei die Crowdfunding-Initiative der Luchtsingel. Der Rückgewinn des urbanen Raums wird zum gemeinschaftlichen, interdisziplinären Ereignis.

Das interdisziplinäre Arbeiten in der Vorbereitung sowie im Verlauf der Transformation sei dementsprechend nicht zu scheuen, sondern bedingungslos zu berücksichtigen, um sich auch in der Rolle des Architekten neben der ästhetischen Nachhaltigkeit der sozialen, wirtschaftlichen und politischen Verantwortung bewusst zu werden. Der Architekt rückt nun mehr in die Verantwortung des Managers und Vermittlers, welcher in einen offenen Dialog mit unterschiedlichen Disziplinen tritt, und mit diesen innerhalb der Großstruktur

kollektiv qualitätsvolle Lebensräume generiert. Die Architektur wird in ihrer Heterogenität durch die konkreten Bedürfnisse der zukünftigen Nutzer, ökonomische und kulturelle Einflüsse bereichert.

Fallbeispiele und Parameter dienen als Leitfaden, das »Rohmaterial« von Großstrukturen, seien es auch urbane Extremsituationen, in seinen Schichten zu untersuchen und eine prozesshafte Strategie der Veröffentlichung und Aneignung zu formulieren.

1 Sievers, Florian: »Die Lücke als Ressource«. In: *Baumeister*. 11, 2011, S. 11

2 Kuhnert, Nikolaus/Ngo, Anh-Linh: »Von der Stadt der Teile zur Stadt der Teilhabe. Das stadtentwicklungspolitische Denkmodell von Brandlhuber+«. In: Babias, Marius (Hg.): *Brandlhuber +_ Von der Stadt der Teile zur Stadt der Teilhabe*. Berlin: König 2013, S. 26

3 Brillembourg, Alfredo/Klumpner, Hubert (Hg.): *Beyond Torre David. Informal vertical communitites*. Zürich: Lars Müller 2013, S. 334

New Density in the City

Being subject to a constant process of change and growth, cities require a persistent innovation push. Examples such as an industrial area or a bunker used as a resource for living make clear that existing architecture has already developed independently of the usual residential buildings. Therefore, fields of activity that appear structurally, emotionally or socially worthless should also be considered in the discussion about urban consolidation. This work focuses on the transformational process generated by macro structures, which, with their heaviness and located as they are at the interface of architecture and the city, polarise opinions. Based on the analysis of four reference projects, programmatic and architectural strategies are being researched to generate a revaluation, more specifically a valorisation of the living environment they provide.

Das Pfarrhaus in Flegessen

Presbytery
in Flegessen

Nils Lennart Klinkmann I Helen Ogbuehi
Daria Rath I Ben Weiser

Prof. Dr. Joachim Ganzert I Prof. Alexander Furche
M. Eng. Nadja Unnerstall I Dipl.-Ing. Renko Steffen

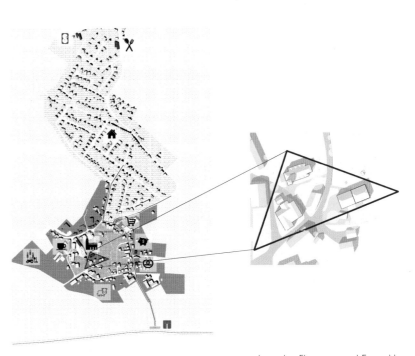

Lageplan Flegessen und Ensemble

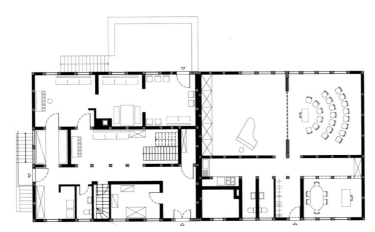

Bestand Pfarrhaus, Grundriss und Ansicht

Axonometrie Pfarrhaus mit anschließendem Pfarrheim

Flegessen ist ein Sackgassenort südwestlich von Hannover zwischen Springe und Hameln. Der Ort verfügt über einen historischen Ortskern, gebildet durch die St.-Petri-Kirche von 1892, ein altes Schulgebäude sowie das Pfarrhaus mit anschließendem Pfarrheim in fachwerklicher Konstruktion von 1818. Der Ort erfährt seit einigen Jahren eine Verlagerung seines Wohngebietes. Im Norden des Kerns schließt sich ein Neubaugebiet an, sodass die Peripherie an Wichtigkeit gewinnt. Der Kern verliert an Bedeutung. Das Pfarrhaus steht seit vielen Jahren leer, das Heim wird derzeit für Verwaltungszwecke genutzt. Da im Heim 2013 noch eine Sanierung stattfand, konzentriert sich unser Projekt auf das Pfarrhaus. Wir schlagen in zwei Varianten eine neue Nutzungsverteilung vor, um mittels des Pfarrgebäudes den Ortskern wieder zu beleben. Gleichzeitig wird der ursprüngliche, dreischiffige Charakter des Gebäudes wiederhergestellt und gestärkt.

Flegessen is a dead end village in the south-west of Hannover, located between Springe and Hameln. The historical layout of the village is structured by a center consisting of the St.-Petri church from 1892, an old school building and the parochial building in timber frame construction from 1818. For several years Flegessen has suffered from a relocation of residents to a newly built-up housing area in the north. Therefore the outlying areas becoming more important as the center loses its historical relevance. The presbytery has been disused for several years, the neighboring building is mainly used for administration. Since this building was renovated in 2013, our project focuses on the presbytery. We propose two alternatives for a new arrangement of uses to revive the historical meaning of the center. Both concepts recover and strengthen the original thee part character of the building.

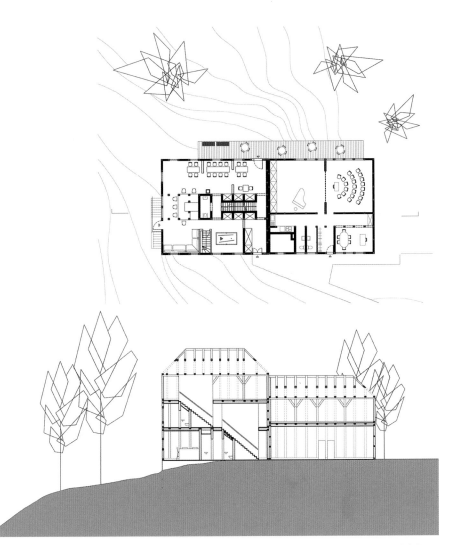

Konzept Variante 2, Grundriss und Schnitt

Elze und
Die Alte Schule

Nora Gentsch

Prof. Dr. Joachim Ganzert

Elze and
The Old School

Verbreitung Fachwerk + Backstein

Orientierungspunkte Bahnhof, Kirche, Alte Schule
Begrenzungslinie der Gestaltungssatzung
Fachwerkverbreitung + Holz 1438- 1870

Fachwerk/ Holz als Material   Backstein als Material   Heterogener Einsatz von Materialien   Backsteinverbreitung 1885- 1926

Zeiträume für den Einsatz bestimmter Materialien in Elze

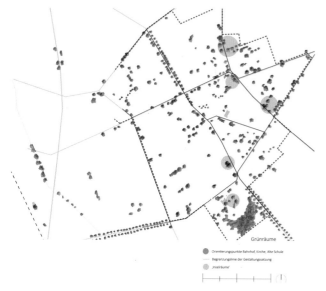

Grünräume

Orientierungspunkte Bahnhof, Kirche, Alte Schule
Begrenzungslinie der Gestaltungssatzung
„Inselräume'

Ausbildung von Inselräumen und Formensprache (status quo)

ergänzende Grünzonen als Zentrenverbindung

Orientierungspunkte Bahnhof, Kirche, Alte Schule
Begrenzungslinie der Gestaltungssatzung
„Inselräume' + Ergänzungen

Grünraumkonzept Elze gesamt

Elze, ein kleiner Ort in der Wedemark nördlich von Hannover gelegen, ist bemüht um die Bewahrung seines »historischen Ortsbildes«. Der Verlust historischer Strukturen zugunsten neugebauter Planungen betrifft viele Ortschaften in Deutschland. Die Semesterarbeit zeigt anhand ortshistorischer Untersuchungen die Charakteristika des Ortes auf und stellt in diesen Zusammenhang auch die Alte Schule (aufbauend auf bauhistorischen Untersuchungsergebnissen der vorangegangenen Semester) in den Mittelpunkt. Aus beiden Betrachtungsebenen wurde ein Konzept erarbeitet, das zum einen die Alte Schule als ortsbedeutendes Bauwerk würdigt und sie zum anderen mit dem Dorf und seinen charakteristischen Zügen verbindet.

Elze, a small village in the area of Wedemark, north of Hannover, aims to preserve its historical structures. In many villages in Germany, areas of new development have led to a loss of historic buildings. The present paper shows the characteristics of the village Elze based on local historical studies and relates it to the »Alte Schule«, as an important building for the village, which was studied from the historical-architectural view (based on results from the previous two semesters). Based on these results, a concept was derived that on the one hand valued the importance of the »Alte Schule« for the village and on the other side put this building and the characteristics of today´s village in a common context.

Gegenwärtige Situation | ohne Maßstab

Konzept | ohne Maßstab

Außenraumkonzept Schule

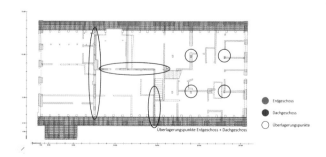

Alte Schule, Grundrisse von EG und OG überlagert

Erdgeschoss
Dachgeschoss
Überlagerungspunkte

Überlagerungspunkte Erdgeschoss + Dachgeschoss

IGD

ABTEILUNG
ARCHITEKTURINFORMATIK UND DARSTELLUNG
Prof. Dr. Albert Schmid-Kirsch

ABTEILUNG
KUNST UND GESTALTUNG
Prof. Anette Haas

INSTITUT FÜR GESTALTUNG UND DARSTELLUNG

Digitale Entwurfsstrategien
Rekonstruktion

Visualization
Foundations
Object Modeling

Torben Lipke I Alexander Welling

Dr. Ulrich Hofmann von Kap-herr

Die erste Aufgabe umfasst Geometrieanalyse und Rekonstruktion exemplarischer Bauten (meist Wohnhäuser). Ziele sind die Anfertigung einer detaillierten Konstruktionsbeschreibung (Methodik der Objekterstellung), Modellierung und Organisation der Szene (Benennung von Objekten, Nutzung der Layersteuerung, Einsatz von Material).

The first exercise focuses on the geometrical analysis and virtual reconstruction of sample buildings (mainly residential housing). Teaching aims are the detailed description of the digital construction (technique of object modelling), modelling as well as the organization of relevant scene objects (Rename objects, layering, usage of materials).

Digitale Entwurfsstrategien
Laser-Light

Digital Design Strategies
Draft Laser-Light

Tim-Morten Neuenfeld

Dr. Ulrich Hofmann von Kap-herr

Die zweite Aufgabe beinhaltet den Entwurf einer Lampe, deren Komponenten via Lasercutting erstellt werden sollen. Ziele sind die Anfertigung einer Konstruktionsbeschreibung (Methodik der Objekterstellung), Modellierung und Organisation der Szene (Benennung von Objekten, Nutzung der Layersteuerung, Einsatz von Material).

The second exercise focuses on the design of a lamp using laser-cut components. Teaching aims are the description of the digital construction (technique of object modelling), modelling as well as the organization of relevant scene objects (Rename objects, layering, usage of materials).

Digitale Entwurfsstrategien
Laser-Light

Digital Design Strategies
Draft Laser-Light

Pamela Siemen

Dr. Ulrich Hofmann von Kap-herr

Die zweite Aufgabe beinhaltet den Entwurf einer Lampe, deren Komponenten via Lasercutting erstellt werden sollen. Ziele sind die Anfertigung einer Konstruktionsbeschreibung (Methodik der Objekterstellung), Modellierung und Organisation der Szene (Benennung von Objekten, Nutzung der Layersteuerung, Einsatz von Material).

The second exercise focuses on the design of a lamp using laser-cut components. Teaching aims are the description of the digital construction (technique of object modelling), modelling as well as the organization of relevant scene objects (Rename objects, layering, usage of materials).

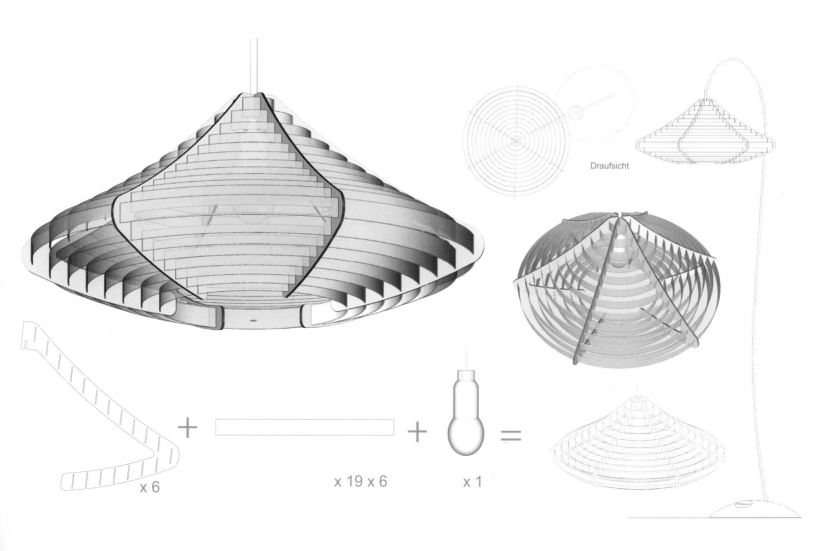

Draufsicht

x 6   +   x 19 x 6   +   x 1   =

Digitale Entwurfsstrategien
ReStyle A & L

Digital Design Strategies
ReStyle A & L

Torben Lipke **I** Alexander Weilling

Dr. Ulrich Hofmann von Kap-herr

Die dritte Aufgabe beinhaltet die Neugestaltung der Außenbereiche der Fakultät für Architektur und Landschaft. Konzeption, Modellierung und Darstellung charakterisieren das Projekt (Benennung von Objekten, Nutzung der Layersteuerung, Einsatz von Material).

The third exercise focuses on designing the exterior areas at the faculty for architecture and landscape sciences. Teaching aims are concept development, modelling geometry as well as the organization of relevant scene objects (Rename objects, layering, usage of materials).

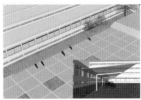
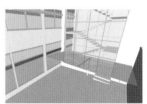

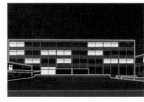

Grundlagen der Visualisierung
Bildkomposition

Visualization Foundations
Picture Composition

Enno Alting | Lea Hagemann | Elisabeth Kamphake | Matthias Tippe

Dr. Ulrich Hofmann von Kap-herr | Dipl.-Ing. Björn Bürkner

Die Aufgabe zur Bildkomposition umfasst die Detaillierung der Objektgeometrie, Texturierung, globale Belichtung und finale Bildkomposition einer Innen- und Außenperspektive. Wesentliche Gestaltungselemente sind unter anderem Kameraposition, Brennweite, Schattenlänge und -art, Texturierung, die Erstellung von Renderlayern sowie deren finale Bildkomposition mit Adobe Photoshop.

The picture composition exercise focuses on the detailing of geometry, texturing, global illumination and final picture composition of an exterior as well as an interior perspective. The essential figurative elements are among others camera position, focal length, shadow length and shadow quality, texturing, the computation of render layers and their final picture composition with Adobe Photoshop.

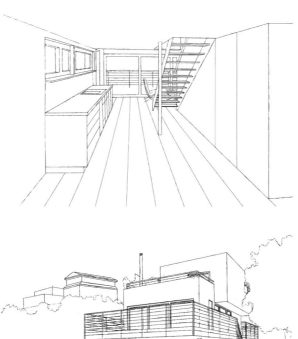

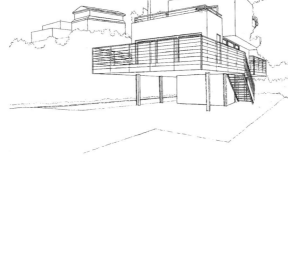

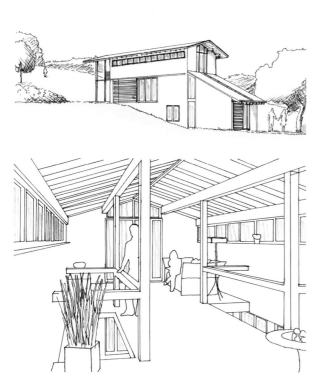

Grundlagen Künstlerische Gestaltung

Fundamentals of Artistic Practice

BA-Architekturstudierende 1. & 2. Semester

Prof. Anette Haas ❙ Edin Bajrić ❙ Detlef Frings ❙ Sabine Laidig
Klaus Madlowski ❙ Imke Rathert ❙ Bignia Wehrli

Werkstatt Farbe/Grafik: Grundlagen Künstlerische Gestaltung
WiSo 2014/15 - SoSe 2015
Arbeitssituationen

In praktischen Übungen begegnen die Studierenden über zwei Semester grundlegenden, künstlerischen Umsetzungsmethoden: Zeichnen, Formen, Komponieren, Modellieren, Collagieren und Installieren. Bei den Aufgabenstellungen aus den Bereichen Raum/Körper/Farbe/Linie liegt der Fokus auf der Umsetzung von Beobachtung und Wahrnehmung.

Im Sommersemester 2015 installierten 140 Grundlagenstudierende auf dem Vorplatz der Herrenhäuser Straße 8 gemeinsam ein Stellwandlabyrinth aus 140 individuell gestalteten Rahmenelementen.

By means of practical exercises over the course of two semesters, this obligatory course familiarizes students with the basics of artistic realization: drawing, shaping, composition, modeling, collage, and installation art. In assignments dealing with space/bodies/color/line, the course highlights the practices of observation and perception.

During the 2015 summer semester, the 140 students in the basic course worked together to install a labyrinth made of 140 individually designed partition walls in the forecourt of Herrenhäuser Str. 8

Werkstatt Skulptur:
Grundlagen Künstlerische Gestaltung
WiSo 2014/15 - SoSe 2015
Arbeitssituationen

Labyrinth oder Irrgarten 16. Juni 2015

Metallplastik

Metal Sculpture

Niklas Koeller I Maximilian Pape I Jan-Philipp Strilka I Karina Tremmel

Prof. Anette Haas I Klaus Madlowski

In der Anfangsphase des Kurses wurde zunächst eine kleine Skulptur aus Stahlblech gefertigt, um erste Erfahrungen mit dem Material und den Bearbeitungsmöglichkeiten in der Werkstatt zu sammeln. Die Gestaltung der Form erfolgte durch die Variation der archetypischen Grundform des Hauses.

Auf dieser Grundlage wurde eigenständig das Konzept für eine individuelle Metallplastik entwickelt, das Material organisiert und die Arbeit realisiert.

During the first phase of the course, students were asked to make a small sculpture from steel sheeting in order to gain initial experience working with the material and to gather and explore techniques in the workshop. The sculptures were designed as variations on the archetypal form of a house.

With this foundation, students independently developed concepts for metal sculptures, gathered the necessary materials, and realized their designs.

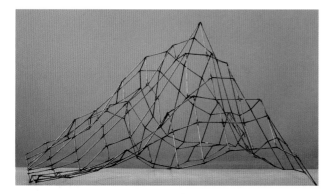

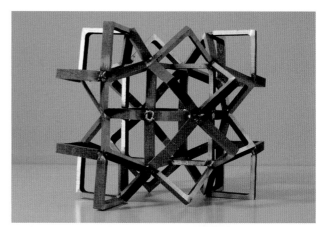

Farbe als Material   Paint as Material

Studierende Architektur/Landschaftsarchitektur

Prof. Anette Haas | Sabine Laidig

In dieser Veranstaltung wurden Grundkenntnisse über das Material Farbe vermittelt. Eine Auswahl verschiedener Pigmente – Mineralpigmente, synthetisch produzierte Pigmente, Erdfarben und farbige Erden – sowie die gebräuchlichsten Bindungssysteme wie Acryl, Öl und Kaliwasserglas (Silikatfarben) wurden vorgestellt. Die Studierenden mischten Acryl-, Öl- und Silikatfarben selbst an und lernten so die spezifischen Eigenschaften der einzelnen Pigmente und Bindemittel kennen.

Auf experimentell-spielerische Weise erprobten die Studierenden die selbst hergestellten Farben und veranschaulichten die charakteristische optische Erscheinung der unterschiedlichen Farbsysteme anhand selbst erstellter Farbkarten.

This course focused on the basics of paint. Participants were introduced to a selection of pigments—including mineral pigments, synthetic pigments, clay earth pigments and colored soil—as well as the most common binding materials, such as acrylic, oil, and silicates. Students were given the opportunity to mix acrylic, oil and silicate paints themselves, thereby getting to know the specific qualities of different pigments and binders.

Students then experimented with and tested the paints they had made in order to demonstrate the characteristic appearance of different paint systems with the help of self-produced color charts.

Von der Fläche in den Raum

From Surface to Space

Claire Moissard

Prof. Anette Haas **|** Imke Rathert **|** Katharina Sickert

Die Veranstaltung hat sich die Aufgabe gestellt, Zeichnung jenseits der architekturspezifischen Darstellungskonventionen als ein kreatives Medium zur Ausbildung und Verfeinerung einer individuellen Wahrnehmungs- und Gestaltungskompetenz zu entwickeln. Dabei wurden verschiedene Formen von Zeichnungen erkundet: Beginnend im Zweidimensionalen experimentierten die Studierenden mit unterschiedlichen Materialien und Werkzeugen. In der Folge verließen sie die Begrenzungen des Zeichenblatts, arbeiteten an der Wand, kreierten Stop-Motion-Filme, dreidimensionale Objekte und Rauminstallationen.

The goal of this course was to use drawing—beyond the standardized conventions of architectural representation—as a creative medium for the development and refinement of individual perception and design skills. Various forms of drawing were investigated: working initially in two dimensions, the students experimented with different materials and tools. Students then departed from the confines of drawing paper, working on the wall, making stop-motion films, three-dimensional objects and room installations.

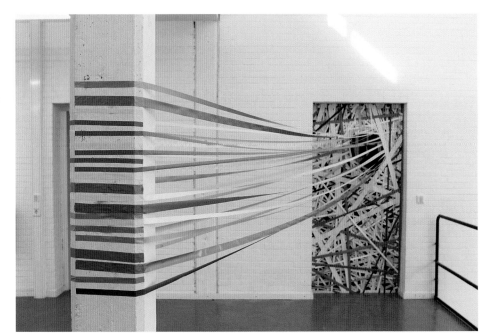

Künstlerische Drucktechniken
Radierung

Stefanie Grewe

Prof. Anette Haas I Detlef Frings

Printmaking Techniques
Etching

Der Schwerpunkt der Veranstaltung lag auf praktischen Übungen zur Vermittlung eines Tiefdruckverfahrens. Im freien Experiment wurden Möglichkeiten entwickelt, die traditionelle Drucktechnik Radierung in Verbindung mit aktuellen Reproduktionsverfahren anzuwenden.

Kurzvorträge informierten über die Geschichte der Radierung und ihre heutige Bedeutung.

This course emphasized practical exercises designed to teach intaglio technique. In free experiments, students developed possibilities for applying traditional etching methods in conjunction with current techniques of reproduction. Short lectures informed students about the history of etching and its significance in the present day.

Steinskulptur

Stone Sculpture

Christopher Korsch | Jeremy Brightman

Prof. Anette Haas | Imke Rathert

Die Verwendung von Natursteinen hat in der Architektur und Landschaftsgestaltung eine lange Tradition. Im Laufe der Zeit hat sich die manuelle Bearbeitungsweise von Steinen relativ wenig verändert.

Die Veranstaltung machte die Studierenden mit Grundtechniken der handwerklichen Steinbearbeitung vertraut, wie beispielweise dem Anfertigen einer geraden Fläche auf einem unebenen Bruchstein. Nach einem eigenen Entwurf erarbeiteten die Studierenden eine Steinskulptur: Diese sollte aus zwei Einzelteilen bestehen und so bearbeitet und kombiniert werden, dass ein Zusammenhang zwischen den zwei Teilen entsteht.

The use of natural stone has a long tradition in the history of architecture and landscape architecture. Manual techniques for working with stone have changed relatively little over time.

This course made students familiar with basic stone-working techniques, such as the preparation of a flat surface from uneven quarry stone. Students worked from a design to create a stone sculpture consisting of two separate pieces combined in a way that demonstrates a relationship between them.

Körper und Raum
Aktzeichnen

Harm Cordes | Kim Neubüser | Lea von Wolfframsdorff

Prof. Anette Haas | Detlef Frings

Body and Space
Life Drawing

Beim Aktzeichnen versuchen wir, den menschlichen Körper, seine Proportionen und seine Gewichtung beim Stehen, Sitzen, Liegen und Gehen über das Zeichnen zu erfassen. Wir beobachten dabei zeichnend die Komplexität des menschlichen Körpers, die Wechselwirkungen von Körper und Raum.

Im WS 2014/15 zeichneten die Studierenden bis zu 40 Minuten andauernde Aktpositionen, folgten zeichnend Bewegungsabläufen des Aktmodells oder bewegten sich selbst zeichnend um das positionierte Aktmodell.

Begleitet wurde die Veranstaltung von Bildvorträgen, mit denen die Studierenden bildende KünstlerInnen vorstellten, die sich in ihrer künstlerischen Arbeit mit der Darstellung des menschlichen Körpers auseinandergesetzt haben.

Life drawing is an attempt to understand the human body through drawing: its proportions, weight, and balance when standing, sitting, lying down, and walking. Through drawing we observe the complexity of the human body, the interplay of body and space.

In Winter Semester 2014/15 students drew models in static poses for up to 40 minutes, after which they drew the model in sequences of movement, or moved around the room themselves, drawing the positioned model from various perspectives.

The course was accompanied by slideshows in which the students presented visual artists whose work has engaged with depiction of the human body.

ILA

LEHRGEBIET
DARSTELLUNG IN DER LANDSCHAFTSARCHITEKTUR
Prof. Katja Benfer

LEHRGEBIET
GESCHICHTE DER FREIRAUMPLANUNG
Prof. Dr. Joachim Wolschke-Bulmahn

LEHRGEBIET
LANDSCHAFTSARCHITEKTUR UND ENTWERFEN
Prof. Christian Werthmann

LEHRGEBIET
TECHNISCH-KONSTRUKTIVE GRUNDLAGEN DER FREIRAUMPLANUNG
Prof. Gilbert Lösken

LEHRGEBIET
PFLANZENVERWENDUNG
Prof. Dr. Anke Seegert

INSTITUT FÜR LANDSCHAFTS- ARCHITEKTUR

FARBE RAUS! Gestalte deinen Zwischenraum

Lisa Seiler

Dipl.-Ing. Christiane Kania | Dipl.-Ing. Marion Klaus

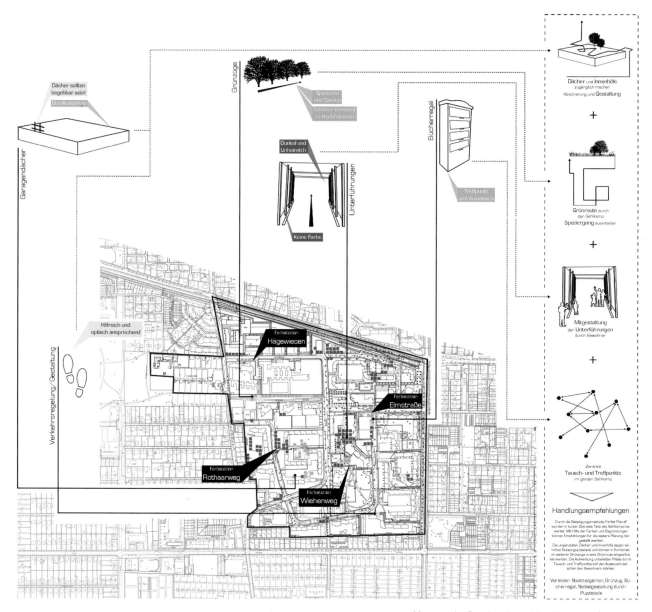

Mapping der Puzzleteile und Handlungsempfehlungen

Das Sanierungsgebiet Sahlkamp-Mitte ist seit 2009 als Stadtteil mit besonderem Entwicklungsbedarf im Programm »Soziale Stadt« aktiv. Die unterschiedlichen Ethnien und Altersgruppen sollen dabei direkt in die Stadtentwicklungsplanung einbezogen werden. Hier sind besondere Formen der aktivierenden Teilhabe gefragt. In dem Masterprojekt »It's TOOL TIME!« sind neue, kreative Formen der Teilhabe entwickelt und erprobt worden. Die Toolbox »Sahlkamp zeigt Zwischenraum« steht unter dem Motto »Gemeinsam Form und Farbe geben«. Mit einer künstlerischen Herangehensweise sollen die Bewohner Sahlkamps ihren Stadtteil zugleich bewerten und gestalten. Das Tool »FARBE RAUS!« wurde in einem Pretest vor Ort erprobt. Mit Hilfe verschiedenfarbiger Puzzleteile konnten die Teilnehmer Orte und Elemente im Sahlkamp direkt bewerten, an andere Meinungen anknüpfen und zugleich den Ort direkt aufwerten.

The redevelopment area Sahlkamp-Mitte was established in 2009 as a district with special development needs in the program »Social City«. The different ethnic and age groups should be directly involved in urban development planning. Particular forms of activating participation are required here. In the master project »It's TOOL TIME!« creative and new forms of participation have been developed and tested.

The Toolbox »Sahlkamp shows gap« has the motto »Together give shape and color«. With an artistic approach, the residents of Sahlkamp should assess and design their district at the same time. The tool »COLOR OUT!« has been tested in a pretest on site. With the help of different colored puzzle pieces, the participants were able to directly assess places and elements in Sahlkamp, build on other opinions and enhance the site at the same time.

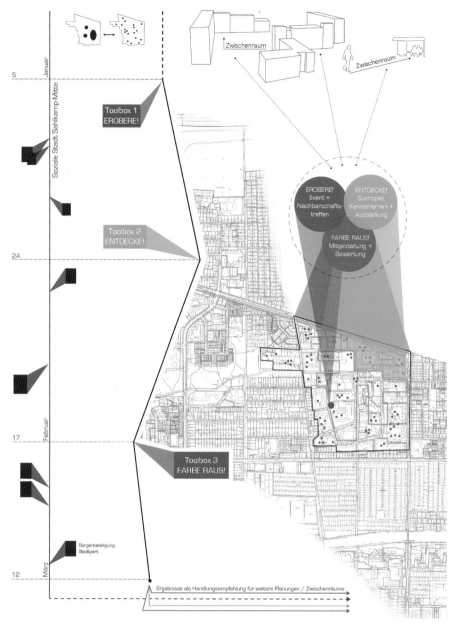

Ablauf und Methodik der Toolbox »Sahlkamp zeigt Zwischenraum«

DEEP SOUTH
Stadt + Landschaft an São Paulos rural-urbaner Grenze

Mario Ewe **|** Iida Juurinen

Prof. Christian Werthmann **|** Prof. Jörg Schröder **|** MLA Joseph Claghorn **|** Dipl.-Ing. Sarah Hartmann

A glimpse of the transformation

Das Vertiefungsprojekt analysierte und untersuchte verschiedenste planungsrelevante Thematiken im Süden der Stadt São Paulo. Die enge Zusammenarbeit von Landschaftsarchitekten und Architekten ermöglichte dabei eine große Vielfalt an unterschiedlichen Planungs- und Lösungsansätzen. Die hier vorgestellte Arbeit hat die Verbesserung der Lebensqualität in einer der größten informellen Siedlungen im Süden der Stadt zum Ziel: Vargem Grande.

Die Position in einem Meteorkrater stellt dabei außergewöhnliche Ansprüche an die zukünftige Planung. Dieser Entwurf sieht eine Transformation der von Überflutungen betroffenen Bereiche in Flächen vor, von denen die ansässige Bevölkerung direkt profitieren kann. Darunter fallen sowohl Sport- und Erholungsbereiche als auch landwirtschaftlich genutzte Flächen und Frischwasserreservoirs.

The course in general identified and addressed several planning-related issues in the south of São Paulo. Because landscape architects and architects were working on this project in close cooperation, a wide range of design proposals were offered. This particular design proposal aims at improving the quality of life in one of the largest informal settlements in the south of São Paulo: Vargem Grande. Due to the fact that the settlement is located in a meteor crater, the surrounding landscape's geological situation needs to be considered in any future planning. Within this design proposal, the high risk flood zones are transformed into several different types of land uses that directly benefit the local habitants. These vary from sports and recreation areas to agricultural allotments and fresh water lakes.

Flooding zones and expected growth (orange) for Vargem Grande by 2030

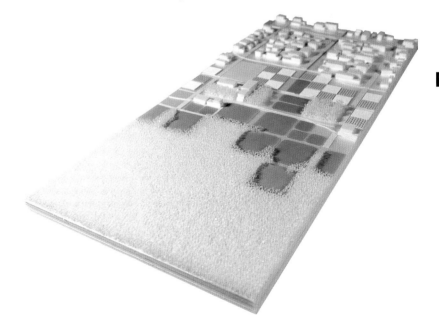

Domäne Schäferhof Eine geschichtliche und gartendenkmalpflegerische Untersuchung

André Hunger

Prof. Dr. Joachim Wolschke-Bulmahn | Dipl.-Ing. Birte Stiers

Lageplan der Domäne Schäferhof Nienburg/Weser

Der Schäferhof ist ein landwirtschaftlicher Betrieb und eine ehemalige Domäne südlich der Stadt Nienburg an der Weser. Er besitzt eine lange und vielschichtige Entstehungsgeschichte, welche seit jeher mit der Entwicklung der Stadt zusammenhing. Zwar gilt das Anlagenensemble des Schäferhofs als denkmalgeschützt, ist aber aufgrund einer fehlenden abschließenden Prüfung des Landesamts für Denkmalpflege ein eingetragener Prüffall. Da bislang keine aktuellen Bestandserhebungen und Untersuchungen vorliegen, soll diese Arbeit einen wichtigen Beitrag zur Schließung der Forschungslücke leisten. Damit der potenzielle historische Wert des Schäferhofes erkannt und erhalten werden kann, wurden im Rahmen dieser Masterthesis die historische Entwicklung aufgearbeitet, eine aktuelle Bestandserhebung und -analyse sowie eine gartendenkmalpflegerische Bewertung durchgeführt. Anschließend wurden denkmalgerechte Gestaltungs- und Pflegehinweise zum Erhalt und Schutz der historisch wertvollen Substanz formuliert.

Geschichte Der Schäferhof diente über Jahrhunderte hinweg als landwirtschaftliches Vorwerk der Grafen von Hoya, bevor im Jahr 1582 die Welfen Landesherren wurden und aus dem Betrieb eine Domäne machten. Bei einer Domänenwirtschaft erhält ein Pächter durch die Entrichtung eines jährlichen Pachtgeldes das Recht, den Betrieb des Landesherrn auf eigenes Risiko zu bewirtschaften. Aufgrund der regelmäßigen Steuerabgaben an die Obrigkeit entwickelten sich die Domänen zu einem bedeutenden Wirtschaftsfaktor. Dass dies nicht immer Gutes mit sich bringen musste, wurde deutlich, als napoleonische Resttruppen auf ihrem Rückzug vom verlustreichen Russlandfeldzug 1813 durch die

Region Nienburg zogen und den Schäferhof vollständig zerstörten. Die Hofstruktur wurde später auf Geheiß König Ernst Augusts neu geplant und ab 1839 umgesetzt. Die Wirtschaftsgebäude wurden nach damaligem Stand der Technik konstruiert und großzügig und symmetrisch ausgerichtet. Diese Umgestaltung lässt sich auf die damals einsetzende Industrialisierung und reformierte Agrarwirtschaft, aber auch auf die hohe wirtschaftliche Bedeutung der Domäne zurückführen. Der damalige Pächter Hauptmann Kirchhoff ließ sich zudem einen in der Region einzigartigen Teepavillon bauen, welcher bis heute überkommen ist. Er widmete sich nach Abschluss der Um- und Neubaumaßnahmen in den folgenden Jahrzehnten vor allem der Erweiterung des Gartenraumes. Ab 1847 bepflanzte er die hinter dem Hausgarten gelegenen Sandhügel aus pragmatischen Gründen, da es hier zu Verwehungen kam. Die Pflanzung entwickelte sich so gut, dass Kirchhoff Wege hindurch zog und zu seinem Vergnügen eine bemerkenswerte Anlage im Stil eines englischen Landschaftsparks schuf. Ab 1890 wurde Berthold Volger Pächter der Domäne, seine Nachfahren bewirtschaften den Hof noch heute. Betrug der domaniale Flächenbestand des Schäferhofes um die Jahrhundertwende noch rund 545 Hektar, wurde er in den nachfolgenden Jahrzehnten jedoch aufgrund des Reichssiedlungsgesetzes von 1919 sowie durch Landabtretungen während des »Dritten Reichs« stark reduziert. Beispielhaft hierfür steht die Parkanlage, auf deren Fläche 1939 ein Großtanklager errichtet wurde. Zu einer weiteren großen Veränderung kam es 1962, als der Domänenstatus seitens der Landesregierung aufgehoben wurde und eine Restfläche von 120 Hektar samt Gebäuden der Hofanlage an den

Pächter Volger veräußert wurde. Gartenraum und Tierhaltung wurden infolgedessen aufgegeben und der Betrieb auf reine Ackerwirtschaft umgestellt, was durch zusätzliche Rationalisierung erhebliche Auswirkungen auf die Anlagenstruktur hatte.

Bestand Die bewirtschafteten Ackerflächen des Schäferhofs liegen außerhalb der Hofanlage auf Marsch- und Geestböden in einem Bogen der Weser und sind gekennzeichnet durch eine offene und weitläufige Feldstruktur mit Straßen, Gräben und Hecken als strukturgebende Elemente. Der Domänenhof dagegen ist durch Wirtschafts- und Wohngebäude geprägt. Angrenzend an die Gebäude befinden sich der Hausgarten, eine Wirtschaftsfläche mit Hofscheune, Wohngebäude, eine Schutzgehölzfläche sowie die Bundesstraße B 215. Die Gestaltung des Innenhofes, wie sie ab 1845 vorgenommen wurde, ist in ihren Grundzügen noch heute ablesbar. Geprägt wurde sie durch eine doppelreihig versetzte Lindenreihe um den Hofteich, eine Baumreihe parallel zur Wohnhausfront sowie im Hofraum verstreut angeordnete Einzelbäume. Der noch existierende Altbaumbestand samt Hofteich ist aber durch Mangel an Pflege in seinem Fortbestand gefährdet. Der Hausgarten dagegen ist eine Restfläche der einst weiträumigen Schäferhofer Gartenanlage, welche 1962 in Ackerland umgewandelt wurde. Hier ist ein originärer Gestaltungsansatz nicht mehr nachvollziehbar, wenngleich eine Vielzahl an Altbäumen im Hausgarten überkommen ist. Der Gebäudebestand setzt sich überwiegend aus Wirtschaftsgebäuden zusammen, welche zwischen 1839 und 1845 als massive Ziegelbauten errichtet worden sind. Zwei der acht Wirtschaftsgebäude sind jedoch fachwerkliche Bauten, welche von andernorts transloziert wurden und einer früheren Bauweise entsprechen. Als weitere architektonische Besonderheit gilt der Teepavillon im Hausgarten. Hier liegt ein Mitwirken des Architekten Quaet-Faslem nahe, konnte aber bisher nicht eindeutig belegt werden.

Denkmalpflegerische Bewertung Zwar gilt das Ensemble des Schäferhofes bereits seit 1992 als Baudenkmal, ist aber nichtsdestotrotz ein offener Prüffall ohne abschließende Bewertung. Um den vorhandenen Denkmalverdacht erhärten zu können, muss eine Bedeutung, die ein Erhaltungsinteresse für die Allgemeinheit begründet, hinreichend dargelegt werden. Hierzu wurde der Schäferhof im Sinne des Niedersächsischen Denkmalschutzgesetzes hinsichtlich einer möglichen geschichtlichen, künstlerischen, wissenschaftlichen oder städtebaulichen Bedeutung untersucht, um ein öffentliches Interesse am Erhalt begründen zu können.

Die bauliche Anlage des Schäferhofes steht in einem engen wirtschafts- und kulturhistorischen Zusammenhang mit der Region. Ausdruck hierfür sind neben der landschaftsraumprägenden Feldflur mit ihren überkommenen Flurgrenzen und Entwässerungsgräben vor allem die tradierten Hofgebäude. Sie repräsentieren den durch Industrialisierung und Agrarreformen hervorgerufenen Strukturwandel in der Landwirtschaft bis heute, umso mehr, da trotz sukzessiver Veränderung und Entwicklung der baulichen Substanz ihr ursprünglicher Erscheinungscharakter bewahrt wurde. Die einstige wirtschaftliche und finanzwirtschaftliche Bedeutung für den Staat und die Region wird durch die repräsentative Gestaltung der Anlagenstruktur erkennbar. Die Gruppe baulicher Anlagen ist in ihrer Gesamtkonzeption inklusive der tradierten vegetativen Hofgestaltung nicht nur aus historischer Sicht bedeutsam, sondern hatte und hat noch immer auch einen raumprägenden Einfluss auf das umliegende Landschaftsbild. Hier kann zwar kein städtebauliches Erhaltungsinteresse formuliert werden, doch ist der raumprägende Charakter mit jahrhundertelangem Einfluss auf die landwirtschaftsgeprägte Nienburger Region ebenso bedeutsam.

Konzept Der Leitgedanke des denkmalschutzfokussierten Pflege- und Entwicklungskonzepts orientiert sich an der Entwicklungszeit des Schäferhofes zwischen 1839 und 1871. In dieser Zeit erfuhr die Anlage eine grundlegende Umgestaltung, eine sukzessive Erweiterung und gestalterische Ausprägung sowie letztlich ihre bis heute tradierte Hofstruktur. Die vorgeschlagenen Maßnahmen umfassen im Wesentlichen die Sicherung und Entwicklung des vegetativen und baulichen Bestandes. Sie wurden entsprechend der Dringlichkeit ihrer Umsetzung zeitlich priorisiert. Das Ziel des Konzepts ist es, die Dokumentationsfähigkeit der historischen Substanz langfristig zu schützen und gleichzeitig den ursprünglichen Gestaltungsansatz wieder stärker herauszuarbeiten. So kann das Denkmal Domäne Schäferhof auch in Zukunft erhalten bleiben.

Domäne Schäferhof
History and Preservation

Domäne Schäferhof, located near Nienburg/Weser in Lower Saxony, has been a farm for many centuries. When it became property of the Guelphs in 1582 it was run as a domain. After total destruction through French combat troops in 1813, the farm buildings were rearranged and modernized on behalf of King Ernst August of Hannover. Afterwards especially the garden and park were developed into a remarkable landscape park by tenant Kirchhoff in 1847. There are currently no site surveys, studies of the current site conditions or maintenance strategies for the future. This circumstance gave the occasion to develop a preservation concept to maintain the domain's historical value. In this Master's thesis, the history of the Schäferhof has been researched, site conditions and its value as a historical object have been described and analysed. Finally, a concept for developing the site has been drawn to give effective measures for maintenance and preservation. This thesis will help to protect the Schäferhof's historical value in the future.

Der Ausschnitt eines Situationsplans zeigt Umgestaltungspläne der Domänenanlage, 1839.
(Verfasser unbekannt, 1839; Nds. Landesamt für Denkmalpflege, Planarchiv)

Vom Grünflächenamt zum Fachbereich Umwelt und Stadtgrün

Eine Betrachtung über 25 Jahre kommunale Gartenverwaltung in Hannover von 1990 bis 2015

Jennifer Schneider

Prof. Dr. Joachim Wolschke-Bulmahn | Dipl.-Ing. Birte Stiers

Im Jahr 2015 blickt der Fachbereich Umwelt und Stadtgrün auf sein 125-jähriges Bestehen zurück. In dieser Zeit gab es viele Veränderungen in der kommunalen Gartenverwaltung der Stadt Hannover. In dieser Masterarbeit wird die Entwicklung des Fachbereichs von 1990 bis 2015 betrachtet. Dabei werden die Veränderungen in der Verwaltungsstruktur und der Dezernatszuordnung sowie der Einfluss der politischen Gremien auf die Arbeit des Fachbereichs untersucht. In den letzten 25 Jahren wurden große Projekte durchgeführt sowie neue Gartenanlagen geplant und gebaut. Veranstaltungen, Wettbewerbe und Initiativen wurden zu einem Bestandteil der stetig wachsenden Öffentlichkeitsarbeit. Ebenso hat die Gartendenkmalpflege an Bedeutung gewonnen. Kooperationen mit Vereinen, Verbänden, anderen Fachbereichen und der Leibniz Universität Hannover wurden zu einem wichtigen Tätigkeitsfeld. Der Fachbereich Umwelt und Stadtgrün ist für die grüne Freiraumqualität der Stadt zuständig und trägt somit eine große Verantwortung gegenüber der hannoverschen Bevölkerung. Der Fachbereich sorgt dafür, dass diese Qualität erhalten bleibt und verbessert wird.

Veränderungen der Verwaltungsstruktur Die Verwaltungsstruktur der letzten 25 Jahre ist geprägt vom Wandel. 1987 wurde das Garten- und Friedhofsamt in Grünflächenamt umbenannt. Seit 2003 wird diese kommunale Gartenverwaltung unter dem Begriff Fachbereich Umwelt und Stadtgrün geführt. Die Umbenennung 2003 ergab sich aus Umstrukturierungen innerhalb der Stadtverwaltung Hannover. In diesem Zuge wurden die bestehenden Ämter in Fachbereiche umbenannt und teilweise zusammengeführt. Bei dieser Maßnahme handelte es sich um Haushaltskonsolidierungsmaßnahmen zur Kosteneinsparung.

Dabei wurden das Grünflächenamt, das Amt für Umweltschutz, das Stadtforstamt und das Sport- und Bäderamt zu dem Fachbereich Umwelt und Stadtgrün zusammengefasst. Das Sport- und Bäderamt war jedoch nur temporär von 2003 bis 2007 dem Fachbereich Umwelt und Stadtgrün zugewiesen. Die Eingliederung der Ämter ist nicht nur auf die große Verwaltungsumstrukturierung im Jahr 2003 zurückzuführen, sondern entwickelte sich bereits durch die Bildung der Gebietskörperschaft Region Hannover im Jahr 2001. Die Aufgaben der Unteren Behörden, die vorher ein Teil des Amtes für Umwelt waren, wurden an die Region übertragen. Dadurch veränderte sich die personelle Situation des Amtes für Umwelt, wodurch eine Zuordnung zum Grünflächenamt begünstigt wurde. Das Stadtforstamt wurde bereits 2000 zu einem Teil des damaligen Grünflächenamtes. Neben Einsparmaßnahmen waren auch steigende Qualifikationen im landwirtschaftlichen Sektor seitens des Grünflächenamtes ausschlaggebend.

Bis 1993 war das Grünflächenamt dem Baudezernat zugeordnet. Dies war insbesondere in der Wiederaufbauzeit sinnvoll, da das Amt ebenfalls mit Aufgaben in Planung und Bau betraut war. Seit 1993 ist das damalige Grünflächenamt dem Umweltdezernat zugeordnet.

Herrenhäuser Gärten Eine weitere bedeutende Veränderung in der Verwaltungsstruktur des Fachbereichs Umwelt und Stadtgrün ist die Ausgliederung der Herrenhäuser Gärten im Jahr 2005. Die Herrenhäuser Gärten waren fast 70 Jahre Teil des Fachbereichs. Hintergrund der Ausgliederung war, dass die Anlagen der Herrenhäuser Gärten, wozu auch die Gebäude gehören, als Veranstaltungsort ausgebaut werden sollten. Vorher wurden die Gartenanlagen und die Veranstaltungen getrennt voneinander verwaltet. Die Zusammenführung der Gärten und Veranstaltungen sowie die Bildung eines Netto-Regiebetriebes sollten die Wirtschaftlichkeit stärken. Dies bedeutete jedoch für den Fachbereich Umwelt und Stadtgrün einen enormen Verlust, da die Gärten national und international bekannt und beliebt sind. Zwar ist das Prestigeobjekt dem Fachbereich verloren gegangen, dennoch besteht bis heute eine gute und enge Zusammenarbeit.

Projekte Im Zeitraum von 1990 bis 2015 wurden vom Fachbereich große Projekte bearbeitet. Von großer Bedeutung war das Projekt »Stadt als Garten«, welches in den 1990er Jahren anlässlich der EXPO 2000 in Hannover bearbeitet wurde. In diesem Projekt wurden vier Gartenräume unter Berücksichtigung von fünf Gartenthemen ausgearbeitet. Bei den vier Gartenräumen handelt es sich um Herrenhausen, die Leineaue, den Kronsberg und den Grünen Ring. Die Themen sind historische Gärten und Parks, Landschaftsräume am Stadtrand, umweltfreundliche Landwirtschaft, neue Siedlung und Umweltbildung und Gartenkultur. Das Projekt konnte durch gute finanzielle Möglichkeiten viel zur Verbesserung der Freiraumqualität in Hannover beitragen.

Ein weiteres Projekt ist der »Julius-Trip-Ring«, welcher ein Pendant zum »Grünen Ring« in der Region Hannover ist. Der Radrundweg bietet stadtnahe Erholungsmöglichkeiten für die Bevölkerung, indem der grüne Freiraum Hannovers erlebbar gemacht wird. Mit wenigen Mitteln, wie der Erstellung einer Karte und wegweisender Beschilderung, hat der Fachbereich Umwelt und Stadtgrün eine weitere Freiraumqualität in Hannovers Innenstadt erschaffen.

Der »Masterplan 100 % für den Klimaschutz« ist ein aktuelles Projekt der Landeshauptstadt und Region Hannover. In dem Projektzeitraum von 2012 bis 2016 werden Strategien und Maßnahmen erarbeitet, damit die Stadt und die Region Hannover das ehrgeizige Ziel erreichen können, bis zum Jahr 2050 die Treibhausgas-Emissionen um 95 Prozent und den Energieverbrauch um 50 Prozent im Vergleich zu 1990 zu verringern.

Ein weiteres aktuelles Projekt ist »Mein Hannover 2030«, welches die gesamte Stadtverwaltung Hannover betrifft. Dabei handelt es sich um ein Stadtentwicklungskonzept, das in Form von Öffentlichkeitsarbeit erarbeitet wird. Die hannoversche Bevölkerung soll daran teilnehmen und zeigen, wie sie sich ihre Stadt im Jahr 2030 vorstellt. Der Fachbereich Umwelt und Stadtgrün stellt dabei die Frage »Wie wollen wir wachsen?« und erhofft sich dadurch Impulse aus der Bevölkerung zur Verbesserung der Freiraumqualität.

Stadtentwicklungskonzepte sind sehr wichtig für die Entwicklung einer Stadt, um die Lebensqualität aufrechtzuerhalten und möglichst zu verbessern. Der Fachbereich Umwelt und Stadtgrün arbeitet an vielen dieser Programme und Konzepte mit, worunter beispielsweise auch die Projekte »Zukunft Hannover«, »Hannover schafft Platz«, »Hannover City 2020+« und »Hannover Plus 10« fallen.

Gartenanlagen In den letzten Jahren sind einige große Gartenanlagen in Hannover entstanden, etwa die Expo Gärten am Kronsberg im Jahr 2000. Diese bestehen aus drei Gärten, den »Gärten im Wandel«, dem »EXPO-Park Süd« und dem »ParcAgricole«. Gestaltet wurden sie vom Berliner Landschaftsarchitekten Kamel Louafi. Die drei Gärten bilden eine Abfolge, sie verbinden durch den Wechsel von intensiv zu extensiv gestalteten Freiräumen den Siedlungsrand mit der offenen Landschaft.

In Ahlem, im Westen von Hannover, ist im Jahr 2003 der Willy-Spahn-Park entstanden. Aus einer ehemaligen Mergelgrube und einer anschließenden ehemaligen Obstplantage wurde auf Wunsch und durch das Erbe des Unternehmerehepaars Spahn ein öffentlich zugänglicher Stadtteilpark. Der alte Obstbaumbestand wurde durch weitere Obstbäume ergänzt und lädt nicht nur zur Erntezeit Selbstpflücker und Besucher ein.

Die neueste Gartenanlage Hannovers ist der Wissenschafts- und Technologiepark Marienwerder, der 2012 fertiggestellt wurde. Eingebettet in den Wissenschafts- und Technologiestandort bietet der Park den Mitarbeitern der ansässigen Firmen und den Bewohnern eine attraktive Erholungsmöglichkeit. Der Bestand von Altlasten auf dem Parkgelände führte dazu, dass eine aufwendige Sanierung vorgenommen werden musste.

Gartendenkmalpflege Die Betrachtung der letzten 25 Jahre zeigt, dass das Thema Gartendenkmalpflege im Fachbereich Umwelt und Stadtgrün zwar stets eine gewisse Bedeutung hatte, bislang jedoch noch nicht den Stellenwert zugesprochen bekam, der notwendig wäre. Die Aufgabe der Gartendenkmalpflege wird seit 2012 personell genannt und es konnten Parkpflegewerke erstellt werden. Seitens des Fachbereichs wird versucht, die Gartendenkmalpflege in Hannover weiter auszubauen, was sich jedoch aus finanzieller und politischer Sicht als schwierig erweist. Ein Ausbau in naher Zukunft wäre daher wünschenswert.

Kooperationen Viele Kooperationen zeichnen die Arbeit des Fachbereichs Umwelt und Stadtgrün aus. Dabei handelt es sich zum Beispiel um die Zusammenarbeit mit dem Eilenriedebeirat, mit anderen Fachbereichen der Stadtverwaltung Hannover und der Region Hannover. Aber auch mit vielen Vereinen, Verbänden und Institutionen wird eng zusammengearbeitet. Ebenso besteht mit der Leibniz Universität Hannover eine gute Kooperation. Insbesondere mit dem Institut für Landschaftsarchitektur und dem Zentrum für Gartenkunst und Landschaftsarchitektur (CGL) wird seit Jahren eng zusammengearbeitet. Den Studenten ermöglicht dies interessante Projekte und einen Einblick in die Arbeit der kommunalen Freiraumpolitik.

Fazit In den letzten 25 Jahren sind neue Aufgabenfelder für den Fachbereich Umwelt und Stadtgrün hinzugekommen. Die grundlegenden Aufgaben, wie das Planen, Bauen und Pflegen von öffentlichen Grünflächen, Spielplätzen, Wäldern, Parks, Straßenbäumen und Friedhöfen, blieben jedoch über die Jahre erhalten. Mit dem Umweltschutz hat der Fachbereich einen weiteren sehr bedeutenden Arbeitsbereich hinzubekommen. Die Ausgliederung der Herrenhäuser Gärten war ein bedeutendes Ereignis für den Fachbereich, weil ein Teil der hannoverschen Gartenkultur aus ihrem Kompetenzbereich herausgelöst wurde. Die kommunale Freiraumpolitik spielt für die Bevölkerung eine große Rolle, da die Grünflächen der Freizeitbeschäftigung und der Erholung der Bürgerinnen und Bürger dienen. Eine Gartenverwaltung kann aber auch nur so gut sein, wie es die politische Lage in der jeweiligen Stadt zulässt. Die stabile Kommunalpolitik in Hannover, bei der die Umwelt- und Gartenqualität einen großen Stellenwert hat, ermöglicht ein konsequentes Arbeiten. Die Arbeit der kommunalen Freiflächenpolitik ist jedoch nicht nur von der amtierenden Regierung abhängig, auch die Resonanz in der Bevölkerung ist von erheblicher Bedeutung. Eine gute Öffentlichkeitsarbeit und Kommunikation trägt viel zur Akzeptanz und Wertschätzung der Verwaltungsarbeit durch die Bewohnerinnen und Bewohner bei.

From the Parks and Gardens Department to the Department of Environment and Urban Green Spaces A Review of 25 Years of Local Gardens and Parks Administration in Hannover from 1990 to 2015

In 2015, the Department of Environment and Urban Green Spaces looks back on 125 years of its existence. During these years the Local Gardens and Parks Administration in Hannover has undergone many changes. This study examines the development of this Department from 1990 to 2015, in particular the changes in administrative structure and administrative attachment to other departments as well as the influence of political bodies on the work of the Department. In the last 25 years, some large-scale projects and new green spaces were planned and realized. Today, events, competitions and initiatives are playing an important role in public relations. Besides, the preservation of historic gardens gains in importance. Cooperation with associations, organizations, other departments and the Leibniz University Hannover has become vital for open space planning. The Department of Environment and Urban Green Spaces is in charge of the quality of open spaces in the city and thus has a great responsibility towards the people living in Hannover. The Department makes sure that the quality is preserved and improved.

IUP

LANDSCHAFTSPLANUNG UND NATURSCHUTZ
Prof. Dr. Christina von Haaren

NATURSCHUTZ UND LANDSCHAFTSÖKOLOGIE
Prof. Dr. Michael Reich

VEGETATIONSMANAGEMENT
Prof. Dr. Rüdiger Prasse

RAUMORDNUNG UND REGIONALENTWICKLUNG
Prof. Dr. Rainer Danielzyk

LANDESPLANUNG UND RAUMFORSCHUNG/REGIONAL GOVERNANCE
Prof. Dr. Frank Othengrafen

INGENIEURBIOLOGIE
Prof. Dr. Eva Hacker

INSTITUT FÜR UMWELTPLANUNG

Mapping Wolfsburg

Sophie Beeskow I Sebastian Beutel I Nicolai Melcel
Victoria Semenova I Milan von Moeller

Prof. Dr. Frank Othengrafen I Dipl.-Ing. Meike Levin-Keitel
Dr. Pia Steffenhagen-Koch

Zwischen Städten und Umland bilden sich angesichts veränderter gesellschaftlicher Bedingungen unterschiedliche funktionale Verflechtungsräume. Daraus ergeben sich zukünftige Herausforderungen, die bereits heute analysiert werden müssen, um auch morgen handlungsfähig bleiben zu können. Für die Stadt Wolfsburg und ihren suburbanen Raum ist ein stadtregionaler Verflechtungsraum zu erkennen, der sich anhand der Bevölkerungsentwicklung und der Pendlerströme herausbildet. Statistische Jahrbücher zeigen den Trend der Suburbanisierung der Stadt Wolfsburg. Dennoch gibt es, abgesehen vom urbanen Stadtkern, keine übergeordnete geografische Abgrenzung, welche die Verflechtungen über unterschiedliche Handlungsfelder hinaus repräsentiert. Die vielfältigen Beziehungen von Stadt und Landschaft bringen neuen planerischen Handlungsbedarf sowie einen umfassenden Analysebedarf des Raumgefüges mit sich. Die Analyse, Ausarbeitung, Darstellung und Interpretation der räumlichen Verflechtung zwischen der Kernstadt Wolfsburg und ihrem Umland ermöglichen es, räumliche Qualitäten und mögliche Handlungsfelder zu ermitteln und Zukunftsperspektiven zu entwickeln.

Ziel des studentischen Projektes war es, verschiedene räumlich-funktionale Beziehungen zwischen der Stadt Wolfsburg und dem Umland zu analysieren, diese kartografisch aufzubereiten und darzustellen. Anhand der vier Themenbereiche Bevölkerung, Wohnen, Arbeit und Ökonomie soll eine »Region Wolfsburg« anhand ihrer funktionalen Beziehungen definiert und die Stärken und Schwächen der Zwischenräume dargestellt werden.

Dies geschah in enger Zusammenarbeit mit dem Referat 21 der Statistikabteilung der Stadt Wolfsburg, die im Anschluss an das Projekt ein Essay der Kartensammlung zur weiteren Veröffentlichung zur Verfügung gestellt bekamen.

Zunächst wurden in einer detaillierten Datenrecherche statistische Werte zu den verschiedenen Themenbereichen gesammelt. Datengrundlagen waren meist die Statistischen Ämter des Bundes und der Länder. Die Aufbereitung der Daten ergab ein Untersuchungsgebiet, in dessen Mitte sich Wolfsburg befindet.

Das Gebiet orientiert sich hauptsächlich an administrativen Grenzen. Es befindet sich bundeslandübergreifend mit dem westlichen Teil in Niedersachsen und mit dem östlichen in Sachsen-Anhalt. Der nächste Schritt lag in der Visualisierung der aufbereiteten Datensätze. Auf Grundlage von Shapefiles wurden Rohkarten mit dem Geoinformationssystem ArcGIS erstellt. Für die grafische Aufarbeitung der Karten wurde das Programm Adobe Illustrator genutzt.

Zwar kann man generell von wachsenden Kernen und schrumpfendem Umland im Untersuchungsgebiet sprechen, dennoch müssen diese Prozesse teilräumlich differenziert betrachtet werden, da die Intensität und die Gründe dieser Entwicklungen sich innerhalb des Betrachtungsraumes unterscheiden. Die Kernstädte Wolfsburg, Braunschweig, Hannover und Magdeburg verzeichnen eine erhebliche Anzahl an Zuzügen, von denen auch das direkte Umland profitiert. Hier vollziehen sich Prozesse der Reurbanisierung und Suburbanisierung gleichermaßen und nebeneinander. Die ländlichen Regionen abseits der Städte wiederum sind von starken Abwanderungen und Schrumpfungen betroffen. Der Bedarf an Wohnungen in den Kernstädten wird vermutlich in Zukunft weiter steigen, ebenso wie die Wohnfläche. Trotz sinkender Bevölkerung steigt das Bedürfnis an Wohnfläche in den Kernstädten. Neben dem steigenden Anspruch an Wohnraum werden sich aufgrund des soziodemografischen Wandels die Haushaltsgrößen und Haushaltsstrukturen ändern. Wolfsburg wird ökonomisch stark von der Volkswagen AG geprägt, welche eine weitreichende Abstrahlwirkung besitzt. Beispielsweise zeigt eine hohe Arbeitsplatzdichte, die sich aufgrund der guten ökonomischen Situation (BIP, verfügbares Einkommen) ergibt, eine gesunde Beziehung zwischen Arbeitsplätzen und Bevölkerung. Wolfsburg als Zentrum und Ort vieler Einpendler ist im Vergleich zu beispielsweise Braunschweig relativ schlecht an das regionale Infrastruktur-

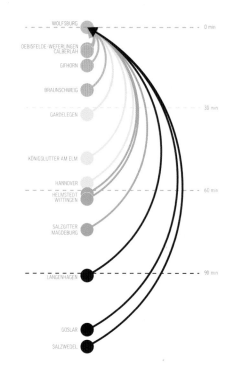

netz angebunden. Vor dem Hintergrund, dass vor allem aus den Landkreisen und kreisfreien Städten Gifhorn, Helmstedt und Braunschweig viele Einpendler kommen, gilt es dieses Verkehrsaufkommen in die Planungsstrategien der nächsten Jahre zu integrieren. Zwar konnte eine »Stadtregion Wolfsburg« nicht themenübergreifend definiert werden, doch die Analyse der räumlich-funktionalen Beziehungen zwischen der Stadt Wolfsburg und dem Umland ergab verschiedene ausgeprägte Verflechtungen.

Insgesamt ist ein sehr interessanter und kreativ gestalteter Atlas von Wolfsburg und seinen regionalen Verflechtungen entstanden, der weit über eine herkömmliche Darstellung hinausgeht, den planerischen Handlungsbedarf in der Region eindrücklich veranschaulicht und selbst schwer verständliche Zusammenhänge adressatenorientiert illustriert.

Wolfsburg

1.406
4.087
13.220
17.092
23.588

Einpersonenhaushalte
Paare ohne Kind(er)
Paare mit Kind(ern)
Alleinerziehende Elternteile
Mehrpersonenhaushalte ohne Kernfamilie

2 Bundesländer
14 (Land-)Kreise
2 Landeshauptstädte
4 Kreisfreie Städte
352 Städte & Gemeinden

3.806.365 Einwohner
(Juni 2014)

Mapping Wolfsburg

The space between city and landscape is becoming increasingly blurred. Apart from the town center, there is no clear geographical delimitation between the two. The agglomeration of city and landscape brings new requirements for the planning process and demands a more profound analysis of the structure of space. One method of determining spatial qualities, informing the planning process, and developing a statement of place, is through the use of tools of analysis, mapping, and representation in order to interpret the spatial integration between Wolfsburg's urbanized town center and the surrounding countryside. The present report of the Advanced Bachelor Studio Project »Mapping Wolfsburg« describes issues related to demographics, living conditions, employment and economics, as well and mobility, through the use of maps, infographics, and descriptive text.

0 10 km   Untersuchungsgebiet

Bearbeitung: LUH-Team
Datenbasis: © GeoBasis-DE / BKG 2014

Untersuchungsgebiet
Wolfsburg
Ländergrenze
Kreisgrenzen

Ein Kampf gegen Windmühlen?
Untersuchung von Nutzungskonflikten in ländlichen Räumen am Beispiel der Planung von Windenergieanlagen in der Gemeinde Husum, Landkreis Nienburg/Weser

Rea Dehnbostel

Prof. Dr. Frank Othengrafen | Dr. Pia Steffenhagen-Koch

Ländliche Räume in Deutschland und Europa erfüllen eine Vielzahl unterschiedlicher Funktionen (siehe Abbildung). Als besonders prägende Landnutzungsformen können etwa die Land- und Forstwirtschaft, die Erholung, der Naturschutz und das Wohnen, aber auch Gewerbe, Bodenabbau und technische Infrastruktur genannt werden. Durch strukturelle Entwicklungen und technische Innovationen unterliegen diese Nutzungen einem Wandel, sodass sich die Anforderungen an die multifunktionalen Landschaften ländlicher Räume weiter erhöhen und diversifizieren (BENS et al. 2005: 10). In den letzten Jahren führt insbesondere die verstärkte Gewinnung von Windenergie zu einem veränderten Nutzungsdruck in ländlichen Gebieten (BECKMANN et al. 2013: 8). Dieser äußert sich nicht selten in lokalen Konflikten. Die Suche nach geeigneten Flächen für Windenergieanlagen stellt die Planung vor Herausforderungen.

Als Beispiel für einen Konflikt um Windenergieanlagen kann der Landkreis Nienburg/Weser in Niedersachsen betrachtet werden. Dort wurde kürzlich der Teilabschnitt »Windenergie« des Regionalen Raumordnungsprogrammes (RROP) fortgeschrieben, um neue Vorrangflächen für Windenergieanlagen zu schaffen (LANDKREIS NIENBURG/WESER 2013: 19). Insbesondere in der Gemeinde Husum im Osten des Landkreises leisteten Bürger Widerstand. Dort bildete sich eine aus etwa 450 Mitgliedern bestehende Interessengemeinschaft, die sich gegen die Ausweisung eines geplanten Vorranggebiets innerhalb des Husumer Gemeindegebietes einsetzte. Die Gemeinschaft befürchtete negative Effekte auf die umgebenden Wohngebiete und die Gesundheit der Anwohner sowie auf die vorhandenen Ökosysteme und Arten. Die Auseinandersetzung zwischen den Bürgern, dem Naturschutz, der Regionalplanung sowie der kommunalen Politik und den Flächeneigentümern verzögerte nicht nur das Planungsgeschehen, sondern beeinflusste auch das Zusammenleben in der Gemeinde.

Vor dem Hintergrund dieser und zahlreicher ähnlicher Bürgerproteste und Auseinandersetzungen zeichnet sich ein Bedarf nach Möglichkeiten zur Untersuchung von Nutzungskonflikten in multifunktionalen Landschaften sowie zur Entwicklung darauf aufbauender Lösungsansätze ab. Dazu gilt es, Erkenntnisse über Landnutzungskonflikte systematisch auszuwerten, um dann passende Ansätze zur Vorbeugung, Entschärfung und Lösung von Konflikten um Windenergieanlagen und andere Nutzungsansprüche in ländlichen Räumen finden zu können.

Um dies zu erreichen, wurde im Rahmen dieser Masterarbeit das Werkzeug der Konfliktanalyse genutzt. Es wurde ein spezieller Ansatz entworfen, um Nutzungskonflikte in ländlichen Räumen abbilden und untersuchen zu können. Der Ansatz wurde am Beispiel des oben beschriebenen Konflikts in Husum angewendet. Auf dieser Grundlage wurden dann mögliche Lösungsansätze für das Fallbeispiel und für vergleichbare Konfliktsituationen bei Windenergieplanungen entwickelt.

Bei der Untersuchung des Konflikts in Husum im Landkreis Nienburg/Weser zeichneten sich verschiedene Streitpunkte und Teilkonflikte ab, die zudem unterschiedlichen Konfliktphasen zugeordnet werden konnten. Es wurde deutlich, dass Verfahren, bei denen Bürger und Interessengruppen am Planungsprozess mitwirken können, am erfolgversprechendsten für die Lösung von Konflikten um Windenergieanlagen sind. Je nach Art des Streitpunktes und Phase des Konflikts eignen sich unterschiedliche Methoden. Die abgebildete Tabelle gibt dazu einen Eindruck. Des Weiteren braucht es eine faire Verteilung der Gewinne und Einnahmen aus der Windenergie – es sollten nicht ausschließlich Flächenbesitzer und Betreiber profitieren. So hat die finanzielle Beteiligung von Anwohnern eine sehr positive Wirkung auf die Akzeptanz von Windenergieprojekten. Eine Möglichkeit dazu besteht beispielsweise in der Realisierung von Bürgerwindrädern oder Bürgerwindparkprojek-

Mögliche Nutzungsansprüche an ländliche Räume

	Vorlaufphase (Konfliktprävention)	Entstehungsphase (Lösung latenter Konflikte)	Zuspitzungsphase (Lösung manifester Konflikte)
Interessenkonflikte (inhaltlich)	Kooperative Beteiligungsverfahren (z. B. **Bürgergutachten**)		**Mediation**
Interessenkonflikte (finanziell)	Initiierung von **Bürgerwindparkprojekten**	Aushandlung **finanzieller Beteiligungsmöglichkeiten** (z.B. Bürgerwindräder)	
Risiko-Vermeidungs-Konflikte	Gemeinsame **Auswahl von Untersuchungsfragen** und Gutachtern zur Einschätzung von Risiken		
Wertekonflikte	Aufstellung **regionaler Energiekonzepte**		
Faktenkonflikte	Hinzuziehen von **unabhängigen Experten** zur Klärung von Sachfragen		
Verfahrenskonflikte	**Frühzeitige Information** (z. B. Touren zu Windrädern); **Befragungen** zur gewünschten Form des Verfahrens	Informelle **Beteiligungsverfahren**	
Rollenkonflikte	**offene Auseinandersetzung** über Rollenverteilung (Voraussetzungen sind gegenseitige Akzeptanz und Transparenz)		

Übersicht der Möglichkeiten zum Umgang mit Konflikten um Windenergieanlagen nach Typen und Phasen

ten. Im Hinblick auf die Prävention von Konflikten spielt die frühzeitige Information der betroffenen Akteure im Zuge der Regionalplanung eine besondere Rolle. Zur Lösung bereits manifestierter Konflikte können vor allem Kommunen, privatwirtschaftliche Akteure und die lokale Bevölkerung beitragen. Denn insgesamt kann die weitere Verbreitung der Windenergienutzung zur Erreichung von Klimaschutzzielen nicht ohne die Akzeptanz, Unterstützung und aktive Mitwirkung engagierter Netzwerkakteure und der Menschen vor Ort umgesetzt werden.

Literatur

◇ Beckmann, Klaus J./Gailing, Ludger/Hülz, Martina/Kemming, Herbert/Leibenath, Markus/Libbe, Jens/Stefansky, Andreas: *Räumliche Implikationen der Energiewende.* Positionspapier, Berlin 2013 (Difu-Paper)

◇ Plieninger, Tobias/Bens, Oliver/Hüttl, Reinhard F. J.: *Naturräumlicher und sozioökonomischer Wandel, Innovationspotenziale und politische Steuerung am Beispiel des Landes Brandenburg.* (Materialien der Interdisziplinären Arbeitsgruppe »Zukunftsorientierte Nutzung ländlicher Räume«; 2). Berlin 2005

◇ LANDKREIS NIENBURG/WESER: 1. *Änderung des Regionalen Raumordnungsprogramms Teilabschnitt Windenergie, Aktualisierung 2013. Entwurf.* Basierend auf dem Regionalen Raumordnungsprogramm für den Landkreis Nienburg/Weser 2003. Nienburg: Landkreis Nienburg/Weser 2003

A Fight against Windmills?
An Analysis of Land Use Conflicts in Rural Areas Using the Case Study of a Wind Energy Project in Husum, County of Nienburg/Weser

In Germany and all over Europe, rural areas are subject to structural and usage-related changes. Due to technological development and structural alterations, the main usages of rural areas such as agriculture and forest utilization, recreation, nature conservation, habitation, manufacture, soil excavation and technical infrastructure as well as renewable energies (especially wind energy), also are currently undergoing major changes. This leads to increasing pressure on the utilization of the land which is reflected in many local conflicts – such conflicts being a great challenge for present regional planning institutions.

A systematical analysis of previous experiences with such conflicts is an essential prerequisite for determining measures aiming at solving and preventing land-usage conflicts. For this purpose, this master's thesis first undertook to develop an approach to methodical conflict analysis which is applicable to local land-usage conflicts in rural areas. Then it undertook to create possibilities to solve concrete problems. The case example under examination was the conflict concerning the planning of wind turbines in the Husum community, region Nienburg/Weser in Northern Germany. Here a disagreement arose about the planning of a priority area for the erection of wind turbines.

The investigation showed that measures for solving problems concerning wind energy plants need to encompass possibilities of participation for citizens and stakeholder groups. Furthermore, financial incentives for residents have a positive effect on the acceptance level for wind energy. With regard to conflict prevention, regional planning is a particularly important factor. Nevertheless, communities, private investors and local residents can also play a part in conflict solving procedures.

131

FORSCHUNG

Diversity im Freiraum
Für ein entspanntes Miteinander draußen

Bachelor- und Masterstudierende der Landschaftsarchitektur und Umweltplanung

Prof. Dr. Bettina Oppermann

Die Fachkommission »Frauen in der Stadt« des Deutschen Städtetags diskutierte am 27.11.2014 auch die Ergebnisse des Seminars »Diversity, Inklusion und Teilhabe – Alte und neue Anforderungen an Landschaftsarchitektur und Umweltplanung« aus dem Sommersemester 2014

Um einerseits das Politische der Planung herauszuarbeiten und andererseits planungskommunikative Strategien zur Lösung von Konflikten zu empfehlen, werden im Fach Freiraumpolitik Konflikte und unterschiedliche Interessenlagen der Menschen untersucht. Mit dem Diversity- oder Vielfaltskonzept wird nun ein gesellschaftlicher Anspruch an die Planung herangetragen, der das Ziel einer vielfältigen, spannungs- und vor allem diskriminierungsfreien Nutzung von Freiräumen verfolgt: »Alle Menschen sind frei und gleich an Würde und Rechten geboren.« Daraus folgt: »Die Gestalt und Organisation von Freiräumen darf niemanden diskriminieren.« So könnte man den Artikel 1 der Allgemeinen Erklärung der Menschenrechte für die Landschaftsarchitektur übersetzen. Menschen unterschiedlichen Geschlechts oder Lebensalters; unterschiedlicher Befähigung, mit oder ohne Behinderungen; Menschen unterschiedlicher ethnischer Herkunft, Hautfarbe, mit oder ohne Bürgerstatus; Menschen, die unterschiedlichen Religionen und Weltanschauungen anhängen oder einen unterschiedlichen sozialen Status haben, sich in unterschiedlichen Lebenslagen befinden und sich unterschiedlichen sexuellen Identitäten zuordnen – alle diese unterschiedlichen Menschen sollen sich zusammen draußen entspannt aufhalten können.

Bisher wurden die sieben Kerndimensionen des in Deutschland unmittelbar geltenden Allgemeinen Gleichbehandlungsgesetzes (AGG) selten und meist nicht systematisch für Stadtquartiere, Plätze, Parks oder Gärten geprüft. In dem Seminar »Diversity im Freiraum« wurden zunächst Anknüpfungspunkte an bestehende Planungsansätze gesucht, dann neue Anforderungen formuliert und der Stadtteil Sahlkamp-Mitte in Hannover hinsichtlich seiner Diversity-Qualität bewertet. Dabei zeigte sich, dass Planung und Entwurf gut an einige Themenfelder, zum Beispiel gendergerechte, sichere oder inklusive Stadtgestaltung, anknüpfen kann. Aber auch grundsätzliche Fragen kamen auf: Wie mono- oder multifunktional können und sollen Freiräume konzipiert sein? Ist jede Nutzungseinschränkung und Disziplinierung beispielsweise der Hundebesitzer gleich eine Diskriminierung? Nein, denn es geht darum, schwachen Bedürfnissen Raum zu verschaffen, funktionierende Nutzungsregeln durchzusetzen oder die Kommunikation über die Nutzung von Freiräumen leicht verständlich und gegebenenfalls multilingual zu gestalten.

Beteiligungsformate haben im Diversity-Ansatz der Planung einen festen Platz, denn es geht nicht darum, über Nutzer, sondern mit den Nutzerinnen und Nutzern zu sprechen. Und hier, wie auch sonst, ist der gutgemeinte »Aufruf an alle« nicht hilfreich. Diesem folgen nämlich nur die gut ausgebildeten Mittelschichten, die Aktiven und Engagierten. Nur mit einer sorgfältig austarierten Ansprache verschiedener Interessengruppen lassen sich deren Belange in die Planung einbeziehen. Zugute kommt das allen, denn wir gehören ja nie nur in eine Schublade. Jede und jeder profitiert davon, wenn die Planung den vielen verschiedenen Vorstellungen davon gerecht wird, wie man einen Sonntagnachmittag im Park verbringt, sich auf einem Platz trifft oder gemeinsam Ball spielt.

Literatur
◇ Oppermann, Bettina/Oppermann, Anne-Gela/ Schindler, Gesina/Maus, Friederike: »Einladende Freiräume für ein entspanntes Miteinander«. In: *Stadt + Grün*. Berlin, Nr. 3, Berlin 2015, S. 30–33

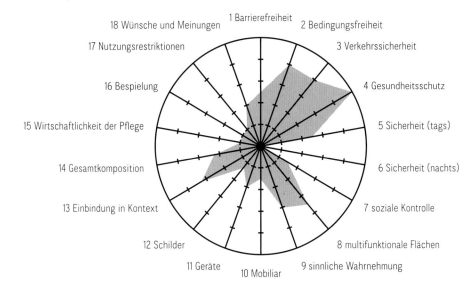

Quality Check for Diversity in Open Spaces

Diversity is not only a new management strategy or claim in the general political arena, it is also relevant for planners and designers. Different groups seek recreation and self-fulfillment in different ways; inclusive, not discriminating strategies are needed also for parks, squares and green infrastructures. Diversity assessment may be a new way to check those open space qualities.

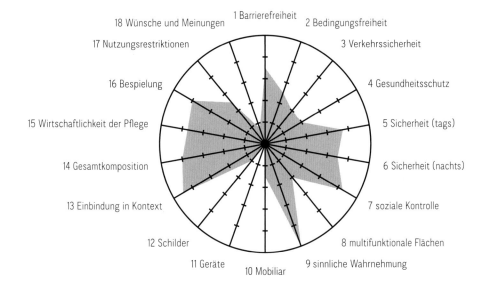

Lena Hörtemöller und Jonas Schäfer entwickelten ein DiversOMeter, mit dessen Hilfe Diversity-Qualitäten für Plätze oder Parkanlagen erfasst werden können.

Symposium der Peking Universität und Leibniz Universität Hannover widmet sich den Auswirkungen der Urbanisierung in China auf die Siedlungsstruktur

Prof. Dr. Martin Prominski (Leitung), Institut für Freiraumentwicklung I Prof. Dr. Michael Rode, Institut für Umweltplanung
Prof. Dr. Frank Othengrafen, Institut für Umweltplanung

Chinesisch-deutsche Forschungsteams entstehen

Wie können neue Siedlungen in China angesichts des prognostizierten Anstiegs der urbanen Bevölkerung um 300 Millionen Menschen bis 2050 so entwickelt werden, dass sie sowohl Ausdruck des lokalen Charakters als auch nachhaltig sind? Durch die Förderung des Chinesisch-Deutschen Zentrums für Wissenschaftsförderung, einer gemeinsam von der Deutschen Forschungsgemeinschaft und der National Science Foundation China getragenen Einrichtung, konnten 34 chinesische und 13 deutsche Professoren vom 05. bis 10. Oktober 2014 in Peking zum Symposium »Urbanization and Locality: Strengthening Identity and Sustainability by Site-specific Planning and Design« zusammenkommen, um diese Frage zu erörtern. Die gastgebenden Institutionen waren das College für Landschaftsarchitektur und Architektur der Peking Universität (Prof. Dr. WANG Fang) sowie die Fakultät für Architektur und Landschaft der Leibniz Universität Hannover (Prof. Dr. Martin Prominski).

Der erste Tag begann mit einer Präsentation des Chinesisch-Deutschen Zentrums für Wissenschaftsförderung durch den Vizedirektor Prof. Dr. ZHAO Miaogen. In der anschließenden Einführungsrede stellte Dekan Prof. Dr. YU Kongjian klar, dass angesichts des enormen Tempos der chinesischen Urbanisierung eine hohe Gefahr gesichtsloser Siedlungen ohne Identität besteht. Für ihn müssen dringend Strategien urbaner Entwicklung aufgezeigt werden, die den Charakter des Ortes respektieren und somit eine starke Identität sowie nachhaltige Entwicklung ermöglichen. Diesem Thema widmeten sich die Vortragenden an drei Tagen mit jeweils 16 Vorträgen. Durch die große Bandbreite sowohl der fachlichen Hintergründe der Vortragenden als auch der regionalen Themen konnte eine Vielzahl aktueller Forschungsansätze zur ortsspezifischen, nachhaltigen Stadtentwicklung vorgestellt und diskutiert werden. Teilnehmer aus der Fakultät für Architektur und Landschaft waren Prof. Dr. Martin Prominski (Institut für Freiraumentwicklung), Prof. Dr. Michael Rode und Prof. Dr. Frank Othengrafen (beide aus dem Institut für Umweltplanung).

Symposium at Peking University in Cooperation with Leibniz University Hannover

How can new patterns of urbanization in China be developed, facing an urban growth of population of 300 million people until 2050 and meeting the challenge of locality, specificity and sustainability?

This question was discussed by 34 Chinese and 13 German professors at the symposium »Urbanization and Locality: Strengthening Identity and Sustainability by Site-specific Planning and Design« from 05. 10. 2014 to 10. 10. 2014 in Peking. Host of the event were the College of Landscape Architecture and Architecture of Peking University (Prof. Dr. Wang Fang) and the Faculty of Architecture and Landscape of Leibniz University Hannover (Prof. Dr. Martin Prominski). The symposium was financed by the Sino-German Center for Research Promotion.

Drei Erfolge des Symposiums sind besonders hervorzuheben: Erstens wurden zwei Kooperationsverträge durch die Dekane unterzeichnet (zwischen Chongqing University und Peter Behrens School of Architecture Düsseldorf sowie Peking University und Leibniz Universität Hannover), zweitens haben sich zum Abschluss des Symposiums 13 chinesisch-deutsche Forschungsteams gebildet und konkrete Forschungsideen vorgestellt, die in einen gemeinsamen Forschungsantrag münden sollen, und drittens konnte der Springer-Verlag für die Veröffentlichung der Ergebnisse des Symposiums gewonnen werden.

EMiLA Summer School Running out of Land – Designing strategies for Ammerland's competing land use demands

Prof. Dr. Martin Prominski I Dipl.-Ing. Verena Butt I Dipl.-Ing. Christiane Kania

Jonas Schäfer I Studierende des B. Sc. Landschaftsarchitektur und Umweltplanung sowie M. Sc. Landschaftsarchitektur

»Tactic Cards« definierten die konkreten Kooperationsmöglichkeiten zwischen den Landschaftsnutzern

Das Ammerland ist geprägt durch eine idyllische »Parklandschaft« mit Weiden, Wallhecken, Rhododendren und Baumschulen. Aktuelle Entwicklungen wie die Industrialisierung der Landwirtschaft, die Energiewende, Agrarsubventionen der EU, Bautätigkeiten und europäische Märkte beeinflussen jedoch diese Landschaft: Die Landwirtschaft benötigt größere Flächen für den Anbau von Energie- und Futterpflanzen und kann durch Subventionen hohe Pachtpreise zahlen. Zahllose Baumschulen, die um dieselben Flächen konkurrieren, prägen das Ammerland. Torfabbauunternehmen verwandeln Moorweiden in ökologisch hochwertige, aber landwirtschaftlich unökonomische Feuchtgebiete, fortlaufende Siedlungserweiterungen sowie geplante Infrastruktur und damit einhergehende Kompensationsmaßnahmen benötigen ebenfalls mehr Raum. Die Nutzer der Landschaft stehen zunehmend in wirtschaftlicher Konkurrenz um das knapper werdende Land.

Um den für die Region so wichtigen Fahrradtourismus zu erhalten, ist jedoch die Bewahrung der Kulturlandschaft von zentraler Bedeutung, deren kleinteilige Struktur den heutigen Ansprüchen an die Landschaft entgegen zu stehen scheint. Insbesondere der Erhalt der Wallhecken, Weideflächen und Gewässerstrukturen tritt dabei in den Hintergrund.

Wie könnte aus Konkurrenz Kooperation werden? Wie sieht eine historische, aber nach heutigen Maßstäben ökonomisch genutzte Kulturlandschaft aus? Wie können LandschaftsarchitektInnen durch kooperative Strategien die Landschaft der Zukunft gestalten? Welche Rolle kommt den regionalen AkteurInnen bei der Gestaltung ihrer Kulturlandschaft zu und was können sie tun, um die Konkurrenzsituation zu entschärfen?

Mit diesen Fragen setzten sich 36 Studierende aus neun Ländern während der 6. Summer School des European Masters in Landscape Architecture (EMiLA) auseinander, zu der Prof. Dr. Martin Prominski und Dipl.-Ing. Verena Butt vom Fachgebiet Entwerfen urbaner Landschaften eingeladen hatten.

Methodisch baute der Workshop auf das Dissertationsvorhaben von Dipl.-Ing. Christiane Kania auf, die sich mit den Möglichkeiten des Spielens als Entwurfsmethodik im Bereich des Landschaftsentwerfens auseinandersetzt. Nach der individuellen Erkundung der Landschaft stellten die Studierenden ihre Landschaftswahrnehmung in abstrakten Erdskulpturen dar, um der Identität der Landschaft und ihren Themen auf den Grund zu gehen. Die Studierenden tauchten in die Rollen der Landschaftsnutzer ein. Wie sähe

Internationale Teams arbeiteten mit regionalen Akteuren zusammen.

In der Erdhalle der DEULA Westerstede wurde die individuelle Landschaftswahrnehmung in Skulpturen umgesetzt.

EMiLA Summer School Running out of Land – Designing Strategies for Ammerland's Competing Land Use Demands

Ammerland's park-like landscape with its meadows, groves, hedges and nurseries is increasingly replaced by competing land use demands. Agriculture needs coherent fields, peat extraction occupies large areas, building activities entail ecological compensation measures which in turn require space. The consequences difficulties to preserve historical landscape elements, problems to develop natural areas and economic problems for companies and farms who cannot expand. In Ammerland, tree nurseries are of particular importance for the landscape's appearance as well as for tourism and the economy. Pressure rises on those sometimes small and highly specialized companies, as subsidized agriculture can pay more to lease land than nurseries.

How could these conflicts of interests be transformed to productive cooperation? How does a historical but nowadays economically efficient cultural landscape look like? Which role do the local stakeholders play and what would they have to do to improve the situation? How can landscape architects support this process providing cooperative strategies for the landscape?

During the 10-day EMiLA Summer School 36 students and 16 teachers from 9 countries worked in close consultation with more than 20 actively involved stakeholders on these questions and designed visionary landscape concepts. The students developed profiles of seven »landscape players« such as farmers, peat extractors, or environmentalists, and identified their problems, needs and aspirations. The students worked out possible future cooperations between the stakeholders that offer possibilities to lower the pressure on land, preserve the landscape's character and strengthen its identity.

die perfekte Landschaft »eines Baumschulbesitzers«, »einer Bürgermeisterin« oder »eines Torfabbauers« aus? Aufbauend auf den Profilen von sieben solcher »Landscape players« wurden Interessenslagen identifiziert, Positionen im Entwurf verhandelt und konkrete Kooperationsideen entwickelt. Die Studierenden zeigten in Ihren Entwürfen, dass sich vermeintlich gegenüberstehende Ziele verbinden lassen, wenn alle Nutzungsansprüche zusammen gedacht werden. So schlugen die Studierenden zum Beispiel vor, die zukünftig von landwirtschaftlichen Betrieben nachzuweisenden fünf Prozent ökologischer Vorrangfläche für eine übergeordnete Strategie zur Stärkung der Heckenlandschaften und des Gewässersystems zu verwenden. Der konfliktintensive Torfabbau scheint im Anschluss an die Nutzung gute Möglichkeiten für Naturentwicklung und neue Tourismuskonzepte zu bieten, weshalb Torfabbauer, der Naturschutz und das Tourismusmanagement enger zusammenarbeiten sollten. Die Entwurfsteams legen den Baumschulen eine Zusammenarbeit mit dem Tourismus nahe, da sich neue Märkte durch die Öffnung der Baumschulen für FahrradfahrerInnen ebenso wie neue Ideen für den Tourismus ergeben könnten.

Einmalig war die enge Kooperation der Studierenden mit dem Regionalmanagement, dem Bund Deutscher Baumschulen, der Landwirtschaftskammer, einem Torfabbauunternehmer, Baumschulbesitzern, Landwirten, dem Europäischen Fachzentrum für Moor und Klima, sowie MitarbeiterInnen der Gemeinden und des Landkreises. Durch Führungen, Vorträge und Gastkritiken während des Entwurfsprozesses war es möglich, auf die Region zugeschnittene Lösungen aufzuzeigen und einen Transfer der Ergebnisse in die Region zu ermöglichen.

InaDeck Integrierte und nachhaltigkeitsorientierte Deckensysteme im Stahl- und Verbundbau

Prof. Dr. Dirk Bohne I Dipl.-Ing. Steen Hargus

Institut für Massivbau, RWTH Aachen I Lehrstuhl für Stahlbau und Leichtmetallbau, RWTH Aachen I Institut für Stahlbau, Leibniz Universität Hannover
Institut für Entwerfen und Konstruieren, Leibniz Universität Hannover

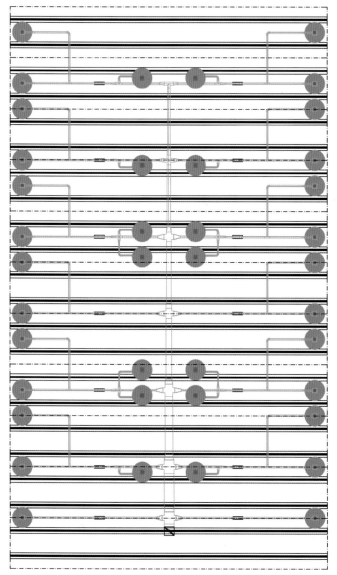

Lüftungskanalanordnung im Doppelboden mit Kennzeichnung der behaglichkeitseingeschränkten Bereiche (Kreise um die Lüftungsauslässe)

Im Rahmen des von der Forschungsvereinigung Stahlanwendung e. V. (FOSTA) geförderten Forschungsprojekts InaDeck wurde von insgesamt vier beteiligten Instituten (IMB, RWTH Aachen; STB, RWTH Aachen; Institut für Stahlbau, Leibniz Universität Hannover; IEK, Abt. Gebäudetechnik, Leibniz Universität Hannover) mit den Schwerpunkten Statik, Bauphysik, Brandschutz und Gebäudetechnik ein neuartiges integriertes Deckensystem entwickelt.

Mit der Entwicklung eines Anforderungsprofils an die Gebäudetechnik unter Berücksichtigung der Themen der weiteren Arbeitspakete wurden zunächst konkrete Problemstellungen für die Erarbeitung eines Technikkonzepts für ein integriertes und nachhaltigkeitsorientiertes Deckensystem festgesetzt.

Das integrierte Deckensystem sollte wie ein Doppelboden nutzbar und von der Oberseite aus der Nutzereinheit revisionierbar sein, sämtliche Elektro- und Lüftungsleitungen aufnehmen können und die Behaglichkeit im Gebäude durch Heizung und Kühlung sicherstellen. Des Weiteren sollte es aus Gründen des Brandschutzes möglichst keine Durchdringungen des Stahlbetonuntergurtes im System geben.

Im Projektverlauf wurde ein Lüftungskonzept entwickelt, welches eine zentrale Lüftungsanlage vorsieht, deren Zuluftstrang über den Doppelboden geführt wird und über Quellluftauslässe im Boden den Mindestaußenluftvolumenstrom sicherstellt. Durch Überströmöffnungen im Sturzbereich von Türen in Trennwänden wird die Luft zu Abluftdurchlässen an die Flurenden der betrachteten Nutzungseinheit geleitet. Für die Realisierung des Quellluftkonzepts mit zentraler Zuluftleitung über den entwickelten Deckenquerschnitt wurde von einem zentralen Kanalstrang ausgegangen, der durch in der Mitte zentrierte Trägeröffnun-

gen geführt wird. Von dort wird die Zuluft in die jeweiligen Räume umverteilt, mit der Anforderung, aufgrund der Notwendigkeit von Telefonieschalldämpfern zwischen voneinander getrennten Aufenthaltsräumen nur einen Zuluftstrang je Raum vorsehen zu müssen. Die Abmessungen des zentralen Kanalstrangs waren maßgeblich für die Dimensionierung der Trägeröffnungen im System.

Weiterhin wurden im Arbeitspaket Gebäudetechnik Behaglichkeitsuntersuchungen mittels thermischer dynamischer Simulation für typische Lastfälle in Verwaltungsbauten (Zellen-, Kombi-, Gruppenbüro) durchgeführt. In Untersuchungen des Arbeitspaketes Bauphysik wurden zuvor Kühlleistungen für zwei Varianten von Bauteilaktivierung im entwickelten Trägersystem ermittelt. Diese wurden in den Modellen der Gebäudesimulation berücksichtigt, welche unter typischen Randbedingungen von Nichtwohngebäuden im Durchschnittsklima für den Standort Deutschland untersucht wurden.

Anhand des Grenzwertes der operativen Temperatur im Behaglichkeitsbereich eines Gebäudes der Komfortkategorie II von 26 °C und der Anzahl der Stunden im Jahr, in denen diese Temperatur überschritten wird, wurde die Behaglichkeit des entwickelten integrierten Deckensystems bewertet. Unter Einhaltung bedeutender Parameter wie Verschattungsart und -lage sowie des Fensterflächenanteils von bis zu 50 Prozent ist eine Zuordnung von Verwaltungsbauten mit dem entwickelten integrierten Deckensystem zur Komfortkategorie II möglich. Dabei sind in Zonen mit Fassadenausrichtung nach Süden die größten thermischen Lasten zu erwarten.

Als Beitrag zur Untersuchung des Brandverhaltens im Systemzwischenboden wurden Elektrovorplanungen für die drei untersuchten Grundrisstypologien (Zellen-, Kombi-, Gruppen-

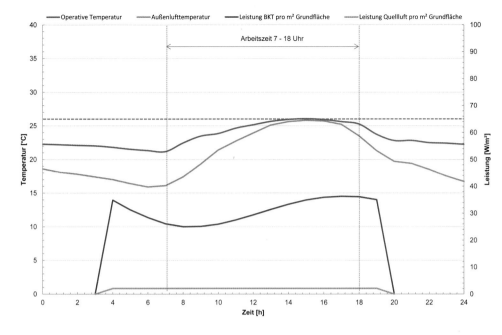

— Operative Temperatur   — Außenlufttemperatur   — Leistung BKT pro m² Grundfläche   — Leistung Quellluft pro m² Grundfläche

Arbeitszeit 7 - 18 Uhr

Leistung und Temperaturentwicklung mit Betonkerntemperierung

InaDeck Integrated and Sustainability-oriented Ceiling Systems in Steel and Composite Structures

As part of the research project InaDeck, funded by Forschungsvereinigung Stahlanwendung e. V. (FOSTA) four participating institutions (STB, RWTHA Aachen; Instutit für Stahlbau, Leibniz Universität Hannover; IMB, RWTHA Aachen; IEK, Abt. Gebäudetechnik, Leibniz Universität Hannover) with focuses on structural integrity, building physics, fire protection and HVAC services developed an integrated ceiling system.

The ceiling was developed to offer all properties of a common false floor and thus accommodate ventilation ducts, electrical wiring and heating pipes. It was also designed as an activated ceiling. The building services department of the IEK designed a ventilation system for the ceiling, made thermal dynamic simulations and made artificial light calculations to demonstrate the usability of the ceiling system. In addition, preliminary electrical schemes were made to assist in determining the expected fire load density.

büro) erstellt und in Kooperation mit dem Arbeitspaket Brandschutz Ermittlungen zur Brandlast an Trägerdurchdringungen zur Systemfläche angefertigt. Das Konzept der Elektrovorplanung berücksichtigt, dass sämtliche horizontale Zuleitungen über den Systemboden erfolgen und vertikale Verteilungen über herkömmliche leichte Trennwände realisiert werden können.

Im Zuge der Ermittlung der internen thermischen Lasten wurden Kunstlichtsimulationen zur Berechnung der notwendigen Leuchtenanschlussleistungen bei ausreichender Beleuchtungsstärke durchgeführt. Diese Simulationen dienten außerdem der Überprüfung des Versorgungskonzeptes für Elektroleitungen einzig über den Zwischenboden des Systems.

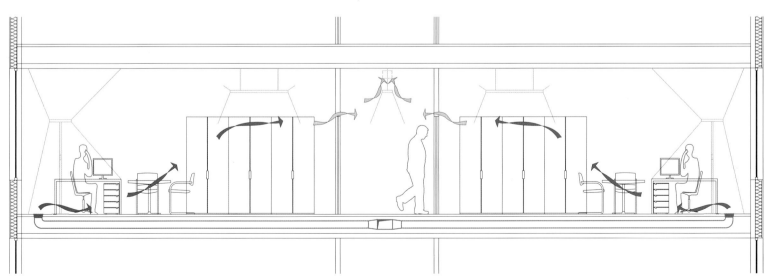

141

Lüftungskonzept

Forschung

SmartEffHome Untersuchung von Einsparpotenzialen im Wohnungsbau durch Einsatz von Smart-Metering und persönlicher Energieberatung

Prof. Dr. Dirk Bohne I Dipl.-Ing. Maren Brockmann

Die GBH Mieterservice Vahrenheide GmbH hat das Institut für Entwerfen und Konstruieren, Abteilung Gebäudetechnik der Leibniz Universität Hannover mit der Begleitforschung für das Pilotprojekt »Leipziger Straße, Hannover-Vahrenheide« beauftragt. Im Rahmen des Forschungsprojektes, gefördert durch proKlima – Der enercity-Fonds, wurden verschiedene Maßnahmen zur Energieeinsparung anhand empirischer Datenerhebung verglichen und bewertet. Neue Informationssysteme zur gezielten Mieterinformation über deren Energieverbrauch sollten eingesetzt und untersucht werden. Die aus dem Feldtest gewonnenen Erkenntnisse sollen konkret in die Projektierung neuer, großflächig angelegter Modernisierungsmaßnahmen im Wohnungsbestand der GBH einfließen.

Bis Ende 2009 sanierte die GBH vier identische Wohnblöcke, Baujahr 1961, in Hannover-Vahrenheide. Jeder Gebäudeblock hat drei Hauseingänge mit jeweils sechs Wohneinheiten, die durch ein Nahwärmenetz versorgt werden.

Im Wohnblock A wurden verschiedene Wege der Mieterinformation über ihren Energieverbrauch ausprobiert. Während einer Intensivbetreuung durch das Büro für Kommunikation und Umwelt aus Hannover während der Heizperiode 2011/12 wurden zwei Maßnahmen erprobt. Einige MieterInnen wurden in der persönlichen Energieberatung vor Ort auf nutzerspezifische Maßnahmen zur Energieeinsparung hingewiesen. Andere BewohnerInnen wurden durch Postwurfsendungen (Printmedien) regelmäßig (ca. alle zwei Monate) über ihren Energieverbrauch von Heizung und Haushaltsstrom informiert. Der Gebäudeblock C wurde je Hauseingang à sechs Wohneinheiten mit einer bestimmten technischen Maßnahme – der zentralen Lüftungsanlage, der dezentralen Lüftungsanlage oder der

Einzelraumregelung (ERR) – ausgestattet. Eine Betreuung und Beratung der MieterInnen fand nicht statt. Zwei Wohnblöcke (Block B und D) mit je 18 Wohneinheiten wurden als Referenzblöcke behandelt. Nach der Sanierung wurden hier keine weiteren Maßnahmen ergriffen. Die Messergebnisse wurden zum Vergleich der anderen Maßnahmen verwendet.

In der Gesamtenergiebetrachtung des Vergleichsgebäudes (übliche Sanierungsmaßnahmen der GBH) im Vergleich mit dem errechneten Bedarfswert nach EnEV 2007 ist ersichtlich, dass die durchschnittlichen Verbrauchswerte in etwa bei den zuvor errechneten Werten liegen. Auch die untersuchten Varianten der persönlichen Energieberatung (Block A) und der gebäudetechnischen Einbauten (Block C) weichen kaum von den berechneten EnEV-Werten ab. Erst in der detaillierten Betrachtung fällt auf, dass der Energieverbrauch verschiedener Haushalte von gleichem Wohnungstyp und gleicher Maßnahme bis zu achtfach erhöht sein kann. Unter diesem Aspekt lassen sich die verringerten Energieverbräuche der Varianten der Printmedien und der Einzelraumregelung kaum dem Effekt der jeweiligen Maßnahme zuordnen.

Demnach konnte keine der angewandten Methoden eindeutig überzeugen. Vielmehr wurde deutlich, dass der Gesamtenergieverbrauch einer Wohnung in großem Maße von den BewohnerInnen abhängig ist. Das Behaglichkeitsempfinden der MieterInnen ist das ausschlaggebende Kriterium für die Höhe des Energieverbrauchs.

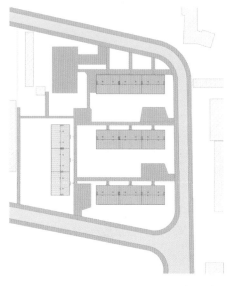

Lageplan

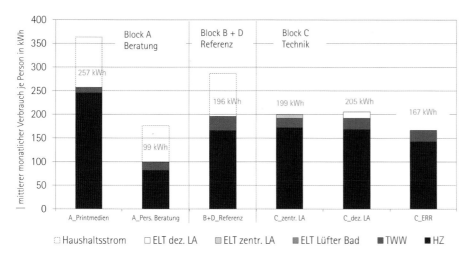

Vergleich des mittleren monatlichen Verbrauchs je Person und Methode in kWh

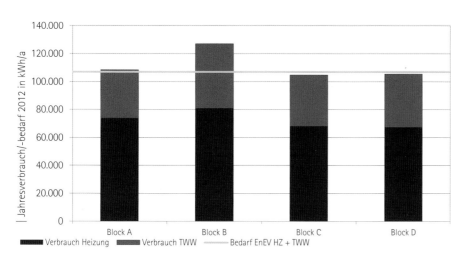

Vergleich blockweiser Gesamtverbrauch in kWh und berechneter Bedarf nach EnEV 2007

SmartEffHome Analysis of Savings Potential in Residential Buildings through the Use of Smart Metering and Energy Audits

The GBH Mieterservice Vahrenheide GmbH, commissioned the building technology department of the Institute of Design and Construction (IEK) at Leibniz University of Hannover with the accompanying research for their pilot project »Leipziger Strasse, Hannover Vahrenheide«. As part of the research project, funded by »proKlima – Der enercity Fonds«, various energy conservation measures were compared and evaluated using empirical data collection. New channels of informing tenants about their energy consumption were implemented and studied. The knowledge gained from the field test will be incorporated into the concrete configuration of new, large-area scale modernization measures in existing housing GBH. It was able to convince any of the methods clearly. Rather, it became clear that the total energy consumption of a property is dependent on the resident/interior greatly. The comfort level of tenant/inside is the decisive criterion for the amount of energy consumption.

Kirche(n) in ländlichen Räumen
Elemente einer ganzheitlichen wohnortnahen Versorgung

Dipl.-Ing. Hendrik Bloem | Dipl.-Geogr. Ingrid Heineking

Mit dem Workshop »Kirche(n) in ländlichen Räumen – Elemente einer ganzheitlichen wohnortnahen Versorgung« konnten die Forschungen der Abteilung Planungs- und Architektursoziologie im Laboratorium »ländliche Räume« vertieft und weiterentwickelt werden. Dabei geht es darum, Bedeutung und Potenziale der Kirchen in ländlichen Räumen für ganzheitliche Versorgungsmodelle mit dem Ziel zu erfassen, weitere Forschungen zu generieren.

Die Rolle des Bürgermeisters ist allumfassend.

Am 8. September 2014 wurde hierfür – unterstützt mit AULET-Mitteln der Fakultät – ein Runder Tisch durchgeführt, an dem Kirchen und Kommunen als zwei wichtige TrägerInnen von Versorgungsinfrastruktur in ländlichen Räumen zusammenkamen. VertreterInnen von Kommunen und Kirchen vorwiegend aus dem südlichen Niedersachsen sowie Fakultätsangehörige aus Forschung und Lehre hatten so Gelegenheit, ihre Situationen und Standpunkte darzustellen, diese im Hinblick auf die vorgestellte Forschungsperspektive zu erläutern und gemeinsam Zukunftsszenarien zu entwerfen. Die Ergebnislage zeigt sich vielfältig.

Kirchen sind der Identifikationspunkt im Ort.

Zur Rolle und zu den Aufgaben der AkteurInnen heben die VertreterInnen der Kommunen die besondere Bedeutung der Person der Bürgermeisterin/des Bürgermeisters hervor. Sie sehen sich gesetzlich in der Pflicht, für wesentliche Elemente der Daseinsfürsorge einzustehen. Als wichtige Aufgabe nehmen sie derzeit die Akti-vierung ihrer Ortsmitten wahr. Die VertreterInnen der Kirchen betonen die Bedeutung der Institution Kirche und ihrer Gebäude als Identifikationspunkte und (gefühlte) Geborgenheitsorte im Ort selbst. Kirchen sind Kulturträgerinnen. Umfängliche Betreuungsformen der Bevölkerung, die auf »Gehstrukturen« basieren, also hin zu den Bedürftigen, im Gegensatz zu »Kommstrukturen«, gehören zum Alltag. Das vielfältige bereits bestehende Angebot zur Daseinsvorsorge wird hervorgehoben, auch deshalb, weil man der Auffassung ist, dass diese zu wenig bekannt seien.

Planungsstrukturen sind aktuell nicht zukunftsfähig!

Bei den Herausforderungen klagen die kommunalen VertreterInnen über die mangelnde Flexibilität von Förderprogrammen und die unzureichende Wirksamkeit von Bauordnungen und Bauleitplanungen, um den Realitäten in den ländlichen Räumen zu begegnen. Diese sind Bevölkerungsrückgang und Überalterung, einhergehend mit Leerständen und Unterversorgungen sowie Mitgliederschwund in Freiwilligenverbänden (zum Beispiel Feuerwehr) und Reduktion der Ressourcen mit den entsprechenden Handlungsspielräumen der öffentlichen Hand. Bei den Kirchen sind die Herausforderungen ganz ähnlich gelagert: Ressourcenverknappung und Nachwuchsmangel bei zahlreichen sozialen Diensten, damit verbundene Schrumpfungen und Mitgliederschwund führen zu denselben Problemen.

Die Gebäudeunterhaltung ist nicht mehr finanzierbar!

Dazu kommen steigende Unterhaltskosten für Immobilien. Kirchengebäude gelten dabei nur wegen ihrer ortsbildprägenden und heimatstiftenden Wirkung als unverzichtbar – noch. Sich verändernde Ehrenamtsstrukturen verschärfen die Situation bei steigendem Bedarf an sozialer Fürsorge zusätzlich.

Wir sind Kulturträgerin!

Die Zukunftschancen werden insbesondere in Kooperationen und gemeinsam gestalteten Konzentrationen von Leistungen und Angeboten gesehen – innovativ, unter Hinzuziehung und Nutzung sozialer und gebauter Räume, seien dies kooperative Modelle zur Aktivierung bürgerschaftlichen Engagements, zur Bildung von Präventionsräten Kommune + Kirche, zur Installation von KuratorInnenteams oder Doppel-/Mehrfachnutzungen (Kommune + Kirche + Vereine).

kunftspotenziale. Gerade die informellen Strukturen wurden von den Teilnehmenden als zwar »typisch ländlich« bewertet, aber hinsichtlich ihrer Verbindlichkeit auch sehr ambivalent wahrgenommen.

Doppelstrukturen beseitigen.

Resümierend wurde ausdrücklich herausgestellt, dass Kooperationen zwischen Kommune und Kirche in Bezug auf die Daseinsvorsorge und entsprechende Infrastrukturen ein wichtiges Forschungsdesiderat darstellen und der Runde Tisch ein guter Schritt sei, ein adäquates transdisziplinäres Forschungsdesign zu erarbeiten.

Church(es) in Rural Areas Elements of an Integral Community-based Care

With this project the research of the department Sociology of Planning and Architecture on Rural Areas could be taken forward. The aim of this round table was to understand the importance and potential of churches and their social and structural infrastructure in rural areas for integrated care models to generate further research. A remarkable result was that there is already versatile collaboration. These partnerships are just as formally (joint meetings, conferences or meetings with joint decisions) as well as informally (non-public meeting of mayors, pastors and chairman of local associations to find solutions to certain problems quickly). Finally, there was a wide range of results but the importance of cooperation between church and municipality in terms of services of general interest was agreed by all participants and forms an important desideratum. The workshop was important in order to develop an adequate transdisciplinary research design. The workshop was held at the Faculty on September 8, 2014.

Neue Konzepte für Angebote und Gebäude: Kirchen + Kommunen + Vereine – alle ziehen an einem Strang.

Als ein bemerkenswertes Ergebnis ist festzuhalten, dass vielseitige bestehende Kooperationen zwischen Kirchen, Kommunen und Vereinen bereits im Alltag gelebt werden, sowohl formell, zum Beispiel bei aus gemeinsamen Sitzungen, Besprechungen oder Versammlungen generierten Beschlüssen rund um das Dorfleben, als auch informell, beispielsweise wenn sich bei einzelnen Sachverhalten BürgermeisterIn und PastorIn/PfarrerIn und/oder Vereinsvorsitz in Person nichtöffentlich um eine Lösung bemühen. Eine Erfassung dieser Kooperationen gibt es nicht, die Teilnehmenden selbst zeigten sich zum Teil überrascht über deren Vielfalt und mögliche Zu-

Forschungskonferenzen StadtLand-Schaf(f/t)en Hybridität von Räumen verstehen und gestalten

Prof. Dr. Tanja Mölders I Dipl.-Ing. Katja Stock

Mit den Forschungskonferenzen »StadtLand-Schaf(f/t)en« im Januar 2014 und »Stadt-LandSchaf(f/t)en – Hybridität von Räumen verstehen und gestalten« im Februar 2015 wurden Räume zwischen Stadt und Land aus verschiedenen disziplinären Perspektiven von VertreterInnen der Fakultät für Architektur und Landschaft sowie externen ExpertInnen beleuchtet.

Im ersten Schritt war es Ziel, unterschiedliche Ansätze zur Auflösung der dichotom verfassten Raumkategorien Stadt und Land vorzustellen und zu diskutieren, um darauf aufbauend eine Idee für einen gemeinsamen Forschungsantrag zu formulieren. Dabei konnten sowohl Gemeinsamkeiten als auch Unterschiede in der Beschreibung und Analyse von Problemen identifiziert werden. Es stellte sich heraus, dass ein Zugang zu StadtLandSchaf(f/t)en als hybride Räume – genauer als hybride Lebensräume für Menschen und Natur – das gemeinsame Forschungsinteresse darstellt. Die Diskussion führten Prof. Dr. Barbara Zibell (Planungs- und Architektursoziologie), Prof. Dr. Frank Othengrafen (Landesplanung und Raumforschung, vor allem Regional Governance) und Prof. Dr. Tanja Mölders (Raum und Gender) unterstützt durch die Moderation von Dr. Ralf Steffen.

Ein Resultat dieses Austausches ist der gemeinsame Artikel »Zwischen Stadt und Land: Hybride Räume verstehen und gestalten« (Mölders, Othengrafen, Stock, Zibell), welcher im Sammelband *StadtLandSchaften* der HerausgeberInnen Sabine Hofmeister und Olaf Kühne 2016 erscheinen wird.

Als weiterführender Schritt wurde die Runde um externe ExpertInnen erweitert und die angestoßene Forschungszusammenarbeit konkretisiert. Hierbei konnten Gemeinsamkeiten bzw. Schnittmengen festgestellt und gemeinsame Fragestellungen entwickelt werden. Im Zentrum stehen Wahrnehmung, Beschreibung und Verständnis von räumlicher Hybridität sowie die Untersuchung der beteiligten Akteure. Auch soll den Möglichkeiten der nachhaltigen Gestaltung (der Hybridität) von Räumen nachgegangen werden. An diesem Austausch haben sich neben den oben genannten Personen auch Prof Dr. Stephan Beetz (Soziologie und Empirische Sozialforschung, Hochschule Mittweida), Dr. Lutz Laschewski (Sozialwissenschaftliche Umweltfragen, Brandenburgische Technische Universität Cottbus-Senftenberg), Dr. Babette Scurrell (Stiftung Bauhaus Dessau) sowie Dipl.-Ing. Katja Stock (Planungs- und Architektursoziologie, Leibniz Universität Hannover) beteiligt.

Die TeilnehmerInnen der zweiten Forschungskonferenz haben verschiedene Teilprojekte bzw. -perspektiven entwickelt, welche die Grundlagen für eine zukünftige Zusammenarbeit legen können und sollen. Hierbei sind Themenfelder eines übergeordneten, theoretischen Raumverständnisses ebenso angesprochen wie gesellschaftliche und soziale Differenzierungen. Archetypische Bilder von Stadt und Land sind genauso von Interesse wie neue Formen von räumlicher Hybridität, heute noch ohne Namen. Anknüpfend sollen auch Auswirkungen dieser Betrachtungen auf Planung und Entwicklung, rechtliche und politische Grundlagen sowie gestalterische Herangehensweisen Teil der Untersuchungen sein. Folgende Forschungsfragen wurden formuliert:

◇ Was wird von wem, wie und warum als Hybridität von Räumen beschrieben?

◇ Wie lässt sich die Hybridität von Räumen vor diesem Hintergrund verstehen?

◇ Welche Ansätze für eine nachhaltige Gestaltung (der Hybridität) von Räumen ergeben sich daraus?

◇ Wie nehmen unterschiedliche Akteure die Hybridität von Räumen wahr, wie bewerten sie sie, wie reagieren sie darauf, wie gehen sie damit um?

Aufgrund dieser Ergebnisse ist die weitere Zusammenarbeit der Beteiligten geplant: Forschungsanträge sollen zusammen entwickelt und Forschungsprojekte durchgeführt werden.

Unterstützt wurden diese Veranstaltungen durch die AULET Research Incentive der Fakultät für Architektur und Landschaft.

Biogasanlage im ländlichen Raum des Rhein-Kreises Neuss (Nordrhein-Westfalen)
Foto: Ulrich Berger 2014

Literatur

◇ Mölders, Tanja/Othengrafen, Frank/Stock, Katja/
Zibell, Barbara: »Zwischen Stadt und Land:
Hybride Räume verstehen und gestalten«. In:
Hofmeister, Sabine/Kühne, Olaf (Hg.): *Stadt-
LandSchaften.* Berlin 2016

Conference »StadtLandSchaf(f/t)en«
Understanding and Developing the Hybridity of Spaces

The research workshop »StadtLandSchaf(f/t)en« as an interdisciplinary event first took place in January 2014 and second in February 2015 with the intent to present and discuss different approaches of breaking up spatial categories of urban and rural. Based upon this an idea for a common research draft should be verbalized.

At the first meeting the attending Professors Prof. Dr. Barbara Zibell (Sociology of Planning and Architecture), Prof. Dr. Frank Othengrafen (Planning and Spatial Research, especially Regional Governance) and Prof. Dr. Tanja Mölders (Space and Gender) presented their research accesses and interests.

The idea of »StadtLandSchaf(f/t)en« as »hybrid spaces« – more exact as »hybrid habitats« for humans and nature as the definition of the common research interest has been elaborated and a draft for a research project has been developed.

External experts were involved at the next workshop in February 2015. Prof Dr. Stephan Beetz, (Sociology and Empiric Social Science, Univeritiy of Applied Science Mittweida), Dr. Lutz Laschewski (Environmental Social Sciences, Brandenburg University of Technology) and Dr. Babette Scurrell (Bauhaus Dessau Foundation) helped to focus to the phenomenon of hybridity of the space. All participants were interested in researching the perception, the description and the understanding of hybridity of space. Furthermore the possibilities of sustainable planning, forming and designing of (hybridity of) spaces should be studied. Afterwards the work on a common research draft had begun. This should expand the discussion on urban and rural relationships.

Potenziale ganzheitlicher Modelle und Konzepte wohnortnaher Versorgung Eine Machbarkeitsstudie und deren Weiterentwicklung

Dipl.-Geogr. Ingrid Heineking I Dipl.-Ing. Hendrik Bloem

Prof. Dr. Barbara Zibell

Machbarkeitsstudie gefördert durch den Europäischen Fonds für Regionale Entwicklung (EFRE)

Der sukzessive Rückgang privater und öffentlicher Infrastrukturen führt besonders in ländlichen Kommunen Niedersachsens zu erkennbaren Lücken In der wohnortnahen Versorgung und damit verbunden zu Attraktivitätsverlust und Einbußen bei wirtschaftlichen, kulturellen und sozialen Angeboten vor Ort. Dies ist verbunden mit negativen Konsequenzen für die soziale Treffpunktfunktion der Ortsmitten und die Ortsverbundenheit/Identität der Bevölkerung. Gleichzeitig treten dadurch vermehrt Probleme bei der Bewältigung des Alltags insbesondere älterer respektive immobiler Bevölkerungsgruppen auf.

Die Sicherung der Daseinsvorsorge wird mittlerweile in planungsrechtlichen Grundlagen und Instrumenten wie in programmatischen Konzepten von Bund, Ländern und Kommunen als eine Strategie zur Bewältigung des demografischen Wandels sowie zur Stabilisierung ländlicher Räume gesehen. Über seine »Regionalen Handlungsstrategien« vermittelt das Land Niedersachsen die große Bedeutung von dauerhaft funktionsfähigen Versorgungseinrichtungen und Mobilitätsangeboten. Durch interkommunale und interdisziplinäre Kooperationen soll erreicht werden, Schrumpfungsprozesse bzw. durch den demografischen Wandel induzierte Strukturveränderungen aktiv zu gestalten. Vor diesem Hintergrund erhalten ganzheitliche Projektansätze mit veränderten Akteurskonstellationen im Bereich der wohnortnahen Versorgung eine neue Bedeutung.

Ziel der vom 01.04. bis 30.09.2014 durch den Europäischen Fonds für Regionale Entwicklung geförderten Machbarkeitsstudie war es somit, ein Forschungsvorhaben zur Analyse und Entwicklung von Modellen und Konzepten einer innovativen, nachhaltigen und ganzheitlichen wohnortnahen Versorgung zu eruieren, um Prozesse in Niedersachsen zu untersuchen sowie in ausgewählten Fallbeispielorten zu unterstützen. Um sich diesem Ziel zu nähern, wurde innerhalb der ersten Phase der Machbarkeitsstudie ein Schwerpunkt auf die Entwicklung von Kriterien für sogenannte Leitinfrastrukturen gelegt, anhand derer die Qualität vorhandener Angebote sowie geplanter Veränderungen analysiert werden können. Aus der Bearbeitung wurde deutlich, dass bei der Definition von Leitinfrastrukturen die Ressourcen Geld/Eigentum, Mobilität/Erreichbarkeit und Zeit sowie deren Verfügbarkeit für unterschiedliche demografische, soziale und sozioökonomische Anspruchsgruppen eine entscheidende Rolle spielen. Gleichzeitig ist davon auszugehen, dass angesichts der Ausdifferenzierung von Lebenslagen standardisierte Angebote von den Menschen sehr unterschiedlich wahrgenommen und bewertet werden. Die Orientierung am für das »Gute Leben« Notwendigen, dessen Bestandteile in einem permanenten gesellschaftlichen Diskurs verhandelt werden, gilt dabei als wesentliches Handlungsprinzip.

Eine vorläufige Auswertung der Infrastrukturangebote in Beispielkommunen im Rahmen der Machbarkeitsstudie hat bereits zu einer ersten Systematisierung von Zusammenarbeit, räumlichem Bezug und den Komponenten einer »Guten Versorgung« geführt. Hierdurch können Infrastrukturen mit Potenzial zu einer Leitinfrastruktur identifiziert und im Hinblick auf deren Bedeutung für die Lebensqualität in ländlichen Räumen evaluiert werden, um darauf aufbauend neue Infrastrukturkonzepte und/oder -modelle zu entwickeln.

Infrastrukturen, als technisch basierte Netze der Wasser-, Energie- und Breitbandversorgung einerseits sowie als sozial konnotierte Einrichtungen andererseits, wären dabei vom Alltag der Menschen her, das heißt in der Verknüpfung ihrer technischen wie auch der sozialen Dimensionen – und damit: hybrid – zu denken. In einer nachhaltigen Ökonomie – im Sinne des Vorsorgenden Wirtschaftens – übernehmen soziale Netze eine tragende Funktion als VER-, FÜR- und VORsorgende Infrastrukturen, die (auch) durch technische Netze gestützt werden.

Die Machbarkeitsstudie hat darüber hinaus zu einer Vorauswahl an Orten im süd(öst)lichen Niedersachsen geführt, die aktuell am Städtebauförderungsprogramm »Kleinere Städte und Gemeinden – überörtliche Zusammenarbeit und Netzwerke« teilnehmen. Sie enthält somit bereits Hinweise darauf, wer als KooperationspartnerIn für ein neues Forschungsvorhaben infrage käme.

Die Antragstellung für ein entsprechendes Forschungsvorhaben wird derzeit durch das fakultätsinterne Forschungsanreizprogramm AULET gefördert. Das Themenfeld wurde aufgrund der aufgeführten Erkenntnisse in Richtung soziale Innovation als Bestandteil einer zukunftsfähigen Daseinsvorsorge ausgeweitet.

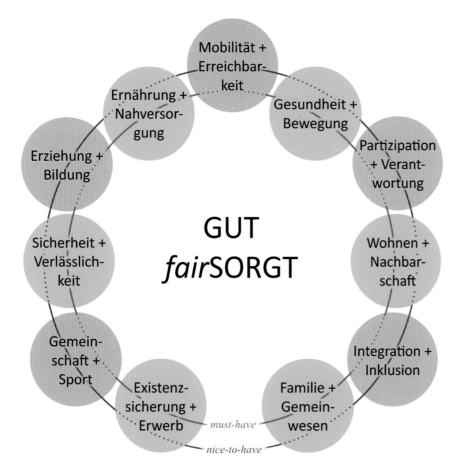

GUT
*fair*SORGT

Mobilität + Erreichbarkeit

Ernährung + Nahversorgung

Erziehung + Bildung

Gesundheit + Bewegung

Partizipation + Verantwortung

Sicherheit + Verlässlichkeit

Wohnen + Nachbarschaft

Gemeinschaft + Sport

Integration + Inklusion

Existenzsicherung + Erwerb

Familie + Gemeinwesen

must-have

nice-to-have

Komponenten einer »Guten und Gerechten Versorgung«

Elements of Sustainable Public Services in Rural Areas

Rural areas in Germany are facing severe challenges due to demographic and structural changes. Shrinkage processes often lead to deficits in social infrastructures and thus leading to loss of attractiveness, with negative consequences on the social meeting point function of the local centers and the identity of the population with their living environment.

The security of public services is seen as a strategy for coping demographic change and the stabilization of rural areas. With its »regional strategies« the state of Lower Saxony conveys the importance of permanently functioning utilities and mobility services. In this context, changing constellations of actors for public services play an increasing role of importance. Therefore the guiding infrastructures are to identify, new models and concepts to analyze. This identification will lead to find solutions of sustainable public services.

This article is presenting some of the results from a feasibility study about potentials of comprehensive models and concepts of local supply.

Based on the results of this feasibility study, a new transdisciplinary research project will be prepared asking for new partnerships in selected networks of municipalities in Lower Saxony.

Literatur

◇ Land Niedersachsen (Hg.): *Regionale Handlungsstrategie für die Region Leine-Weser. 2014–2010* (Entwurf 21.08.2014). 2014

◇ Netzwerk Vorsorgendes Wirtschaften (Hg.): *Wege Vorsorgenden Wirtschaftens.* Weimar bei Marburg. 2013

◇ Nussbaum, Martha C.: *Gerechtigkeit oder Das gute Leben.* 7. Auflage. Frankfurt am Main. 2012

◇ Zibell, Barbara/Revilla Diez, Javier: *Zukunftschancen bedarfsgerechter Nahversorgung in ländlichen Räumen Niedersachsens – ZukunftNAH. Abschlussbericht 03_2014.* Hannover. 2014

◇ Zibell, Barbara: *Sachbericht zur Machbarkeitsstudie: Potenziale ganzheitlicher Modelle und Konzepte wohnortnaher Versorgung.* Unveröffentlicht. Hannover 2014

Europäischer Arbeitskreis »Gender in Spatial Development«

Prof. Dr. Barbara Zibell

Dipl.-Ing. Katja Stock

Erstes Treffen in Hannover am 09./10. Oktober 2014

Der Europäische Arbeitskreis (EAK) »Gender in Spatial Development – Perspectives, Similarities and Differences«, der 2014 von der Akademie für Raumforschung und Landesplanung (ARL) eingerichtet wurde und von Prof. Dr. Barbara Zibell, Forum für GenderKompetenz in Architektur Landschaft Planung (gender_archland), geleitet wird, tagte erstmals am 09. und 10. Oktober 2014 in Hannover.

Die Mitglieder des Arbeitskreises, im Sinne der Akademie Wissenschaftlerinnen und Wissenschaftler einerseits sowie Planungsfachleute andererseits, die über einen *call for membership* rekrutiert wurden, repräsentieren neun europäische Länder: Deutschland, Österreich, Schweiz, Finnland, Großbritannien, Niederlande, Frankreich, Spanien und Griechenland. Neben den elf beteiligten Hochschulen (Leibniz Universität Hannover, Humboldt Universität zu Berlin, Technische Universität Dortmund, Hochschule Luzern, Universität für Bodenkultur Wien, Aalto University Helsinki, Brunel University London, Delft University of Technology, Université Francois Rabelais de Tours, Universidad Politécnica de Madrid, Aristotle University of Thessaloniki) sind die Stadt Wien mit ihren langjährigen Erfahrungen in der genderorientierten Stadtentwicklung und das Büro planwind mit inter- und transnationaler Forschungskompetenz in raumbezogenen Genderfragen aus Salzburg vertreten.

Nach einführenden Informationen der gastgebenden Einrichtungen beim ersten Meeting in Hannover erläuterte Prof. Dr. Barbara Zibell die Genese des EAK: Auslöser war die internationale Konferenz, die am 27. April 2012 zum Thema »Theorizing and Practicing Gender Sensitive Planning in European Discourse« im Leibnizhaus der Leibniz Universität Hannover stattfand und zu der unter anderem auch die seinerzeit stellvertretende Vorsitzende der ARL für einen der Hauptvorträge eingeladen war. Noch auf der Konferenz selbst wurde die Idee geboren, die in den folgenden Monaten umgesetzt werden konnte: mit der Einrichtung eines EAK den Austausch unter einschlägigen Expertinnen und Experten zu verstetigen und einen Beitrag zur vergleichenden Forschung in Europa sowie zum internationalen Transfer zwischen Wissenschaft und Planungspraxis zu leisten.

Der thematische Zuschnitt ergab sich gemäß der Perspektive der EAK-Vorsitzenden aus zwei Entwicklungssträngen:

◇ den beiden bisher unverbunden nebeneinander her laufenden Diskursen über »Europäische Planungskulturen« (disP 1993) und »Frauen in Europa« (IzR 1995)
◇ sowie den Vorarbeiten am ehemaligen ORL-Institut der ETH Zürich (Buchmüller, Zibell 1992) und den bilateralen Handbüchern der Planungsbegriffe der ARL (seit den 1990ern).

Erste Schritte vergleichender Gender Planning Studies in Europa konnten mit dem Interreg-III-B-Projekt »GenderAlp! Spatial Development for Women and Men« (2005 bis 2007), dem europäischen Netzwerk »Gender, Diversity and Urban Sustainability« (GDUS, seit 2007) und der genannten Internationalen Konferenz 2012 in Hannover sowie im Zuge der gemeinsamen Publikation *Fair Shared Cities – The Impact of Gender Planning in Europe* (ed. Sanchez de Madariaga, Roberts 2013), an denen jeweils einzelne Mitglieder des aktuellen EAK beteiligt waren, bereits gesammelt werden.

Idee und Relevanz des EAK »Gender in Spatial Development« beruhen auf der außerordentlichen Diversität von Planungskulturen, die gerade im europäischen Kontext auf vergleichsweise engem Raum anzutreffen sind: Die Strategie des Gender Mainstreaming, eingeführt mit dem Amsterdamer Vertrag 1998, ist in allen Ländern der EU verbindlich. Das politische Ziel der Stärkung des territorialen Zusammenhalts, das durch den Vertrag von Lissabon 2007 eingeführt wurde, bedarf im Hinblick auf seine Umsetzung einer sorgfältigen wissenschaftlichen Begleitung und Unterstützung.

Ziel des EAK ist es, einen Beitrag zum Verständnis der verschiedenen Gender Planning Cultures in Europa zu leisten, diese in die jeweiligen politischen und Planungssysteme einzuordnen und den Stand der Umsetzung der Gender-Mainstreaming-Strategie in den verschiedenen Ländern zu dokumentieren.

Die Herausforderung besteht darin, die verschiedenen (Planungs-)Kulturen als Vorbedingung für inter- und transnationale (vergleichende) Studien zu erfassen, die beiden unterschiedlichen Diskurse – Planungskulturen einerseits und Frauen respektive Gender Mainstreaming in Europa andererseits – zusammen zu bringen und sich, ausgehend von den unterschiedlichen Planungsverständnissen der vertretenen Länder, die es ebenfalls zunächst zu verstehen gilt, zwischen den theoretischen Feldern von Gender, Diversity und Intersektionalität wissenschaftlich zu positionieren. Eine wichtige Vorbedingung ist dabei auch die Verständigung über den Begriff, das Konzept und die Kategorie »Gender«, ein erster Schritt, der mit dem persönlichen/historischen Zugang der Mitglieder des EAK eingeleitet werden und das zweite Treffen eröffnen soll.

Dieses zweite Treffen des EAK, dessen Laufzeit zunächst auf ca. drei Jahre konzipiert ist, findet am 17. und 18. April 2015 an der Hochschule für Soziale Arbeit in Luzern und der Hochschule für Technik & Architektur in Horw/Luzern statt.

European Working Group
»Gender in Spatial Development«

First meeting in Hannover in October 2014

The European Working Group (EWG) »Gender in Spatial Development – Perspectives, Similarities and Differences« which has been installed by the German Academy of Spatial Research and Planning (ARL) in 2014 and is guided by Prof. Dr. Barbara Zibell, Forum for GenderCompetence in Architecture Landscape Planning (gender_archland), met for the first time on 9th and 10th October, 2014, in Hannover.

Idea and relevance of the EWG are based on the extraordinary diversity of planning cultures which can be identified especially in the European context on comparatively narrow space. The EWG aims to generate a deeper comprehension of the different »Gender Planning Cultures« in Europe, to integrate them into the respectively political and planning systems and to document the state of implementation of the Gender Mainstreaming strategy within the different European countries.

The challenging aspect is to gather the different (planning) cultures as a pre-condition for inter- and transnational (comparative) studies aiming to integrate the two – up to now separated – discourses of planning cultures on the one hand, women's and gender studies resp. gender mainstreaming on the other. As another pre-condition there has to be evolved a common academic position among the participants towards the theoretical fields of gender, diversity and intersectionality. Another pre-condition finally is to gain an agreement concerning the term, concept and category of »gender«. This will be the first step to open the second meeting on 17th and 18th April, 2015, at the Lucerne University of Applied Sciences and Arts.

Dissertation

Heat Pump Systems with Vertical Ground Heat Exchangers and Uncovered Solar Thermal Collectors

Erik Bertram

Prof. Dr. Dirk Bohne I Prof. Dr. Stephan Kabelac (Fakultät für Maschinenbau)

In this thesis heat pump systems are studied with the hybrid heat source combination of vertical ground heat exchangers and uncovered solar thermal collectors. The benefits for this combination are quantified and dimensioning methods are developed.

The dominating heat source in these systems is the vertical ground heat exchanger. In contrast to the uncovered solar collector the ground delivers a reliable high temperature level for the heat pump, which is independent of the climate conditions. At the same time, however, the temperature level will decrease severely over the years if too much heat is extracted from too many adjacent and interfering boreholes. This long term effect in particular makes the dimensioning of conventional vertical ground heat exchangers complex.

It is demonstrated through systematic analysis that these long-term effects are eliminated by solar thermal regeneration which leads to shorter ground heat exchangers, simpler system dimensioning and easy scaling of systems. The benefit possible from solar regeneration equals the long term effect. Correspondingly, regeneration is especially attractive in large systems and in the case of adjacent systems in urban or residential areas. An example calculation shows an over-seasonal temperature drop of 3–4 K of four adjacent boreholes with very low heat extraction rate of 65 kWh per m and 10 m distance. This long-term influence vanishes with solar regeneration. It is emphasized that 100,000 ground coupled systems are currently built per year in Europe. Neglecting the interference between adjacent single systems will result in over-seasonal ground temperature decline.

Within the seasonal timeframe solar energy can be utilized directly or stored over shorter periods. Thus, two other methods are employed to assess the benefit over the period of a year. Firstly, a theoretical maximum source temperature is defined for infinite components, the temperature potential. Secondly, the systems are studied in »numerical experiments« through dynamic system simulations.

This temperature potential addresses the possible improvement due to solar regeneration, but it neglects all long term storage effects. The results are disappointing and disclose a clear maximum for this combination. The temperature potential improvement due to solar energy input is 5 K for heating loads for infinite components.

The simulation results are consistent to the temperature potential and show a small improvement in efficiency for this hybrid heat source of 0.1 in the seasonal performance factor. Nonetheless, the impact of solar assistance increases with undersized vertical ground heat exchangers and allows shortening the boreholes by about 10 %.

Many further simulations are conducted to identify possible optimizations and developments as well as to validate the developed designing methods.

For instance, an additional large cold storage of approx. 0.5 to 1 m³ allows a 20 % shortening of the ground heat exchanger. The monthly electric loads have also been investigated, but these did not turn out to be greatly influenced by solar regeneration. Revealing is the comparison to an air heat pump. It discloses an immense difference of ground coupled systems with 50 % lower electric monthly winter load. The uncovered collector application on the hot side seems not attractive, although the simulations indicate some potential for selective collectors in southern climates for domestic hot water preparation. Moreover, some studies with the solar collector as the only heat source reveal attractive options, but also give rise to other aspects such as electrical peak loads, safe collector operation and collector modelling under freezing conditions.

Some specific system parameters have been derived from simulations and three measured systems. As a rule of thumb, an equilibrated ground balance is achieved for 1.1 m² collector per MWh of annual heating demand. This specific value is helpful for quick assessment, but does not replace good planning and system realization. A more accurate design method is derived from the utilizability method for collector yield prediction on a monthly basis. The simplifying method requires only a minimum of monthly and hourly data.

Moreover, the method can be combined with the analytic solution for the ground heat exchanger dimensioning. It calculates the necessary collector area for the cases of an even heat balance in the ground. This dimensioning for an equilibrated balance case appears to become more relevant. High and reliable system efficiencies, guaranteed by constant ground temperatures, are crucial in the context of a renewable dominated energy system especially in colder climates. In this context uncovered solar collectors are a simple and cost efficient way to ensure the sustainable use of the ground heat reservoir and allow the broad dissemination of ground coupled heat pumps as a cornerstone of renewable energy supply.

Wärmepumpenanlagen mit Erdsonden und unabgedeckten thermischen Solarkollektoren

Erdwärme, Wärmepumpen und Sonnenenergie sind wichtige Säulen der Wärmeversorgung im Neubau und der Sanierung von Gebäuden. In diesem Zusammenhang wurden vertikale Erdwärmesonden und unabgedeckte Kollektoren als hybride Wärmequellen untersucht und Effizienzgewinne sowie Einsparpotenziale identifiziert.

Die Verbesserung innerhalb eines Jahres ist jedoch klein und das neu definierte Temperaturpotenzial zeigte nur eine Temperaturverbesserung um 5 Kelvin auf. Die dynamischen Simulationen bestätigen diesen geringen Einfluss auf die Effizienz in numerischen Experimenten. Trotz der scheinbar nur kleinen Temperaturänderung erlaubt die solare Regeneration eine Kürzung der Erdwärmesonde um immerhin 10 – 20 Prozent.

Diese mögliche Kürzung steigt deutlich mit den Wechselwirkungen zwischen den Erdwärmesonden und gewinnt zunehmend an Bedeutung in größeren Anlagen und benachbarten Systemen. In theoretischen Untersuchungen und Fallbeispielen wird gezeigt, dass die solare Regeneration die Wechselwirkungen aufhebt und eine freie Skalierung der Erdwärmesondenanlagen ermöglicht.

Für diesen Fall wurden einfache Dimensionierungsregeln abgeleitet und an Messdaten validiert, die eine unkomplizierte Auslegung des Kollektors und im Fall einer vollständigen Regeneration auch beliebiger Erdwärmesondenfelder erlauben. Als Faustformel reichen in einem gut isolierten Neubau ungefähr 1,1 m² unabgedeckter Kollektor pro MWh Wärmebedarf, um einen vertikalen Erdreichwärmetauscher vollständig zu regenerieren.

Einfluss von Mikro-Kraft-Wärme-Kopplungsanlagen für Wohngebäude auf die Stromerzeugungsstrukturen der Zukunft

Ingo Seliger

Prof. Dr. Dirk Bohne I Prof. Dr. Norbert Fisch (TU Braunschweig)

Das Ziel der Arbeit ist die Berechnung des Entwicklungspotenzials von Mikro-Kraft-Wärme-Kopplungsanlagen in Wohngebäuden für die Stromerzeugungsstrukturen Deutschlands bis zum Jahr 2030. Daher wurde überprüft, ob Mikro-KWK-Anlagen die Fähigkeit besitzen, das Defizit zwischen Bruttostrombedarf und Kraftwerksarbeit zu decken. Um ein vollständiges Bild für das Jahr 2030 abgeben zu können, wurde die gesamte elektrische Erzeugungsstruktur dargestellt. Zusätzlich wurde analysiert, welcher Mikro-KWK-Gerätetyp in welcher Anzahl notwendig wäre, um ausreichend positive sowie negative Reserveleistung bereitstellen zu können.

Durch methodische Analysen, Validierungsverfahren und Potenzialabschätzungen wurden drei relevante Mikro-KWK-Technologien untersucht und verifiziert. Die Bewertungen basieren auf Modellbildungen einer neubauorientierten Referenzwohngebäudeanlage nach EnEV 2014, durch die sich mit Simulationsrechnungen Jahresvollbenutzungsstunden ermitteln ließen. Als Grundlage für diese Berechnungen wurden thermische Energiebilanzen im Wohngebäude aufgestellt und Referenzlastprofile nach VDI 4655 zur Simulation einer Betriebsperiode verwendet.

Substanzielle Ergebnisse stammen aus Trendrechnungen für Gerätezahlen und lassen den Schluss zu, dass heutige Mikro-KWK-Konzepte das Potenzial haben, in ausreichender Anzahl beinahe die gesamte Bruttostrombedarfslücke in 2030 zu decken.

Die Darstellung der deutschen Strom- und Wärmeerzeugung sowie der strombedingten CO_2-Emissionen beschreibt die Netzstrukturen für die Übertragung der Energieströme. Hinzu kommen Untersuchungen über Lastprofile für Strom und Wärme sowie Netz- und Kraftwerksplanungen.

Mit den Modellrechnungen der Referenzwohngebäudeanlage konnten für jeden Gerätetyp separat Jahresvollbenutzungsstunden errechnet werden. Diese Jahreslaufzeiten gingen in die energetische und ökonomische Bilanzierung ein. Aufgrund der Ergebnisse lässt sich die Aussage treffen, dass die Entwicklung von Mikro-KWK-Technologien so weit vorangeschritten ist, dass sie im Wohngebäudeenergiesektor zukünftig flächendeckend eingesetzt werden könnten.

Für die Beurteilung der Potenziale wurden Kriterien entwickelt, die sich aus Wirkungsgradketten, Stromkennzahlen, Verfügbarkeiten, Modulationsgraden und Modulationsdynamiken, dem Anfahrverhalten sowie der Lebensdauer zusammensetzen. Mittels Wichtung konnten Ungleichgewichte zwischen den Einzelbewertungen kompensiert werden. Die Ergebnisse der Wirtschaftlichkeitsuntersuchungen weisen Grenzinvestitionen aus, durch die das Subventionspotenzial verdeutlicht wird.

Durch die Anwendung der Bewertungskriterien konnte eine Rangfolge der Technologien erstellt werden. Ein wesentliches Ergebnis ist, dass PEM-Brennstoffzellen erhebliche Laufzeitvorteile gegenüber verbrennungsmotorischen Technologien aufweisen.

Für die Prognoserechnungen wurden Fallstudien erstellt, um die Deckungsfähigkeit von Mikro-KWK-Konzepten für Bruttostrombedarfsdefizite bis 2030 ermitteln zu können. Ein Ergebnis ist, dass PEM-Brennstoffzellenanlagen das Potenzial bieten, dieses Bruttostrombedarfsdefizit in 2030 zu decken.

Die Fallstudien basieren auf Strom- und Wärmebedarfsprognosen. Sie sind nach Strombedarfsszenarien und Investitionsaufwand gestaffelt.

Aufgrund der Energieartenverschiebung durch den Einsatz von Mikro-KWK-Geräten und Strukturänderungen im Wohngebäudesektor wurde eine Überprüfung des Gesamtjahreswärmebedarfs im Betrachtungszeitraum erforderlich. Die Untersuchung ergab, dass bis zum Jahr 2030 genügend Wärmebedarf in Wohngebäuden zum Betrieb von Mikro-KWK-Geräten vorhanden sein wird.

Die Ergebnisse der Trendrechnungen führten zu Aussagen über Gerätezahlen mit nahezu vollständiger Deckung des Bruttostrombedarfsdefizits im Jahr 2030. Außerdem wurde die Struktur der konventionellen und regenerativen Stromerzeugung bis 2030 ermittelt und abgebildet.

Eine weitere Überprüfung betrifft die Bereitstellung und Deckungsfähigkeit der relevanten Mikro-KWK-Technologien für positive und negative Reserveleistung. Dabei wurde der Nachweis der Regelenergiefähigkeit, gestaffelt nach Mikro-KWK-Technologie, geführt und deren Bedeutung für die Erzeugungsstrukturen bis 2030 aufgezeigt. Die Ausstattung aller deutschen Heizungsanlagen mit 1-kW-Mikro-KWK-Geräten schafft 18,6 GW Regelenergieleistung.

Ergänzend wurden Perspektiven zur Einführung von Hybridkraftwerken und Virtuellen Kraftwerken zusammen mit Mikro-KWK-Technologien entwickelt. Das denkbare Zusammenspiel von Kraftwerksstrukturen, dem Regelenergiebeitrag, intelligenten Stromnetzstrukturen und Stromspeichern mit Mikro-KWK-Anlagen wurde erläutert. Die Substitution von Großkraftwerken, der Einfluss der Dezentralisierung durch Mikro-KWK-Anlagen auf die Stromerzeugungsstruktuten sowie Einführungshemmnisse wurden abgeschätzt. Abschließend wurden die Stabilisierung und Überwachung des Stromnetzes, Sicherheitstechnik und Regeleinrichtungen für Mikro-KWK-Anlagen sowie der Einfluss der Netzstabilisierung durch Blindleistungsbereitstellung dargelegt.

Insgesamt führen die Ergebnisse zu dem Schluss, dass es notwendig ist, relevante Anschubförderungen der öffentlichen Hand für Mikro-KWK-Anlagen zu gewähren, um diese volkswirtschaftlich sinnvollen Technologien zu unterstützen.

Als Handlungsempfehlung werden impulsgebende Fördermechanismen bereits während der Investitionsphase einer Mikro-KWK-Anlage vorgeschlagen.

Influence of Micro-CHP Units in Residential Buildings on Power Generation Patterns of the Future

The target of the paper is the calculation of the development potentials of micro-chp-sites in residential building to the German power generation structure till 2030. Hence the satisfaction capability of micro-chp-technology has been investigated for the deficit between gross current demand and power plant work and the electrical generation structure till 2030. Through methodical analysis, validation processes and potential estimations the three relevant micro-chp-technologies have been investigated and verified. Basic of assessment are modeling of a reference site according EnEV 2014, by the use of these with simulation for determination of full use hours were determined. For the basis on these calculations thermal energy balances were compiled at residential building and reference demand profile according VDI4655 for simulation of an operation period was used. The substantial results of the trend calculation for the numbers of appliances reach to the conclusion that actual micro-chp-concepts have the potential of almost complete satisfaction of power plant capacity gap in 2030. Additionally perspectives of implementation for hybrid power plants and virtual power plant depending to micro-chp-technologies were demonstrated. The imaginable cooperation of power plant structure, the control energy contribution, smart grid structures and batteries with micro-chp-sites were described. The substitution of big power plants and the influence of decentralization through micro-chp-sites to the power generation structure as well as introduction constraints were estimated. Concluding was the future stabilization and observation of power grids and the safety-related and regulatory mechanisms for micro-chp and the influence to the grid stability through blind power supply commented.

Weiterentwicklung und Bewertung eines Modellierungsansatzes zur Optimierung von Anlagenkonzept und Betriebsführung mit exergetischer Beurteilung der Ergebnisse am Beispiel von Shoppingcentern

Wolfgang Schulz-Nigmann

Prof. Dr. Dirk Bohne I Prof. Dr. Norbert Fisch (TU Braunschweig)

Die im Juli 2014 angenommene Dissertation der Fakultät Architektur und Landschaft wurde von Prof. Dr. Dirk Bohne, Leibniz Universität Hannover und Prof. Dr. Alfred Karbach, Technische Hochschule Mittelhessen in Gießen betreut. In der Arbeit werden auf Basis eines neuen, vereinfachten Ansatzes zur dynamischen Gebäudesimulation für ein aus mehreren Zonen bestehendes Shoppingcenter drei unterschiedliche versorgungstechnische Anlagenkonzepte im Hinblick auf die benötigte Endenergie mit dem erforderlichen Bedarf verglichen. Darüber hinaus werden Energieströme und -mengen unter exergetischen Gesichtspunkten betrachtet und durch Definition eines exergetischen Wirkungs- und Nutzungsgrades beurteilt.

Als Anlagenkonzepte dienen eine Teilklimaanlage mit und ohne Wärmerückgewinnungssystem bei einer Versorgung durch Kompressionskältemaschine und Heizkessel sowie einer zusätzlicher Lastabfuhr durch Multi-Split-Klimageräte in den Zonen. Das dritte Konzept besteht aus einer Teilklimaanlage in Verbindung mit einer Wärmerückgewinnung und zentraler Versorgung durch eine Wasserwärmepumpenanlage, die auch als Kältemaschine betrieben werden kann sowie einem dezentralen Luft-Wasser-System in den Zonen, das ebenfalls von der Kältemaschinen-/ Wärmepumpenanlage versorgt wird.

Zur Berücksichtigung der inneren Lasten werden Lastprofile für unterschiedliche Shoparten ermittelt.

Die Umsetzung erfolgt durch ein gleichungsbasiertes dynamisches Modell zum Raum-/ Gebäudeverhalten unter Berücksichtigung der stationären Bilanzierung der eingesetzten Anlagensysteme.

Die Untersuchung wird für ein Fachmarktzentrum und ein klassisches Shoppingcenter durchgeführt.

Die Konvertierung der Gleichungen zur Berechnung erfolgt mit Excel® 2011, ein Tabellenkalkulationsprogramm von Microsoft® unter dem verwendeten Betriebssystem MacOS X® 10.5.8. Eine Nutzung unter Windows ist in gleicher Weise möglich.

Es wird gezeigt, dass durch Einsatz von Wärmerückgewinnungssystemen eine deutliche Steigerung des exergetischen Nutzungsgrades erzielt werden kann, was gleichzeitig zur Reduzierung der eingesetzten Endenergie/Primärenergie führt und damit zur Einsparung von Kohlendioxid.

Regenerative Energiesysteme wie Wärmepumpen können die Ausnutzung der Energie zwar weiter erhöhen und eine weitere Reduzierung der eingesetzten Energie ermöglichen, was aber aufgrund der höheren Komplexität der Anlagensysteme einen deutlich gesteigerten Hilfsenergieaufwand bedeutet und somit zu einem ungünstigeren exergetischen Nutzungsgrad führen kann.

Der exergetisch erforderliche Bedarf, der notwendige Aufwand und der daraus resultierende exergetische Nutzungsgrad sind für die drei Anlagenkonzepte des untersuchten klassischen Shoppingcenters zum Vergleich in der Abbildung dargestellt.

Daraus leitet sich die Empfehlung ab, durch eine vernetzte Nutzung von Energie auf den unterschiedlichen Temperaturniveaus eine mehrfache Ausnutzung zu erreichen. Außerdem sollte auf deutlich vereinfachte Anlagensysteme Wert gelegt werden, die zum einen den Hilfsenergieaufwand deutlich reduzieren und zum anderen für den Betreiber einfach zu bedienen sind.

Das vereinfachte Simulationswerkzeug gibt zusätzlich die Möglichkeit, den Optimierungsprozess während des Betriebs zu verbessern und für ein besseres Verständnis der Zusammenhänge und Wechselwirkungen zu sorgen.

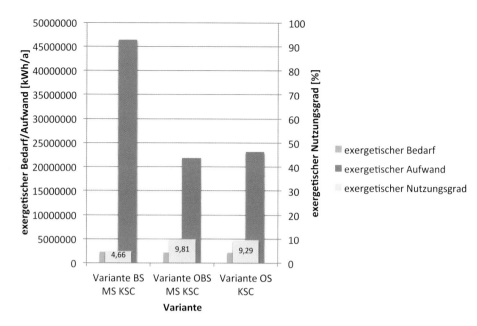

Vergleich des exergetischen Bedarfes, Aufwandes und Nutzungsgrades der Varianten Bezugssystem (BS MS KSC), optimiertes Bezugssystem (OBS MS KSC) und optimiertes System (OS KSC) eines klassischen Shoppingcenters BS MS KSC Teilklimaanlage ohne WRG, Multi-Split-Geräten in den Zonen, Kompressionskältemaschine und Heizkessel OBS MS KSC Teilklimaanlage mit WRG, Multi-Split-Geräten in den Zonen, Kompressionskältemaschine und Heizkessel OS KSC Teilklimaanlage mit WRG, dezentrale Luft-Wasser-Systeme in den Zonen, Kältemaschinen-/Wärmepumpenanlage

Development and Evaluation of a Modeling Approach for the Optimization of Plant Design and Operation with an Exergetic Assessment of the Results Using the Example of Shopping Centers

In this paper, three different supply engineering system concepts are compared using a new simplified fundamental approach for dynamic building simulation for a multizone shopping center. The final energy demand will be compared with the energy demand. In addition, energy flows and quantities were examined using exergetic scale and evaluated by defining an exergetic efficiency coefficient and a exergetic utilization degree.

An equation based dynamic model was developed to describe the behavior of rooms/Buildings. The HVAC and plumbing systems were taken account by static approach. The conversion of the equation for the calculation was carried out by using Excel® 2011, a spreadsheet program from Microsoft®. The operating system is MacOS X® 10.5.8 . A use under Windows is possible in the same way.

It has been shown that a significant rise of the exergy utilization degree can be realized by the use of heat recovery systems, which simultaneously leads to the reduction of the final energy/primary energy demand and to reduced carbon dioxide emissions.

Renewable energy systems such as heat pumps can rise the utilization of energy and allow a further reduction of the energy demand. But it can lead to the reduction of the introduced exergetic utilization degree, because the complexity of the systems represents a significant increase in auxiliary energy consumption.

In consequence it is recommended that energy is used at different temperature levels.

Also simplified plant systems should be generally preferred to reduce the auxiliary energy consumption. They are also easier to use for the operator.

The simplified simulation tool allows to improve the optimization process during operation and a better understanding of the causal relations and interactions.

Wohnmobilität im Alter Ein zukunftsfähiger Ansatz für eine nachhaltige Siedlungsentwicklung nach innen?

Joëlle Zimmerli

Prof. Dr. Barbara Zibell

Die Raumplanung im Metropolitanraum Zürich steht unter Zugzwang. Sie braucht griffige Antworten auf ein überdurchschnittlich hohes Bevölkerungswachstum und einen steigenden Wohnflächenverbrauch. Lösungsansätze müssen strengen gesetzlichen Vorgaben für einen haushälterischen Umgang mit dem Boden Rechnung tragen. Die Forderung nach einer konsequenten Siedlungsentwicklung nach innen hat im Prinzip einen breiten Rückhalt, ist in der Praxis aber häufig umstritten. Neben klassischen Maßnahmen der baulichen Verdichtung braucht die Raumplanung deshalb auch Instrumente, die eine effizientere Nutzung des Wohnflächenbestandes ermöglichen. Wenn mehr Menschen ihre Wohnfläche den Bedürfnissen auch dann anpassen würden, wenn sie weniger Raum benötigen, wäre schon viel erreicht. Ob und weshalb sie das (nicht) tun, ist allerdings unklar.

Die vorliegende Arbeit untersucht das Potenzial der Wohnmobilität im Alter. Sie fordert nicht, dass ältere Menschen aus ihren Familienwohnungen und Einfamilienhäusern ausziehen sollen. Die Arbeit untersucht vielmehr, was ältere Menschen dazu bewegt, ihre vertrauten vier Wände gegen etwas Neues auszutauschen. Bei der Frage nach der Wohnmobilität der Babyboomer geht es aber auch um generationale Brüche und den Nutzen von Modellen, die zukünftiges Verhalten linear aus der Gegenwart extrapolieren. Um zu erklären, ob und wie sich die kommende ältere Generation verhält, stützt sich die Arbeit auf quantitative und qualitative Analysen. Zwischen 2011 und 2012 wurden 1200 über 50-Jährige in den Kantonen Zürich und Aargau in standardisierten Interviews zu ihren Umzugserfahrungen, -erwartungen und -plänen befragt. Zur Vertiefung wurden 21 leitfadengestützte Gespräche geführt. In beiden Befragungen wurden drei Raumtypen berücksichtigt: große Städte, Agglomerationsgemeinden und ländliche Gemeinden.

Die quantitative Auswertung der standardisierten Interviews zeigt, dass Babyboomer anders als ihre Vorgängergenerationen durchaus bereit sind, nochmals umzuziehen. Der Schritt vom latenten Mobilitätspotenzial zum aktuellen Umzug erfolgt allerdings nur, wenn die Umzugswilligen dadurch eine höhere Wohnqualität erhalten. Diese Wohnqualität entsteht nicht nur über ein attraktives Wohnungsangebot, sondern auch dadurch, ob und wie gut eine scheinbar attraktive Wohnung die Pflege von persönlichen Netzwerken, den Zugang zu vertrauten Orten oder das Knüpfen neuer sozialer Kontakte erleichtert. Entscheidend ist letztlich, ob ein Umzug den Handlungsspielraum vergrößert.

Die qualitative Auswertung der vertieften Gespräche zeigt, dass Umzüge in der Stadt zudem durch die massiven Preisunterschiede zwischen lange bewohnten und auf dem Markt feilgebotenen Wohnungen gehemmt werden. In der Agglomeration fehlen Anreize zum Umzug, solange gute Anbindung und Versorgungsmöglichkeiten die Netzwerkpflege und den Alltag einfach gestalten und keine Formen fürs Wohnen im Alter entstehen, die ähnlich identitätsstiftend wirken wie das »selbstbestimmte« Leben in der Familienwohnung oder im Einfamilienhaus. Auf dem Land fehlen Wohnungs-, Freizeit- und Versorgungsangebote, was entweder den Wegzug aus der Gemeinde oder das Verbleiben im Einfamilienhaus zur Folge hat. Allgemein vernachlässigt der Wohnungsmarkt vor allem Alleinstehende.

Für den fachlichen Diskurs bedeuten die Ergebnisse, dass »Ageing in place« besser als »Ageing in a familiar place« verstanden wird. Für viele alternde Babyboomer sind Umzüge ein Weg, Au-

tonomie zu erhalten und auszuweiten. Die meisten schätzen die Möglichkeit, das Wohnumfeld bis ins hohe Alter zu gestalten und zu bestimmen. Dies spricht gegen die Konzentration von Altersangeboten innerhalb einzelner Liegenschaften bzw. »Altersresidenzen«, stellt hohe Anforderungen an generationengemischte Projekte und unterstreicht die Bedeutung gut erschlossener und dadurch leicht vernetzbarer Wohngelegenheiten.

Für die kantonale Raumplanung bedeuten die Ergebnisse, dass sie auf spezifische Raumtypen ausgerichtete Strategien formulieren kann. Das heißt auch, dass Gemeinden und Regionen ihre Wohnangebote auf größere Sozialräume abstimmen müssen. Um das latente Verdichtungspotenzial des Wohnungsbestandes zu erschließen, sind letztlich auch Allianzen mit Privateigentümern, Baugemeinschaften und Liegenschaftsverwaltungen notwendig, die den Umzug in eine attraktivere, kleinere, und »altersgerechtere« Wohnung erst möglich machen.

Residential Mobility

Spatial planning in the Greater Zurich Area is facing a series of challenges. It has to find answers to above-average population growth and a seemingly insatiable demand for ever more floor space.

The present study examines the potential for residential mobility among aging baby boomers. It examines when and why they would give up their family homes for something different. It also raises questions about the significance of generational fractures, and the usefulness of models that forecast the behaviour of future cohorts of the elderly on the basis of historic precedents. The study uses both quantitative and qualitative approaches. Respondents were selected from distinct spatial types: cities, suburban centers, and rural communities.

The findings suggest that current debates about »Ageing in Place« are misleading, and that baby boomers expect to be able to »Age in a familiar Place«. Many see moving as an opportunity to preserve and expand their autonomy, and most want to shape their living arrangements well into old age. As a result, few will willingly move into housing projects that place them into special »residences». By the same token, many have high hopes for »intergenerational« projects, and almost all expect to live in well-connected locations.

The findings also suggest that regional planners should develop strategies that reflect the idiosyncrasies of different spatial typologies, and that communes have to develop offerings that suit broader social spaces. In order to tap the latent mobility potential to increase social density without significantly expanding the built environment, planners will also have to engage the private investors, builders, and property administrators without whom a generational move towards smaller, more attractive, and more »reasonable« living arrangements would be impossible.

Stadt : Seilbahn : Architektur
Entwurfsbausteine und Gestaltungszusammenhänge

Laura Kienbaum

Prof. Dr. Margitta Buchert | Prof. Anne-Julchen Bernhardt

Luftseilbahnen spielen bei der Entwicklung innerstädtischer Transportsysteme eine zunehmend wichtige Rolle. Sie können auf Mobilitätsbedürfnisse in unterschiedlichen Kontexten reagieren und eine sinnvolle Ergänzung im städtischen Personennahverkehr darstellen. Aus Sicht der Architektur kann in diesem Zusammenhang gefragt werden, wie eine solche »Maschine« in die Stadt implementiert werden kann. Die Arbeit untersucht daher, welche gestalterischen Spielräume im Entwurf von Seilbahnanlagen existieren und welche Potenziale mit einer archi-tektonischen Implementierung in Stadtquartiere verbunden sind.

Aufbau und Methodik In der Tradition einer phänomenologisch-hermeneutischen Forschungsmethode wird das Thema in mehreren Schritten – sprachlich und grafisch – bearbeitet. Nach Klärung der Fragestellung lässt sich die Arbeit in drei Hauptbereiche einteilen, die das Verhältnis von Seilbahn und Stadt, von Seilbahn und Architektur und von Seilbahn und Gestaltung behandeln. In einer anschließenden Synthese werden einzelne Ergebnisse in einem erweiterten Forschungskontext reflektiert.

Der erste Teil der Arbeit bildet den Forschungshintergrund und stellt Beobachtungsgrößen zu städtischen Infrastrukturen heraus. Anhand von Literaturanalysen wird die Entwicklung von städtischen Seilbahnen behandelt, einschließlich ihrer Zusammenhänge mit gesellschaftlichen Veränderungsprozessen und damit verbundenen ästhetischen Dimensionen.

Um die Bau- und Entwurfsaufgabe besser beschreiben zu können, werden danach architektonische Ausprägungen sowie technische und programmatische Anforderungen an Seilbahnstationen erarbeitet. Es werden hier mehrere Stationen (als Minor Cases) aus verschiedenen Entstehungszeiten und -kontexten herangezogen. Dieser Teil der Arbeit stellt typologische Prinzipien heraus, die in drei Entwurfsbausteinen zusammengefasst werden.

Anschließend findet eine gestaltungs- und kontextbezogene Untersuchung an drei ausgewählten Case Studies statt. Es werden im Ergebnis verschiedene Bereiche ihrer architektonischen Wirkung diskutiert.

Entwurfsbausteine und Wirkungsbereiche Ein Teilergebnis stellen die drei Entwurfsbausteine Hülle, Weg und Programm dar. Sie sind kontextunabhängig und ermöglichen dadurch einen relativ objektiven Vergleich sowie die Skizzierung der Entwurfsaufgabe. Sie beschreiben elementare Planungsbereiche einer Seilbahnstation, beinhalten aber gleichzeitig

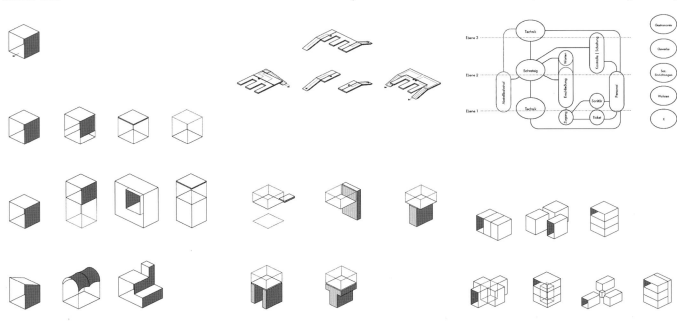

Entwurfsbaustein Hülle　　　Entwurfsbaustein Weg　　　Entwurfsbaustein Programm

enorme Gestaltungsspielräume, um auf konkrete Standorte zu reagieren.

In der Analyse der Case Studies werden die vielfältigen Umgangsweisen mit den Entwurfsbausteinen wie auch unterschiedliche Strategien der Implementierung sichtbar. Gleichzeitig lassen sich als weiteres Teilergebnis architektonische Wirkungsbereiche herausstellen, die für alle drei Case Studies Gültigkeit besitzen. Dies sind der Prägnanzgrad der Seilbahnanlage und ihrer Bauten im städtischen Raum, die Schwelle zwischen Stadt- und Seilbahnraum sowie die Gebrauchskapazität und damit die Möglichkeit der freien Aneignung der Bauten. Ihr Wirkungsgrad kann durch

die Ausformulierung aller drei Entwurfsbausteine – unabhängig oder wechselseitig – beeinflusst werden und hat Einfluss auf die Implementierung in die jeweiligen Stadtkontexte.

Insgesamt können die gewonnenen Erkenntnisse dabei helfen, ästhetisch-gestalterische Werte für Infrastrukturen in der Stadt zu entwickeln und bilden so eine notwendige Grundlage für die Implementierung von Seilbahnen in städtische Kontexte.

Text und Zeichnung Die Untersuchung enthält textliche und zeichnerische Bestandteile. Insbesondere in Bezug auf eine fortwährende Suche nach geeigneten Methoden der entwurfsbezogenen Architekturforschung verdeutlicht die Arbeit, dass die Zeichnung ein geeignetes Mittel darstellt, um komplexe Gestaltungszusammenhänge zu analysieren und gleichermaßen anschaulich zu vermitteln.

City : Cable Cars : Architecture

The search for sustainable mobility concepts is increasingly leading to cable cars being planned and installed in urban contexts.

The goal of this dissertation is to examine important design aspects in the planning of cable car systems and the »aesthetic« potential that such architectural projects offer in an urban environment. Certain design elements are singled out and different activity fields are identified. The inquiry includes both written and graphic sections. Regarding the on-going search for useful methods in academic architectural research, this dissertation shows how useful drawings are for both analyzing and illustrating complex design contexts clearly.

161

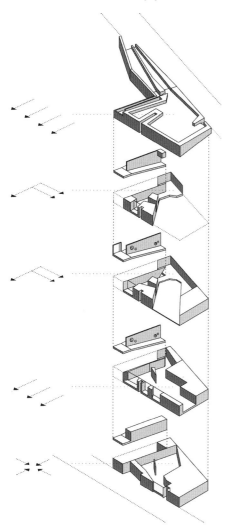

Case Study Porto, niedrige Schwellenwirkung durch gezielte Blick- und Wegeführung

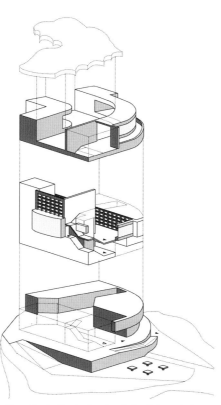

Case Study Rio de Janeiro, hohe Gebrauchskapazität durch Angebot an öffentlichen (Frei-)Räumen

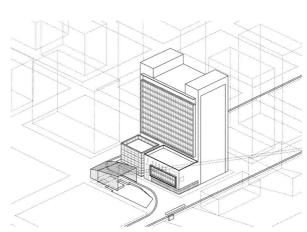

Case Study Portland, prägnanter Solitärbau im Stadtraum

Zur Bedeutung medialer Präsentation in der Gegenwartsarchitektur Das Beispiel der Vereinigten Arabischen Emirate

Gerhard Martin Burs

Prof. Dr. Margitta Buchert I Prof. Dr. Albert Schmid-Kirsch

Im Zuge der zunehmenden Digitalisierung wird die Grenze zwischen der physischen Realität und den virtuellen Welten einer globalen Mediengesellschaft immer vager. Direktes Erleben und Erfahrungen aus virtuellen Sinnzusammenhängen vereinen sich in immer fraktaler und komplexer werdenden Räumen zwischen Simulation, Phantasie, Imagination und Scheinwelten. Vor allem die sich rapide entwickelnden oder neu entstehenden urbanen Strukturen in einer globalisierten Welt sind sowohl in ihrer realen als auch virtuellen Präsenz unmittelbar verbunden mit Images und Narrativen, die im Umfeld architektonischer und städtebaulicher Projektpräsentation generiert und kommuniziert werden. In der Visualisierung zukünftiger Welten und ihrer architektonischen Repräsentationen wird dabei eine Wirklichkeit illusionistisch antizipiert, die vielfach über eine Realisierung hinaus, verbreitet durch Massenmedien, Vorstellungen und Erfahrungen prägt. Aus dieser Beobachtung abgeleitet ist es die thematische Grundlage dieser Forschungsarbeit, die verschiedenen Ebenen des Phänomens medialer Architekturpräsentation, das durch die globale Digitalisierung der neuen Medien für die Architektur als Profession und kulturelle Praxis zunehmend über Relevanz verfügt, differenziert zu analysieren und daraus entstehende Perspektiven herauszuarbeiten.

Aufgrund des komplexen Forschungsgegenstandes und des transdisziplinären Anspruchs fokussiert die Untersuchung die Entwicklung der Vereinigten Arabischen Emirate (VAE) in den Jahren 2001 bis 2008. Das globale Phänomen der mit digitalen Bildgebungsverfahren in überwiegend fotorealistischer Darstellungsweise erstellten bildlichen und filmischen Visualisierung von Architektur und seine Relevanz für die gebaute Umwelt konnten dadurch anhand eines Konzentrationspunktes architektonischer Praxis untersucht werden. Ebenfalls konnten mithilfe des Untersuchungsrahmens die zeitgenössische Bedeutung der Identitätsbildungsprozesse durch Architektur und Medien anhand der Kulturtechnik des »place brandings« analysiert und in ihrer Relevanz für globale gesellschaftliche und wirtschaftliche Prozesse interpretiert werden.

Grundlegend hierbei ist die Tatsache, dass Architektur innerhalb eines gesellschaftlichen, ästhetischen und medialen Kontextes entworfen wird und erst durch Einordnung in einen Kontext rezipiert werden kann. Daraus abgeleitet ergibt sich die übergeordnete Fragestellung, ob durch die zahlreichen Architekturvisualisierungen der VAE, die meistens als einzige bestehende Kontexte den diffusen Mythos eines »Übermorgenlandes« aufgreifen, ein eigenständiger, rein medialer Kontext »virtuelle VAE« geschaffen wurde, der von den architektonischen Entwurfsprozessen wiederum als gegebener Kontext aufgegriffen wird und als eigenständiges mediales Konstrukt parallel zu einer Realisierung existiert. Neben der Erfassung der Rahmenbedingungen des Phänomens wurden hierzu in den drei Case Studies zu den Projekten »Dubai Downtown«, »Masdar City« und »Palm Jumeirah« die bildlichen und filmischen Visualisierungen erfasst und untersucht, deren beschriebene Inhalte und Strukturen anschließend mit der Realisierung vor Ort und den Präsentationen der Massenmedien verglichen wurden. Zudem wurde anhand der Case Studies die Bedeutung virtueller Elemente für spezifische architektonische Entwurfsprozesse analysiert sowie die Projektgeschichte dieser und anderer Entwürfe aufgearbeitet und kontextualisiert.

Durch den theoriebildenden Vergleich aller Case Studies, ergänzende Untersuchungen sowie die Einbeziehung medientheoretischer Ansätze wurde anschließend eine inhaltliche Beschreibung und Analyse der gesamten »virtuellen VAE« vorgenommen. In einer Gegenüberstellung von zitierten bildlichen Vorbildern und Darstellungstypen und dem narrativen »Mythos VAE« wurde hierbei dargelegt, wie durch die Visualisierungen und medialen Präsentationen ein konsistenter virtueller Raum der VAE geschaffen wurde und wie sich dieser in eine geschichtliche und globale Perspektive einfügt und von anderen Kontexten aufgegriffen wird. Im Gegensatz zu dem oft kolportierten Anspruch, dass der Entwicklung der VAE ein visionärer oder gar utopischer Anspruch zugrunde liegt, wurde dabei deutlich, dass diese wesentlich von geschichtlichen Images und Narrativen westlicher Kontexte seit dem 18. Jahrhundert partizipieren, die über eine etablierte Tradition als Projektionsflächen für eskapistische Phantasien und Sehnsüchte verfügen. Die Auswirkungen dieses, als spezifischer »virtueller Kontext« erfassten Systems ließen sich nicht nur im prozessbasierten Architekturschaffen der VAE nachweisen, sondern stellen eine Strukturlogik dar, deren Relationen und Wirkungsmechanismen verbreiteter globaler Architektur- und Medienpraxis entsprechen. Darauf aufbauend wurde in einer theoriebildenden Skizze versucht aufzuzeigen, dass Architektur und Wissenschaft das Potenzial, das in einer differenzierten und strukturierten Sichtweise auf physische, mentale, mediale und imaginäre Räume liegt, erschließen muss, um damit eine Rückgewinnung von Realitätsbezügen, die nicht in einer quantitativen Haltung zum Physischen, sondern in der dynamischen Synthese dieser Aspekte als Ergebnis von Produktions- und Wahrnehmungsprozessen liegen, zu erwirken.

Meaning of Media Presentation for Contemporary Architecture Case Study United Arab Emirates

The object of this research was to analyze the phenomenon of digital visualization and media presentation of contemporary architectural projects. Although the technical aspects of CAD based visualizations have been thoroughly researched, the effects of digital visualization on the architectural development process have seldom been subject of comprehensive inquiry in architecture. The fundamental thesis of the dissertation proposes that architecture is developed within a social, aesthetic and communicative context and therefore that it can only be assimilated and accepted after being placed within a context. The various architectural visualizations and media presentations from the United Arab Emirates (U.A.E.) have created a myth within the media of an »U.A.E. of the future«. Part of the thesis is that the media development process has seized this myth and assumed it as part of the architectural context.

This context has been analyzed in extensive research by using well documented and developed architectural projects from the U.A.E., segregated in their design and visualization, realization and media representation aspects. Compared with pre-established examples and the myth, the perceptions were critically interpreted regarding their importance towards a »virtual U.A.E.« and the influence of this media context for architectural and globalized developments. The results from this study are not only assets for the architectural design practice and theory. Furthermore they provide a better understanding of the conflict that arises between the virtual presentation and the real space setting of a project within the media and a globalized social environment.

Widerborstige Projekte Über das Identifizieren, Analysieren und den Umgang mit Konflikten in Planungsprozessen anhand der Metapher der »Widerborstigkeit«

Dr.-Ing. Friederike Maus

Prof. Dr. Bettina Oppermann | Prof. Jörg Schröder

Die von Horst W. J. Rittel und Melvin M. Webber Anfang der 1970er Jahre als »bösartig« beschriebenen Planungsprobleme geben den Impuls zur Beschäftigung mit den Auslösern von Konflikten in Planungsprozessen. Die typischen Aufgaben, mit denen es Planerinnen und Planer zu tun haben, sind bösartig, unter anderem da sie sich einem technischen Planungsverständnis entziehen, schwer zu definieren sind und es in der Regel keine eindeutigen Lösungen gibt. Dies trägt zur Konflikthaftigkeit von Planungsprozessen bei.

Planerische Vorhaben, größere und kleinere (bezogen auf den räumlichen Umgriff wie auf das finanzielle Volumen), von der nationalen bis zur lokalen Ebene, in privater wie öffentlicher Vorhabenträgerschaft entwickeln sich oft dynamischer, problematischer und konflikthafter, als dies erwartet wird. Zunehmende Unsicherheit in Bezug auf ökonomische, ökologische und gesellschaftliche Entwicklungen beeinflusst Gesellschaft, Politik und Wirtschaft und hat oft auch räumliche Auswirkungen.

Widerborstigkeit als Metapher Das Bild der Widerborstigkeit setzt sich aus verschiedenen Begriffen zusammen, die bei der Identifikation und Charakterisierung von Konflikten unterstützen: Widerborstigkeit beschreibt störrische, unangenehme Entwicklungen, die zum Beispiel über Stacheln und Widerhaken ausgelöst werden können. Hilfsmittel können im Umgang mit

diesen Stacheln und Widerhaken unterstützen, sie können beispielsweise mit Pinzetten oder Zangen entschärft oder gezogen werden.

Metaphern sind rhetorische Figuren, bei denen die Worte nicht in ihrer eigentlichen, sondern in einer übertragenen Bedeutung verwendet werden. Sie ermöglichen es, Abstraktes in Worte zu fassen und darüber zu sprechen – Metaphern erweitern also das Verständnis und machen abstrakte Konstruktionen begreifbar. Diese Eigenschaften werden zur Konstruktion einer »Metapher der Widerborstigkeit« zur Beschreibung von konflikthaft verlaufenden Planungsprozessen genutzt. Die Metapher wird dabei als »Werkzeug« verstanden und gibt den handlungsorientierten Rahmen der Arbeit vor.

Über Fallstudien zu den Stacheln und Widerhaken der Widerborstigkeit Drei Planungsprozesse werden über Fallstudien auf ihre Konflikthaftigkeit und damit Widerborstigkeit untersucht. Die Vorhaben JadeWeserPort in Wilhelmshaven, der Bauabschnitt 2/2 der A 281 in Bremen und die Europakreuzung in Greifswald sind von Konflikten geprägt, die für die räumliche Planung durchaus typisch sind. Sie werden vergleichend unter Anwendung verschiedener Methoden der empirischen Sozialforschung analysiert, um bestehende Konflikte zu identifizieren.

Die untersuchten Projekte sind durch lang andauernde Planungsprozesse geprägt: Bürge-

rinnen und Bürger fühlen sich übergangen; Debatten werden in kommunalen Parlamenten zwar geführt, bleiben aber ergebnislos. In die Entwicklung übergeordneter Pläne und Strategien, in denen die Grundlage für die räumliche Entwicklung gelegt wird, sind Bürgerinnen und Bürger oft nur gering eingebunden. Das Planungsrecht ist sehr speziell und schwer zu verstehen – gleiches gilt für politische Vorgänge. Ein Resultat ist die Forderung nach mehr Transparenz. Insgesamt werden über die Analyse die Stacheln Planungsrecht, Medien, politische Kultur und gesellschaftliche Debatte identifiziert und über zehn Widerhaken konkretisiert. Sie reichen von der Verflechtung der Planungsebenen und mangelnder Einbindung von Bürgerinnen und Bürgern über mangelnde Transparenz und fehlende Akzeptanz bis zu der Schwierigkeit, das Gemeinwohl zu ermitteln.

Zum Umgang mit Widerborstigkeit Wie ist mit den Stacheln und Widerhaken der Planung umzugehen? Widerborstiges, Widerspenstiges lässt sich zähmen, Stacheln und Widerhaken können gezogen und entschärft werden. Ansätze zum Umgang mit Konflikten in der räumlichen Planung haben das Ziel, den Verlauf der Prozesse zu verbessern – von der Idee über die Konkretisierung bis hin zur formellen Planung. Die Handlungsorientierung der Metapher aufgreifend, werden »Hilfsmittel« zum Umgang mit den beschriebenen Konflikten entwickelt: Die formulierten elf Ansätze und Strategien können präventiv und korrektiv wirken und tragen so zur »Entschärfung« der Stacheln und Widerhaken bei. Die Handlungsansätze

◇ entsprechen Empfehlungen zur Anpassung des Planungsrechts und zur besseren Ausnutzung bestehender Vorschriften,

◇ dienen der Diskussion der Potenziale von E-Partizipation, strategischer Steuerung, gesellschaftlicher Debatten, direkter Demokratie und

◇ enthalten Forderungen an die Akteure in Planungsprozessen, also Politik, Verwaltung, Vorhabenträger, Planerinnen und Planer, Bürgerinnen und Bürger.

Da Widerborstigkeit aus der Verflechtung gesellschaftspolitischer und planerischer Faktoren resultiert, richten sich viele der vorgestellten Ansätze an mehrere Akteursgruppen. Sie wer-

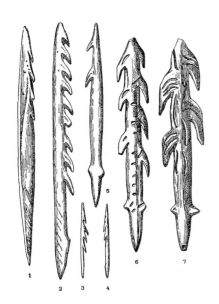

Harpunenformen aus der Steinzeit mit Widerhaken (Vorderseite): Déchelette, Joseph: Manuel d'archéologie préhistorique celtique et galloromaine. Paris: A. Picard 1908, S. 153

den den identifizierten Stacheln und Widerhaken nicht eins-zu-eins zugeordnet.

Schlussfolgerungen Es zeigt sich, dass sich die Metapher der Widerborstigkeit und das ihr inneliegende Handlungspotenzial für eine Übertragung auf Planungsprozesse eignen. Die Metapher unterstützt bei der Vereinfachung komplexer Sachverhalte und trägt zum Verständnis von Konflikten bei, die oft an der Schnittstelle gesellschaftspolitischer und planerischer Fragestellungen entstehen.

Die Entwicklungsansätze zum Umgang mit Widerborstigkeit reichen von sehr konkreten Ausführungen, beispielsweise zur Planungsgesetzgebung, bis zu abstrakteren Überlegungen, die das Politik- und Selbstverständnis der Gesellschaft berühren.

Planende können in diesem Spannungsfeld aus gesellschaftspolitischen und planerischen Einflussfaktoren Vermittler sein. Vermittlung bedeutet dabei nicht die (neutrale) Moderation von Planungsprozessen: Planerinnen und Planer haben starke Kompetenz im Gestalten, Bewerten und Gewichten. Aus der Problemorientierung heraus, die den Beginn der Arbeit prägt (Identifikation von Konflikten), wird ein lösungsorientierter Ansatz

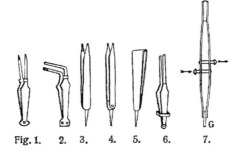

Fig. 1. 2. 3. 4. 5. 6. 7.

Pinzetten (Vorderseite): Lueger, Otto: Lexikon der gesamten Technik und ihrer Hilfswissenschaften. Band 7. Stuttgart\Leipzig 1909, S. 137 Permalink: www.zeno.org/nid/2000610245X

zum Umgang mit eben diesen Konflikten entwickelt. Die Metapher der Widerborstigkeit und das ihr innewohnende Handlungspotenzial sind das Werkzeug, mit dem diese Transformation gelingt.

Literatur

◇ Burckhardt, Lucius: »Politische Entscheidung der Bauplanung«. 1970. In: Fezer, Jesko/Schmitz, Martin (Hg.): *Wer plant die Planung? Architektur, Politik und Mensch*. Berlin: Schmitz 2004, S. 45–58

◇ Burckhardt, Lucius: »Kommunikation und gebaute Umwelt«. 1978. In: Brock, Bazon (Hg.): *Die Kinder fressen ihre Revolution. Wohnen – Planen – Bauen – Grünen*. Köln: DuMont 1985, S. 369–374

◇ Hnilica, Sonja: *Stadtmetaphern. Camillo Sittes Bild der Stadt im Architekturdiskurs*. Wien 2006

◇ Kruse, Jan/Biesel, Kay/Schmieder, Christian: *Metaphernanalyse. Ein rekonstruktiver Ansatz*. Wiesbaden: VS Verlag 2011

◇ Renn, Ortwin/Webler, Thomas: »Konfliktbewältigung durch Kooperation in der Umweltpolitik. Theoretische Grundlagen und Handlungsvorschläge«. In: Oikos Umweltökonomische Studenteninitiative an der Hochschule St. Gallen (Hg.): *Kooperationen für die Umwelt. Im Dialog zum Handeln*. Chur: Rüegger 1994, S. 11–52

◇ Rittel, Horst W. J.: »Zur Planungskrise: Systemanalyse der ›ersten und zweiten Generation‹«. 1972. In: Reuter, Wolf (Hg.): *Planen, Entwerfen, Design: Ausgewählte Schriften zu Theorie und Methodik*. Stuttgart/Berlin/Köln: Kohlhammer 1992, S. 37–58

◇ Rittel, Horst W. J./Webber, Melvin M.: »Dilemmas in einer allgemeinen Theorie der Planung«. In: Rittel, Horst W. J./Reuter, Wolf D. *Planen, Entwerfen, Design: Ausgewählte Schriften zu Theorie und Methodik*. Stuttgart/Berlin/Köln: Kohlhammer 1992, S. 13–35

◇ Spieß, Constanze: »Diskurslinguistische Metaphernanalyse«. In: Junge, Matthias (Hg.): *Methoden der Metaphernforschung und -analyse*. Wiesbaden: Springer VS 2014, S. 31–58

◇ Die Dissertation *Widerborstige Projekte* wurde bei epubli, Berlin, mit der ISBN 978-3-7375-2921-1 veröffentlicht.

Awkward Projects How to Identify, Analyse and Deal with Conflicts in Spatial Planning Processes

Planning processes in spatial planning tend to be highly contentious, often unwieldy and fractious. Can a reason for this be identified and described? If yes, how? Does a »metaphor of thorniness« contribute towards our understanding of spatial planning?

Uncertainties concerning the adequacy of solutions, complex initial enquiries, the need to communicate with a great many stakeholders and to accommodate a wide range of wishes and needs promote conflicts. In German the arising conflicts can metaphorically be described as thorny.

Three planning processes are analyzed for their thorniness in three case studies. The projects JadeWeserPort, a deep water container harbor, in Wilhelmshaven, part 2/2 of the A 281 motorway in Bremen and the Europakreuzung, a crossroads, in Greifswald are shaped by planning conflicts which are quite typical of spatial planning. All three are compared and analyzed using various empirical social research methods in order to identify conflicts. The identified conflicts, i.e. thorns and barbs, are described comprehensively and form the basis for the development of strategies for dealing with these.

How do you deal with thorns and barbs? Thorns and barbs can be pulled and made harmless. Strategies for dealing with conflicts in spatial planning aim to make the processes smoother – starting with the inception of an idea, its development into concrete plans and the official planning stage. With the help of the metaphor, solutions are developed to deal with the conflicts identified in the three case studies: eleven strategies are formulated which can be used preventatively and correctively and which can render the thorns and barbs harmless.

Zu Gast in Äthiopien

Dipl.-Ing. Renko Steffen

Für Forschungen zum Thema Bambus hatte ich im Herbst 2014 die Möglichkeit, mich für zwei Monate als Gast an der Universität von Addis Abeba aufzuhalten. Der parkähnliche Campus unserer dortigen Partnerfakultät, des Ethiopian Institute of Architecture, Building Construction and City Development (EiABC), liegt als grüne Oase im Weichbild der Hauptstadt.

Es hätte günstigere Zeitpunkte für einen Besuch gegeben, da offenbar sämtliche Hauptstraßen der rasend wachsenden Stadt verbreitert wurden. Ein seltsamer Eindruck ist es, kilometerweit über Verkehrsschneisen zu wandeln, denen die begleitenden Fassaden fehlen und die, gleich einem anatomischen Längsschnitt, durch die einstigen Wohnräume ganzer Quartiere gelegt sind. Staub und Trümmerschutt wurden die ständigen Begleiter auf diesen aufgerissenen Pisten. Die scharfen sozialen Kontraste der Großstadt waren etwas, an das man sich kaum gewöhnen konnte.

Eine Reihe von Exkursionen führte in Begleitung eines äthiopischen Kollegen zu den Orten meines eigentlichen Interesses: in Bambuswälder des abessinischen Hochlands und zu den dortigen traditionellen Sidama-Bambushäusern, die mit ihren gewebten (!) Dächern wie große Bienenkörbe wirken. Der Errichtung eines solchen Bauernhauses in einem nebeligen Bergdorf beizuwohnen war lehrreich und faszinierend zugleich. Ein Lehrstück ressourcenschonenden Bauens: Wachstum, Ernte, Nutzen und Vergehen der naturgegebenen Baustoffe, alles ließ sich wie in einem der Lebenszyklusbilder an diesem Meisterwerk wiederfinden. Nachbarn und Familie arbeiteten zusammen, das Material wuchs nur wenige Schritte vom Bauplatz entfernt, daneben neigte sich das alte Haus dem organi-

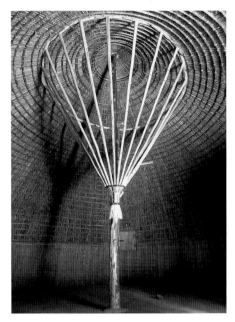

Innenraum eines Sidama-Hauses
(central column in a Sidama House)

schen Verfall zu. Vieles rundete sich in diesem Bild und wurde ein Ausgleich zu den harschen Eindrücken der Großstadt. Ivan Illichs Kritik am Expertentum leuchtete mir hier unmittelbar ein. Wozu Architekten oder Ingenieure? Eine radikale Frage der Nachhaltigkeit, die die Experten der DGNB (Deutsche Gesellschaft für nachhaltiges Bauen) weder stellen noch in ihrem System beantworten können.

Wenig später fand in Addis Abeba eine Premiere statt: Der äthiopische Staatspräsident eröffnete den ersten Bambuskongress auf afrikanischem Boden, vom International Network for Bamboo and Rattan (INBAR) organisiert. Wichtige Kontakte konnten so mit dem Landwirtschaftsministerium und der internationalen Delegation geknüpft werden. Tags darauf der Besuch einer bambusverarbeitenden Fabrik. Äthiopien hat, mit ca. 1 Mio. Hektar Bambusbestand, die größten Vorkommen in ganz Afrika und ist interessiert, dieses Potenzial zu nutzen.

Nach den zahlreichen Eindrücken des Landes und der ursprünglichen Baukultur war es Zeit, die Ergebnisse meiner hannoverschen Forschungen am EiABC in einem Experiment im Maßstab 1:1 umzusetzen. Der Bau des Testdeckenelements aus Bambus zögerte sich

Arbeiterin in einer Bambusfabrik (female worker in a bamboo factory)

Mit Studenten auf dem Deckentestkörper (with students on the experimental platform slab)

A Visit to Ethiopia

In the autumn of 2014 I had the opportunity to spend two months as a guest at the University of Addis Ababa for research in the field of bamboo. The campus of our local partner university, the Ethiopian institute of Architecture, Building Construction and City Development (EiABC), lies well shaded under trees in the dusty but vivid capital. A huge part of the city was under construction due to the enormous population growth. Accompanied by a local colleague, a series of excursions led me to the places of interest: into the bamboo forests of the Abyssinian highlands and to the traditional Sidama-bamboo-houses. It was a great lesson to witness the construction of such a house with a woven roof, looking like a bee hive in a misty mountain village. A premiere was the first bamboo summit in Africa ever. Organized by the INBAR it helped to make useful contacts and the next day a visit to a bamboo proceeding factory followed. Ethiopia is interested in utilizing its approximately one million hectares of bamboo, which is the biggest amount in all Africa.

Back at the EiABC it was time to build and test the ceiling slab developed in Hannover. Through the help of enthusiastic students it was possible to finish the construction in time, though electricity shortage created some delay. The following tests on deformation and load were successful.

It would be great if the relationship between Addis Ababa and Hannover that exists on the paper would be filled with life. The stay in Ethiopia was very interesting for me and brought up important insights for further research. The hospitality of the Ethiopian people will not be forgotten.

My thanks go to the director of the EiABC Joachim Dieter, Prof. Alexander Furche and Kirsten Aleth, who made this research trip possible.

durch eine Reihe technischer Hindernisse heraus – vor allem machten sich die notorischen Stromausfälle von Addis Abeba bemerkbar, die oft den halben Tag dauerten und so das Arbeiten mit Maschinen behinderten. Was daheim in Hannover an einem Nachmittag geschafft worden wäre, dauerte so eine Woche. Dank der Hilfe begeisterter Studenten gelang es dann doch noch, den Testkörper zu errichten. Anschließend konnten die geplanten Verformungs- und Belastungstests erfolgreich durchgeführt werden.

Es wäre wünschenswert, wenn die Beziehungen, die zwischen Addis Abeba und Hannover auf dem Papier existieren, mit Leben gefüllt würden. Hierzu möchte ich beide Seiten motivieren. Der Aufenthalt in Äthiopien war interessant und hat wichtige Erkenntnisse für die weitere Forschung erbracht. Die Herzlichkeit der Menschen wird mir in steter Erinnerung bleiben.

Mein Dank gilt dem Direktor des EiABC Joachim Dieter, Prof. Alexander Furche und Kirsten Aleth, die diese Forschungsreise ermöglicht haben.

Altes vergeht, Neues entsteht (decay and growth)

FACULTY NEWS

Neuberufungen und Verabschiedungen

Herbert Schubert lehrt wieder in Hannover Seit dem Sommersemester 2014 lehrt Prof. Dr. phil. Dr. rer. hort. habil. Herbert Schubert wieder in Hannover. Der Sozialwissenschaftler, der sich 1998 für das Fachgebiet »Sozioökonomie der Regionalentwicklung« am ehemaligen Fachbereich für Landschaftsarchitektur und Umweltentwicklung habilitiert hat, lehrt seit 1999 Angewandte Sozialwissenschaften an der FH Köln. 2003 wurde er zum apl. Professor an der Fakultät für Architektur und Landschaft ernannt. An seiner Lehrveranstaltung zum Thema »Architektur als Medium des Sozialen« nahmen 2014 ca. 15 Studierende aus beiden Fachgruppen teil. Auf Wunsch von Prof. Schubert ist seine Lehre an der Abteilung PA_soz angesiedelt und richtet sich regelmäßig an Studierende beider Fachgruppen.

Dipl.-Ing. Günter Krause beendet mit dem Sommersemester 2015 nach 15 Jahren ununterbrochener Lehrtätigkeit sein Engagement an unserer Fakultät. Herr Krause war nach Abschluss seines Bauingenieurstudiums in der Unternehmensgruppe Drees & Sommer tätig, von 1986 bis 2007 als Gesellschafter und Partner. Seit 2003 ist er geschäftsführender Gesellschafter der Ausgründung DS-Bauconcept GmbH in Hamburg. Seit 2000 war er Lehrbeauftragter für Projektmanagement.

Ausstellungen

»Auf der Flucht – Visionäre Architekturen für die Flüchtlingsproblematik« Ausstellung des Institutes für Entwerfen und Gebäudelehre im Hannover Congress Centrum (HCC).

Ein großes öffentliches Interesse erfuhr die Studienarbeit im WS 2014/15: »Auf der Flucht – Visionäre Architekturen für die Flüchtlingsproblematik« des Instituts für Entwerfen und Gebäudelehre, Prof. Jörg Friedrich. In der Studienarbeit und dem Begleitseminar ging es darum, den Status Quo der Flüchtlingsunterbringung zu hinterfragen und Visionen für eine menschenfreundliche Architektur zu entwickeln. Zu der Abschlusspräsentation mit den Gastkritikern Guido Völker (Stadtplanungsamt Hannover), Hendrikje Blandow-Schlegel (Vorsitzende des Vereins »Flüchtlingshilfe Harvestehude e.V.«) und Stefan Feldschnieders (Architekt) konnten ein interessiertes Fachpublikum sowie Journalisten verschiedener Zeitungen, Radio- und Fernsehsender begrüßt werden.

Auf Einladung des niedersächsischen Sozialministeriums wurden die Arbeitsergebnisse der Studierenden im März 2015 zur Flüchtlingskonferenz des niedersächsischen Innenministers Boris Pistorius im HCC ausgestellt. Dabei konnten die Studierenden sowohl Politikern als auch Journalisten ihre Versionen einer zukünftigen Flüchtlingsarchitektur nochmals erläutern.

Weitere Ausstellungen der Projekte sind in Planung. **Au 01**

»Aus allen Richtungen« Die Ausstellung »Aus allen Richtungen« des Arbeitskreises junger Architektinnen und Architekten (AKJAA) machte Station in Hannover. In einer Kooperation des Institutes für Entwerfen und Gebäudelehre, des Bunds Deutscher Architekten (BDA) Niedersachsen und des AKJAA wurden die Exponate vom 29. April bis 23. Mai 2014 im Großen Foyer der Fakultät für Architektur und Landschaft gezeigt. Die Ausstellung bestand aus 28 Boxen, die von 28 Architekten individuell gestaltet und gefüllt wurden. Lars Krückeberg vom Berliner Büro GRAFT eröffnete die Ausstellung mit dem Vortrag »Solarkiosk: Empowering People«, dessen Gegenstand Teil der Ausstellung war. **Au 02**

Wo sich Wissenschaft trifft: Umbau des königlichen Pferdestalls am Schneiderberg Einige Studenten widmeten ihre Bachelorthesen im WS 2014/15 dem Umbau des königlichen Pferdestalls am Schneiderberg zu einem Wissenschaftszentrum für die Leibniz Universität Hannover. Der ehemalige Präsident der Universität Prof. Dr.-Ing. Erich Barke hatte in seiner Amtszeit dieses Projekt initiiert und konkretisiert. Im Rahmen dieser Aufgabe setzten sich die Studierenden intensiv mit dem Thema »Alt & Neu« auseinander und planten Erweiterungen in Form von An- und Aufbauten sowie unterirdischer Ergänzungen der historischen Bausubstanz. Zur Ergänzung der Aufgabe wurde das Raumprogramm des Wissenschaftszentrums seitens des betreuenden Instituts IEK, Abteilung Baukonstruktion und Entwerfen, Prof. Michael Schumacher, um ein Gästehaus für Universitätsgäste erweitert.

Zur Präsentation der Bachelorthesen im Großen Foyer des Fakultätsgebäudes am 26. Januar 2015 waren Prof. Dr. Ing. Erich Barke und seine Frau anwesend. Eine Ausstellung vom 14. bis 17. April 2015 zeigte die Arbeiten der Studierenden im Lichthof des Welfenschlosses, dem Hauptgebäude der Leibniz Universität Hannover.

Wettbewerbe

LINGA Blockwoche in Cuxhaven Die Abteilungen PA_soz (Prof. Barbara Zibell, Dipl.-Ing. Hendrik Bloem) und LandRaum (Prof. Jörg Schröder, M. Sc. Emanuele Sommariva) beteiligten sich im Sommersemester 2014 mit zehn Studierenden beider Fachgruppen an der diesjährigen Blockwoche der Landesinitiative Niedersachsen Generationengerechter Alltag (LINGA). Die LINGA Blockwochen werden regelmäßig unter Beteiligung verschiedener niedersächsischer Hochschulen und Fachbereiche zu wechselnden Schwerpunktthemen durchgeführt und vom Sozialministerium koordiniert. In diesem Jahr ging es um einen zukunftsfähigen und generationengerechten Tourismus, Anschauungs- und Bereisungsobjekt war die Stadt Cuxhaven an der deutschen Nordseeküste.

proKlima – Wettbewerb 2014 Das Institut für Entwerfen und Konstruieren, Abteilung Gebäudetechnik betreute im Sommersemester 2014 den von proKlima – Der enercity-Fonds ausgelobten studentischen Architekturwettbewerb mit dem Thema studentisches Wohnen. Aufgabe war, auf dem Brachgrundstück zwischen Wilhelm-Busch-Straße und Am Judenkirchhof in Hannovers Nordstadt ein Wohnheim für 120 Studierende mit Einzelapartments, Einzelzimmern in Flurgemeinschaften und Wohngemeinschaften zu planen.

Die Studierenden Johannes Faller und Simon Ronstedt konnten sich über einen 1. Preis und 1 000 Euro Preisgeld freuen. Der 2. Preis (750 Euro) wurde an Martin Paladey und der 3. Preis (500 Euro) an die Gruppe Magdalena Blachowiak/Jan Kadziela vergeben. Der Beitrag von Johannes Faller und Simon Ronstedt gewann außerdem den Sonderpreis für das beste Energiekonzept (250 Euro). **Wb 01**

Winter im Großen Garten Im Rahmen eines von der Stadt Hannover ausgelobten Studentenwettbewerbes unter der Federführung der Kulturdezernentin Marlis Drevermann hatten die teilnehmenden Studierenden die Aufgabe, eine innovative Idee für die Belebung der Herrenhäuser Gärten in den Wintermonaten zu entwickeln. Unter dem Titel »Winter im Großen Garten« ging es um eine Idee zwischen künstlerischer Inszenierung und temporärer Gartenüberformung.

Dieser Kurzentwurf wurde in Form eines Kurzworkshops veranstaltet, organisiert von Michael-Marcus Vogt, Abteilung Baukonstruktion und Entwerfen, Prof. Schumacher des IEK. Dieses Projekt fand in Kooperation mit der Abteilung Architekturinformatik und Darstellung (AIDA), Prof. Schmid-Kirsch, statt.

Zum Auftakt des Workshops fand ein durch den Gartenmeister Thomas Amelung geführter Rundgang durch die Herrenhäuser Gärten statt. Nach dem Workshop verlieh die Jury im Rahmen einer Preisverleihung am 1. Dezember 2014 dem Bachelorstudenten Robin Höning für seinen Beitrag »Gespenster im Garten« den 1. Preis. Dieses Projekt schlägt für die Dämmerstunden in den Gärten eine bewegte Videoprojektion von barocken figürlichen Motiven auf künstlich erstellten Nebelschwaden aus Wasserdampf vor.

Weitere Preise gingen an Miriam Dreist und Georgios Stavropoulos (2. Preis) für ihren Beitrag »Sommercount« und an Fabian Wieczorek und Paul Eichholtz für die Aufforderung an die Gartenbesucher, »Räume zu entdecken«. **Wb 02**

Neue Mitgliedschaften

Dr. Christian Albert ist seit Januar 2014 Mitglied des Herausgeberbeirats der Zeitschrift

International Journal of Biodiversity Science, Ecosystem Services and Management sowie Mitglied des Lenkungsausschusses (Steering Committee) der Ecosystem Services Partnership (ESP); seit September 2014 gehört er dem Herausgeberbeirat der Zeitschrift *Landscape Ecology* an.

Thiemen Boll ist seit September 2014 Mitglied im Arbeitskreis Erneuerbare Energien und Naturschutz im Bundesverband Beruflicher Naturschutz (BBN).

Prof. Dr. Rainer Danielzyk, Generalsekretär der Akademie für Raumforschung und Landesplanung und Universitätsprofessor in der Abteilung Raumordnung und Regionalentwicklung am Institut für Umweltplanung der Leibniz Universität Hannover, ist für die laufende Legislaturperiode des Deutschen Bundestages erneut zum Vorsitzenden des Beirates für Raumentwicklung beim Bundesministerium für Verkehr und digitale Infrastruktur gewählt worden.

Prof. Dr. Frank Othengrafen ist seit Juli 2014 Mitglied des Editorial Board des Fachjournals *European Journal for Spatial Development*.

Jury Niedersächsischer Staatspreis für Architektur 2014 Prof. Barbara Zibell war Mitglied der Jury im Rahmen der Auslobung des Niedersächsischen Staatspreises für Architektur 2014 zum Thema Wohnen im Wandel – Bauen für Generationen, der alle zwei Jahre vom Ministerium für Soziales, Gesundheit und Gleichstellung in Kooperation mit der Architektenkammer Niedersachsen ausgelobt wird. Die Jurysitzung fand am 17. September 2014 statt, die Bereisung der Objekte der engeren Wahl am 18. und 19. November, der Verleihungsanlass am 21. November im Alten Rathaus in Hannover.

Konferenz der COST action 1201 genderSTE in Rom Als deutsche Repräsentantin der europäischen COST action Gender, Science, Technology and Environment (genderSTE) nahm Prof. Barbara Zibell an der Internationalen Konferenz »Designing Sustainable and Inclusive Urban Environments« am 25. und 26.

Au 01

Au 02   Ausstellung im Großen Foyer der Fakultät

Wb 01   proKlima Wettbewerb 2014

Wb 02   Preisverleihung »Winter im Großen Garten«

September 2014 in Rom teil. Ziel der Konferenz war es, das Verständnis der Gender-Dimension für die gebaute Umwelt zu erweitern und in ihrer Relevanz für die Grand Challenges *energy, climate, security, inclusion, wellbeing, quality of life, aging, transport, digital agenda* im neuen Europäischen Forschungsprogramm Horizon 2020 einzuordnen und zu operationalisieren.

ZukunftsForum Niedersachsen Prof. Barbara Zibell, Mitglied im Demografiebeirat des Landes Niedersachsen, beteiligte sich – zusammen mit Dipl. Geogr. Ingrid Heineking, Mitarbeiterin an der Abteilung PA_soz – im Jahr 2014 an den Diskursen der Arbeitsgruppe Mobilität. Ihre Stellungnahme zu den Ergebnissen der ersten Arbeitsphase – Mobilität und Bildung I/II – flossen in den Bericht *Niedersachsen 2030 – Zukunft gemeinsam gestalten, Bildung und Mobilität im demografischen Wandel* (Entwurf Stand: 2. April 2015) ein. Nach Überarbeitung wird der Bericht an der Beiratssitzung vom 11. Mai 2015 beschlossen und am 2. Juni auf dem Demografiekongress 2015 dem Ministerpräsidenten Stephan Weil übergeben.

Gäste und Vorträge

Prof. Dr. Christoph Görg Helmholtz-Zentrum für Umweltforschung (UFZ) Leipzig, am 29. April 2014: »Klimawandel und Energiewende: Herausforderungen einer Transformation zur Nachhaltigkeit«.

Dr. Volker Brennecke Verein Deutscher Ingenieure e.V. (VDI), am 8. Mai 2014: »Das Regulierungskonzept der VDI 7000 zur frühen Öffentlichkeitsbeteiligung«.

Dr. José Serrano Ecole Polytechnique, Université François Rabelais de Tours, am 16. Juni 2014: »Between innovation and resistance: how does strategic spatial planning balance ecological viability and economic development?«.

Prof. Dr. Thomas Schwark Historisches Museum Hannover, am 16. Juni 2014: »Nachbarschaft in der Stadt«.

Prof. Dr. Andreas Pott Universität Osnabrück, am 7. Juli 2014: »Migration und Stadt«.

Prof. Dr. Stefan Siedentop Institut für Landes- und Stadtentwicklungsforschung GmbH (ILS), am 14. Juli 2014: »Empirie der Reurbanisierung«.

Prof. Dr. Winfried Schenk Geographisches Institut der Universität Bonn, am 23. Oktober 2014: »Kulturlandschaft als Auftrag an die Bürgergesellschaft im Ländlichen Raum«. Im Rahmen der »TRUST Lectures on Spatial Transformation«.

Dipl. Geogr. Birgit Böhm mensch und region, am 25. November 2014: »Transformation in Richtung Nachhaltigkeit – Anforderungen und Beispiele mit einem ehrlichen Blick auf die Praxis«. Im Rahmen der »TRUST Lectures on Spatial Transformation«.

Blal Adem Doktorand der Umweltingenieurwissenschaften an der Universität Trient, hielt sich von Mai bis Juli 2014 als Gastwissenschaftler am IUP auf. Sein Arbeitsschwerpunkt liegt im Bereich der städtischen Wasserversorgungsinfrastrukturen und ihrer Integration in die räumliche Planung. Während seines Aufenthaltes am IUP wendete er seinen theoretischen Bezugsrahmen auf eine Fallstudie in Hannover an.

Dr. José Serrano von der Ecole Polytechnique, Université François Rabelais de Tours, hielt sich im Rahmen des EU-Programms ERASMUS+ Teacher Mobility vom 11. bis 16. Juni 2014 an der Leibniz Universität Hannover auf.

Vorträge der Forschungsinitiative TRUST im WS 2014/15: »Räumliche Transformationen« Fachleute aus Wissenschaft und Praxis, Studierende sowie interessierte Laien gleichermaßen kamen zu den »TRUST Lectures on Spatial Transformation«, bei denen einmal monatlich renommierte KollegInnen unterschiedlicher Disziplinen Vorträge zum Thema »Räumliche Transformation« hielten. Das Programm im WS 2014/15 stand unter dem Rahmenthema »Spatial Transformation – how to put it into practice«.

Gemeinschaftliches Wohnen_Mein Hannover 2030 Im Rahmen des hannoverschen Stadtdialogs »Mein Hannover 2030« führt das Bürgerbüro Stadtentwicklung Hannover e.V. (bbs) unter der Schirmherrschaft des Oberbürgermeisters Stefan Schostok eine Veranstaltungsreihe »Stadtentwicklung von unten« durch. Die dritte Veranstaltung zum Thema »Gemeinschaftliches Wohnen in Miete« am 13. März 2015 wurde von Prof. Barbara Zibell, Vorsitzende des bbs, mit einem Kurzvortrag eröffnet. An der Veranstaltung nahmen neben den baupolitischen Sprechern von SPD und Grünen auch die Geschäftsführer namhafter hannoverscher Wohnungsunternehmen sowie VertreterInnen konkreter Projekte aus Hannover teil. Im Rahmen dieser Veranstaltungsreihe hielt Prof. Dr. Tanja Mölders, gender_archland, am 12. Juni 2015 einen Vortrag zum Thema »Nachhaltige Stadt«.

Prof. Dr. Stefan Kurath vom Institut Urban Landscape der Zürcher Hochschule für Angewandte Wissenschaften hielt auf Einladung der Abteilung Regionales Bauen und Siedlungsplanung am 8. Januar 2015 einen Vortrag zum Thema »Zukunft Einfamilienhaus?«.

ForschungsForum 7 Marginalisierte Räume Am 5. Juni 2014 fand das 7. ForschungsForum des Forums für GenderKompetenz in Architektur | Landschaft | Planung (gender_archland) statt. In einem Dialog zwischen Wissenschaft und Praxis diskutierten Dr. Babette Scurrell (Netzwerk Vorsorgendes Wirtschaften) und Anne Bonfert (Vorstand SLU | Heinrich Böll Stiftung Niedersachsen) mit ca. 20 TeilnehmerInnen Möglichkeiten und Grenzen der Raumaneignung. Dabei wurde der Blick insbesondere auf die Zusammenhänge zwischen »marginalisierten Räumen« und der »Marginalisierung von Geschlecht« gerichtet. Als Kooperationsveranstaltung mit der Leuphana Universität Lüneburg wurde das ForschungsForum von Dr. Daniela Gottschlich und Prof. Dr. Tanja Mölders moderiert.

Internationale Kontakte und Gastaufenthalte

Luciana Macaluso ist 2015 Gastwissenschaftlerin bei der Abteilung für Regionales Bauen und Siedlungsplanung, mit einer Post-Doc-Förderung des DAAD.

(Palermo, 1981) PhD in Architektur, studierte in Palermo und Barcelona. Sie lehrte Theorie aktueller Architekturforschung und Gebäudelehre in Palermo sowie Innenarchitektur und Landschaft und Architektur in Parma. Luciana Macaluso war an verschiedenen Forschungsprojekten beteiligt, darunter am nationalen italienischen Forschungsförderungsprogramm MIUR-PRIN. Ihre Doktorarbeit untersucht den Neuaufbau von Gibellina in Sizilien nach dem Erdbeben von 1968, veröffentlicht als: Macaluso, Luciana: *La Chiesa Madre di Gibellina: Officina*. Rom 2013.

Dipl.-Geogr. Martin Sondermann: Gastaufenthalt am Urbanistični Inštitut Republike Slovenije (UIRS) – Urban Planning Institute of the Republic of Slovenia in Ljubljana als Gastdozent im Workshop »Designing planning processes for urban food production. Ljubljana Joint Training School on Urban Food Production (COST Actions TU1201 ›Urban Allotment Gardens‹/TD1106 ›Urban Agriculture Europe‹)« vom 21. bis 24. Oktober 2014.

1st meeting EAK Gender in Spatial Development Das erste Treffen des Europäischen Arbeitskreises (EAK) der Akademie für Raumforschung und Landesplanung (ARL), der von Prof. Barbara Zibell geleitet wird, hat am 9. und 10. Oktober 2014 mit Wissenschaftlerinnen und Wissenschaftlern sowie Planungsfachleuten aus Deutschland, Österreich, der Schweiz, Finnland, Großbritannien, Frankreich, Spanien, Griechenland und den Niederlanden stattgefunden. Die Laufzeit wird voraussichtlich drei Jahre betragen. (Bericht s.a. Forschungsseiten)

Dissertationen

Katharina Krämer *Gender- und Diversityforschung im kreativen Kontext: Verankerung von Gender und Diversity in der Designausbildung* bei Prof. Dr. Tanja Mölders (gender_archland) und Prof. Dorothee Weinlich (Hochschule Hannover).

Geschlechtsspezifische, dichotom stereotypisierende Produkte, Prozesse und (Marken-)Identitäten prägen zunehmend die gestaltete Umwelt, berücksichtigen die Bedürfnisse (diverser) NutzerInnen jedoch unzureichend. An der Schnittstelle von Gender- und Designforschung und Hochschuldidaktik untersucht das Forschungsvorhaben die Rolle der Gestaltung in dieser Entwicklung. Wie lässt sich mittels adäquater Methoden und Instrumente eine kritische Haltung zu bestehenden Genderzugängen mit dem Ziel einer geschlechtergerechten, menschbezogenen Gestaltung bereits im Ausbildungsprozess verankern?

Isabelle Kunze 21. Juli 2015: *The social organisation of land use change in Wayanas, Kerala, South India* (Mölders, Padmanabhan)

Johanna Scholz 21. Juli 2014: *Typologie ländlicher Regionen in Europa. Abbildung territorialer Kollisionsrisikos von Fledermäusen an Windenergieanlagen* (Herrmann, von Haaren)

Ivo Niermann 19. November 2014: *Der Beitrag von Kollisionsopfersuchen zur Abschätzung des Kollisionsrisikos von Fledermäusen an Windenergieanlagen* (Reich, Poehling)

Christopher Garthe 24. Februar 2015: *Erholung und Bildung in Nationalparken: Gesellschaftliche Einstellungen, ökologische Auswirkungen und Ansätze für ein integratives Besuchermanagement* (von Haaren, Scharpf)

Imke Hennemann-Kreikenbohm 17. Februar 2015: *Kompensationsmaßnahmen und energetische Nutzungspotenziale – Kurzumtriebsplantagen und Kurzumtriebsstreifen als mögliche Maßnahmen im Rahmen der Eingriffsregelung* (Rode, Herrmann)

Exkursionen

Schweiz Vom 2. bis 7. Juli 2014 führte die Abteilung Tragwerke gemeinsam mit dem Institut für Massivbau eine Exkursion nach Graubünden in Begleitung von Prof. Alexander Furche und Prof. Steffen Marx durch. Eine gemischte Gruppe von Architektur- und Bauingenieurstudenten nutzte die wenigen Tage intensiv, um qualitätvolle Hochbauprojekte und Brücken zu besuchen und sich darüber auszutauschen. Unterwegs mit drei Kleinbussen und die Wanderschuhe stets im Gepäck, wurde die Rundreise durch die Schweiz zu einem unvergesslichen Erlebnis mit spannenden Themen und Erkenntnis bringender Interdisziplinarität. **Ex 01**

Sammlung Haubrock/Fahrbereitschaft Lichtenberg Anlässlich des Projektes »Sammlung Haubrock – Fahrbereitschaft Lichtenberg« besichtigten wir mit den Studenten des dritten Semesters Wohn-, Ausstellungs- und Ateliergebäude in Berlin-Mitte und Tiergarten. Neben der Akademie der Künste im Hansaviertel, dem Atelierhaus der Künstlerin Katharina Grosse und einigen bedeutenden Wohnbauten im Zentrum Berlins wurden im Stadtbezirk Lichtenberg – zwischen Asialäden, Schrottplätzen und Kfz-Werkstätten – neue Räume der zeitgenössischen Kunst erkundschaftet. **Ex 02**

Slowakische Nationalgalerie Bratislava Bratislava, eine von zahlreichen Paradigmenwechseln geprägte Hauptstadt, verfügt über ein vielfältiges architektonisches Erbe, zu dem die Repräsentationsbauten der kommunistischen Ära zählen. Geliebt von den Architekten und gehasst von der Bevölkerung, müssen sie sich heute gegen Widerstände behaupten und bedürfen einer Neubewertung.

Am Beispiel der Slowakischen Nationalgalerie mit der spektakulären, mittlerweile geschlossenen Erweiterung von Vladimír Dedeček, wagten Studierende in gemischten internationalen Gruppen eine Neuinterpretation des Areals.

Als Kooperation mit der STU Bratislava, waren Studierende der Leibniz Universität Hannover, Prof. Hilde Léon, der ÉNS D´Architectur Paris Malaquais, Prof. Thierry Roze und der IUAV Venedig mit Prof. Patrizia Montini vom 23. bis 27. März 2015 zu Gast. **Ex 03**

Heidelberg Im November 2014 unternahm die Abteilung Stadt, Raum und Gestaltung vom Institut für Entwerfen und Gebäudelehre mit den Studierenden aus dem Masterstudiengang eine Exkursion nach Heidelberg. Anlass für die Exkursion war der IBA-Wettbewerb zum Kreativquartier Landfried-Areal in Heidelberg, an welchem die Studenten teilnahmen.

Neben dem alten Tabakfabrikgelände des Landfried-Areals wurden auch die Heidelberger Altstadt, das Schloss und das Besucherzentrum von Max Dudler besichtigt. **Ex 04**

Frankfurt Im Juni 2014 unternahm das Institut für Entwerfen und Gebäudelehre unter der Leitung von Prof. Turkali mit den Studierenden aus dem zweiten Semester eine Exkursion nach Frankfurt. In der Metropole am Main wurde der vom Büro Diezinger & Kramer umgebaute Saalhof des Historischen Museums ebenso besichtigt wie der Portikus von Christoph Mäckler sowie die von Rudolf Schwarz umgebaute traditionsreiche Paulskirche im Zentrum der Stadt. Einen besonderen Höhepunkt bildeten die Führungen durch die neue Erweiterung des Städelmuseums von Schneider und Schumacher sowie durch die Sporthallen des Heinrich-von-Gagern-Gymnasiums von Turkali Architekten. **Ex 05**

Lübeck Im Rahmen der Bachelorthesis und des Projekt Lang unternahm das Institut für Entwerfen und Gebäudelehre unter Leitung von Prof. Zvonko Turkali im Sommersemester 2014 eine Exkursion nach Lübeck. Diese wurde zur Besichtigung der drei möglichen Grundstücke der Entwurfsaufgaben und der Auseinandersetzung mit dem städtischen Kontext genutzt. Unter anderem stand eine Besichtigung des Ulrich-Gabler-Hauses und des St. Annen Museums von Konermann Siegmund Architekten auf dem Programm. Außerdem gab eine Stadtführung interessante Einblicke in die Stadtgeschichte Lübecks und brachte den Studenten die unverwechselbare Altstadt als eines der bekanntesten Beispiele der Europäischen Stadt näher. **Ex 06**

Wien Im Rahmen des Projekt lang »Lorin-Maazel-Musikakademie in Wien« führte das

Institut für Entwerfen und Gebäudelehre unter der Leitung von Prof. Turkali gemeinsam mit den Studierenden eine Besichtigung des Entwurfsgrundstücks in der österreichischen Bundeshauptstadt durch. Auf dem weiteren Programm standen Besichtigungen des Wiener Musikvereins, des WU Campus am Prater, des Wiener Museumsquartiers und des neuen Hauptbahnhofs. Ein besonderes Erlebnis für alle Exkursionsteilnehmer war der Besuch der Architekturfakultät der TU Wien und der anschließende architektonische Rundgang durch die Wiener Innenstadt unter der Leitung von Prof. Dr. Alfons Dworsky. **Ex 07**

Hamburg Diebsteich Die Abteilung für Stadt- und Raumentwicklung veranstaltete im Wintersemester eine mehrtägige Exkursion nach Hamburg. Mitunter interessante Stationen dabei waren das IBA-Gelände, die Behörde für Stadt- und Umweltplanung sowie der Besuch des Architekturbüros André Poitier, das für die Neuplanung des Projektes Neue Mitte Altona den ersten Preis erhielt. Auch der Besuch im international renommierten Büro gmp Architekten von Gerkan, Marg und Partner stellte ein weiteres Ziel unserer Exkursion dar.

Antwerpen Im SS 2014 organisierte das IEK Abteilung Entwerfen und Baukonstruktion, Prof. Michael Schumacher, vom 8. bis 11. Mai 2014 eine studentische Exkursion nach Antwerpen, Belgien. Die von Anne Menke und Julia Bergmann geführte Exkursion diente unter anderem den Grundstücksbesichtigungen für das Projekt lang »House of Fashion« und für die Bachelorthesis »Wohnen plus x«, beides Projekte in innerstädtischen Baulücken in Antwerpen. Neben einem Rundgang durch das Schipperskwartier über die Passage durch das Sint-Felixpakhuis ging es zum Hafen-Nord mit dem MAS-Museum von Neutelings Riedijk Architekten und dem neugestalteten Park Spoor-Noord. Neben einigen Bürobesuchen Antwerpener Architekten (Low architecten, META architecten) stand dann der zweite Exkursionstag unter dem Motto »Fashion«. Nach einer Besichtigung des Grundstückes unter Begleitung des Antwerpener Architekten und Professor der TU Delft Oskar Rommens (import export architecture)

ging es weiter mit einem Rundgang durch die Ateliers der Modemetropole Antwerpen mit dem Modemuseum MOMU. **Ex 08 & 09**

Hamburg Im WS 2014/15 fand eine zweitägige Exkursion nach Hamburg statt, organisiert von Tobias Münch vom IEK, Abteilung Entwerfen und Baukonstruktion. Die Exkursion vom 14 bis 15. November 2014 diente unter anderem der Besichtigung des Grundstücks für das Projekt lang mit dem Titel »1001 Nacht – Stipendiatenhaus für Künstler«. Kombiniert wurde dieses Ziel mit einem Stadtspaziergang durch Hamburg, dieser führte unter anderem durch Eppendorf und über den Winterhuder Marktplatz. Neben Bürobesuchen bei Störmer Murphy and Partners, KBNK Architekten und BiwerMau Architekten in der Hafencity stand abends der Besuch der Hotelbar »20up« im Empire Riverside Hotel von David Chipperfield auf dem Programm. Am zweiten Tag besichtigte die Gruppe der Studierenden nach einer Hafenfährfahrt über Teufelsbrück den im 18. Jahrhundert angelegten Jenisch-Park mit dem Jenisch-Haus. Außerdem besuchte die Gruppe das Ernst-Barlach-Haus, erbaut 1961 von dem Hamburger Architekten Werner Kallmorgen. **Ex 10 & 11**

ERASMUS Intensive Programme 2014 an der Universität Bologna (Italien) Im Rahmen des Programms »Lebenslanges Lernen« förderte die EU ein gemeinschaftliches Intensivseminar der Raumplanungsabteilungen an den Universitäten Hannover, Bologna (Italien), Bristol (England), Oradea (Rumänien), Nijmegen (Niederlande) und Tours (Frankreich).

Vom 5. bis 16. März befassten sich Studierende der teilnehmenden Universitäten mit dem Thema »Spatial Planning and Housing Policies: Creating Community Living Spaces«. In Bologna reflektierten die Teilnehmer kritisch die Rolle der Raumplanung in der Wohnungspolitik. Es wurden innovative Vorschläge entwickelt, diese legten besonderes Augenmerk auf wirtschaftliche, ökologische und soziale Aspekte. Die Studierenden waren aufgefordert, die Grundsätze einer lebenswerten und nachhaltigen Stadtentwicklung zu berücksichtigen. **Ex 12**

Ex 01 Schweiz

Ex 02 Atelier Katharina Grosse

Ex 03 Über Bratislava, Slowakei

Ex 04 Heidelberg-Exkursion

Ex 05 Besichtigung des I.G.-Farben-Haus von Hans Poelzig (heute Johann Wolfgang Goethe-Universität Frankfurt am Main)

Ex 06 Besichtigung des Ulrich-Gabler-Hauses von Konermann Siegmund Architekten

Ex 07 Vor der Wiener Secession während der Stadtführung mit Prof. Dworsky

Ex 08 Bürobesuch mit Studierenden bei META architecten

Ex 09 Bürobesuch mit Studierenden bei META architecten

Ex 10 Hafenfährfahrt nach Teufelsbrück

Ex 11 Ernst-Barlach-Haus von Werner Kallmorgen

Ex 12 Exkursion Erasmus-Gruppe

Exkursion nach Südwestfalen 2014

Vom 27. bis zum 31. Juli waren zehn Studierende mit Prof. Dr. Rainer Danielzyk und Dr. Mario Reimer vom Institut für Landes- und Stadtentwicklungsforschung (ILS) in Südwestfalen unterwegs, dem Gebiet der REGIONALE 2013.

Deutsch-Französisches Planungsseminar 2014

Das deutsch-französische Planungsseminar, welches vom Deutsch-Französischen Jugendwerk gefördert wird, dient alljährlich dem Austausch zwischen Studierenden und Lehrenden des Instituts für Umweltplanung der Leibniz Universität Hannover sowie der Raumplanungsabteilung der Ingenieurschule der Universität Tours.

In diesem Jahr fand der Austausch vom 5. bis 11. Oktober in der bayerischen Region Oberfranken zum Thema »Natur- und Kulturerbe in der Regional- und Stadtplanung in Oberfranken« statt. Es nahmen insgesamt 39 Studierende teil. Das Seminar wurde geleitet von Dr. Frank Scholles und Dipl.-Ing. Magrit Putschky aus Hannover sowie Dr. Eric Thomas und Dr. Marc-André Philippe aus Tours.

Umwelt-Workcamp 2014 in der Südlichen Leineaue

Am 16. und 17. Oktober 2014 führte das Institut für Umweltplanung sein drittes Umwelt-Workcamp mit Masterstudierenden durch. Es fand diesmal in Kooperation mit der Ökologischen Station Mittleres Leinetal und dem NABU Laatzen in der südlichen Leineaue bei Hannover statt. Im Naturschutzzentrum »Alte Feuerwache« des NABU Laatzen erhielten die Studierenden zunächst einen Einblick in die Naturschutzprojekte vor Ort. Ein besonderer Fokus lag auf der Zusammenarbeit der lokalen Akteure in der Schutzgebietsbetreuung. Wie in den vorherigen Jahren stand auch 2014 die praktische Arbeit im Vordergrund. An beiden Tagen fanden mehrstündige Arbeitseinsätze im angrenzenden Naturschutzgebiet statt. Durch die Maßnahmen sollen seltene und teils stark gefährdete Tier- und Pflanzenarten gefördert werden.   **Ex 13**

Besondere Auszeichnungen

Lavespreis 2014 Der Lavespreis 2014 prämierte zum wiederholten Male studentische Arbeiten, die an der Fakultät Architektur und Landschaft der Leibniz Universität Hannover entstanden waren. Die feierliche Preisverleihung fand am 15. Dezember 2014 im Ateliergebäude der Architektenkammer Niedersachsen in Hannover statt. Aus einer Anzahl von 44 eingereichten Arbeiten ging der erste Preis zu dem Thema »nachhaltig entwerfen – detailliert planen« an Claudia Falconi für ihre Masterthesis mit dem Titel »Theobroma Kakao – ein Kakao- und Schokoladenmuseum für Ecuador«. Der zweite Preis ging an Maximilian Pape für sein Projekt »Ambacht« in Antwerpen, in dem er sich mit der Frage des barrierefreien Wohnens auseinandersetzte.

Neben dem ersten und zweiten Preis gingen auch alle Anerkennungen an Hannoveraner Studierende. Eine Anerkennung erhielt Anna Bauer für ihren Beitrag zu dem Thema »Kreative Räume für Osnabrück«, Sebastian Grundgeir für das Projekt »Lückenfüller – ein Studentenwohnheim in Arhus«, David Eickhorst für die Masterthesis »St. John´s Primary School« in Edinburgh. Die weiteren Anerkennungen erhielten Studierende für ihre Bachelorthesis auf einem Grundstück in Antwerpen, darunter Marius Meißner und Christian Steinwedel für »Study Antwerp«, Juri Fastenau und Constantin Bruns für den Beitrag »Het Huis Falconplein« sowie Aleksandra Eggers und Moritz Engel für den Entwurf mit dem Titel »Eilandjes Brouwerij en Bar«, eine vertikale Brauerei in Antwerpen.

Mit den zahlreichen prämierten Arbeiten von Studierenden aus Hannover ging somit auch der diesjährige Fakultätspreis an die Fakultät Architektur und Landschaft der Leibniz Universität. Ein wesentlicher Teil der prämierten Arbeiten war am Lehrstuhl IEK, Abteilung Entwerfen und Baukonstruktion, Prof. Michael Schumacher, entstanden.

Unter dem Vorsitz des Präsidenten der Architektenkammer Niedersachsen, Wolfgang Schneider, waren neben anderen Jurymitgliedern auch die studentischen Preisträger des Vorjah-

res, Neena Hoppe und Patrick Sievert, beteiligt. Die prämierten Arbeiten waren in einer Ausstellung im Laveshaus vom 15. Dezember 2014 bis 23. Januar 2015 zu sehen.   **BA 01 & 02**

ALR Hochschulpreis 2014 an Johannes Hermes Die Niedersächsische Akademie Ländlicher Raum e. V. (ALR) hatte im Jahr 2014 ihren Hochschulpreis zum Thema »Zukunftsfähige Land- und Regionalentwicklung in Niedersachsen« ausgelobt. Johannes Hermes, wissenschaftlicher Mitarbeiter am Institut für Umweltplanung, erreichte mit seinem Beitrag »Optimierte Simulation von Landnutzungsänderungen im Kontext eines vermehrten Biomasseanbaus« einen dritten Platz. Im Frühjahr 2014 hatte er zu diesem Thema am Institut für Umweltplanung seine Masterarbeit abgeschlossen, die von PD Dr. Sylvia Herrmann und Dr. Christian Albert betreut wurde.

Abgeschlossene Forschungsprojekte

Integrativer Energiepflanzenanbau Das Thema »integrativer Energiepflanzenanbau« wurde zwischen 2009 und 2014 im Rahmen des Vorhabens »Biomasse im Spannungsfeld« als Teilprojekt 2 in Kooperation mit der Universität Göttingen bearbeitet. Im Zentrum des Teilprojektes 2 stand die Frage nach der Art und dem Zusammenspiel von Zielen zum Biomasseanbau und Steuerungsoptionen auf den verschiedenen räumlichen Skalen sowie Entscheidungsebenen. Insbesondere ging es darum, wie ein Biomasseanbau, der Nutzung und Schutz der Umwelt integriert, auf der betrieblichen Ebene umgesetzt werden kann, welche Ziele und Maßnahmen dort entwickelt werden können und welche Informationen, Ziele und Rahmenbedingungen auf übergeordneten Ebenen (regionale bzw. überregionale Ebene) geschaffen bzw. bereitgestellt werden müssen. Das vom Niedersächsischen Ministerium für Wissenschaft und Kultur (MWK) geförderte Projekt wurde bearbeitet von Dipl.-Ing. Wiebke Saathoff und Dr. Christian Albert.

Machbar GanzFAIRsorgt Im Sommer 2014 konnte die Machbarkeitsstudie »Potenziale ganzheitlicher Modelle und Konzepte wohnortnaher Versorgung«, gefördert durch den Europäischen Fonds für regionale Entwicklung (EFRE), durchgeführt und erfolgreich abgeschlossen werden. Die Studie dient der Vorbereitung eines neuen Forschungsvorhabens, das derzeit an der Abteilung PA_soz erarbeitet wird (Prof. Barbara Zibell, Dipl.-Geogr. Ingrid Heineking, Dipl.-Ing. Hendrik Bloem). Im Kontext der Machbarkeitsstudie wurde, gefördert durch den AULET-Fonds der Fakultät, zur Sondierung weiterer potenzieller KooperationspartnerInnen am 8. September 2014 ein Workshop mit VertreterInnen von Kirchen und Kommunen durchgeführt. (zu beiden Formaten s.a. die gesonderten Berichte im vorliegenden Band)

Neue
Forschungsprojekte

Stärkung und Vernetzung von Gelbbauchunken-Vorkommen in Deutschland, Teilprojekt: Evaluation der Maßnahmen zur Erreichung von Zielgruppen und Öffentlichkeit Die Gelbbauchunke (Bombina variegata) ist eine Ziel- und Leitart des Naturschutzes und Pate für dynamische, strukturreiche Lebensräume mit hoher Artenvielfalt. Ein bedeutender Teil der Weltpopulation ist in Deutschland heimisch, sodass für ihren Schutz eine besondere Verantwortung besteht. Im Rahmen eines Teilprojektes übernimmt das IUP die gesellschaftswissenschaftliche Evaluation mit dem Ziel, über den Verlauf des Gesamtvorhabens die Einbindung der relevanten Stakeholdergruppen sowie die Öffentlichkeitsarbeit in einzelnen Projektregionen zu bewerten. Das durch das Bundesamt für Naturschutz (BfN) mit Mitteln des Bundesministeriums für Umwelt, Naturschutz, Bau und Reaktorsicherheit (BMUB) geförderte Projekt läuft von Januar 2014 bis März 2017. Es wird geleitet von Prof. Dr. Christina von Haaren und Dr. Eick von Ruschkowski (Fachbereichsleiter Naturschutz und Umweltpolitik beim NABU

Bundesverband in Berlin) und bearbeitet von Dipl.-Ing. Frauke Lehrke.

Regiobranding – Branding von Stadt-Land-Regionen durch Kulturlandschaftscharakteristika (Hauptphase) Im Herbst 2014 hat das Verbundprojekt »Regiobranding« seine Arbeit aufgenommen. In den nächsten vier Jahren erforscht und erprobt ein 20-köpfiges Projektteam, wie Kulturlandschaftsqualitäten eingesetzt werden können, um die Attraktivität ländlicher Regionen zu steigern und ihre nachhaltige Entwicklung zu unterstützen. In drei Teilregionen der Metropolregion Hamburg werden die Kulturlandschaftsqualitäten und Besonderheiten herausgearbeitet und zu einem Brandingkonzept für die Regionen weiterentwickelt. Einige Maßnahmen der Konzepte sollen bereits in der Projektlaufzeit umgesetzt und evaluiert werden. Eine Besonderheit hierbei ist, dass Fachleute aus Wissenschaft und Praxis gemeinsam forschen, lernen und umsetzen, damit die Ergebnisse direkt auf die regionalen Bedürfnisse abgestimmt werden können. Dazu wird in den Regionen ein umfassender Kommunikations- und Lernprozess initiiert und durchgeführt, der die regionale Identitätsbildung unterstützt. Die Universität Hannover als koordinierende Einrichtung ist mit drei Instituten im Projekt vertreten: dem Institut für Umweltplanung, dem Institut für Entwerfen und Städtebau und dem Geodätischen Institut. Die Hauptphase des vom Bundesministerium für Bildung und Forschung (BMBF) geförderten Projekts startete im September 2014 und läuft bis Februar 2019.

»Green Infrastructure and Urban Biodiversity in sub-Saharan Africa« Gemeinsam mit Partnern aus drei afrikanischen Ländern führt Prof. Rüdiger Prasse das vom Akademischen Austauschdienst geförderte Projekt zu städtischen Freiräumen im subsaharischen Afrika durch. Beteiligt sind der Landschaftsplaner Prof. Gerhard Albert aus Hannover, zurzeit Addis Abeba/Äthiopien, die Architekten Prof. George Instiful aus Kumasi/Ghana und Prof. Sampson Umenne aus Windhoek/Namibia sowie der Biologe und Flechtenspezialist Kumelachew Yeshitela, ebenfalls aus Addis Abeba. Ziel des Projektes ist, die Notwendigkeit der Sicherung

Ex 13

BA 01   Gruppenbild der Preisträger
Foto: Sonja Lange

BA 02   Preisverleihung im Ateliergebäude
der Architektenkammer Niedersachsen
Foto: Sonja Lange

und Entwicklung von Grünflächen in der Stadt in die Studiengänge Architektur, Bauingenieurwesen und – bisher nur in Äthiopien – Umweltplanung und Landschaftsarchitektur zu integrieren.

Planung Architektur Frauen P, A, F.

Der schweizerische Verein »Planung Architektur Frauen P, A, F.« ist zum Ende des Jahres 2012 aufgelöst worden. Aus dem Vereinsvermögen wird eine Studie finanziert, die die Geschichte der P, A, F. aufarbeitet. Unter dem Titel »Die P, A, F. als Baustein auf dem Weg zu einem qualifizierten ›Gender and Diversity Planning and Building Management‹« konnte mit Interviews exponierter Schlüsselpersonen, die die Historikerin Christiane Schröder, Mitglied des gender_archland und Mitarbeiterin am Institut für Didaktik der Demokratie an der Leibniz Universität Hannover, im September 2014 in Bern, Solothurn und Zürich durchführte, eine wichtige Etappe des Vorhabens bewältigt werden.

Publikationen

Kuppelsaaltraum – Eine Philharmonie für Hannover

Herausgeber: Jörg Friedrich, Annett Mickel-Lorenz, Christoph Borchers

Der 1914 eröffnete Kuppelsaal in Hannover von Paul Bonatz und Friedrich Eugen Scholer ist mit 3600 Plätzen bis heute der größte Konzertsaal auf dem europäischen Festland und avancierte nach seiner Errichtung schnell zum markanten Wahrzeichen der Stadt.

Doch 1962 wurde die imposante, fast 50 Meter hohe Kuppel zur Verbesserung der Akustik mit einer Flachdecke auf Gesimshöhe im Innenraum abgetrennt – damit wurde das einzigartige Raumdenkmal seiner überwältigenden Wirkung beraubt, ohne dass raumakustisch ein nennenswerter Erfolg erzielt worden wäre.

Mit dem Buch wollen Prof. Jörg Friedrich und seine Mitarbeiter vom Institut für Entwerfen und Gebäudelehre die Aufmerksamkeit für den grandiosen Bau neu wecken und der längst überfälligen Debatte über seine Sanierung eine Richtung geben. In Beiträgen renommierter Architekturforscher werden Entstehungs- und Zerstörungsgeschichte des Kuppelsaals vergegenwärtigt; gleichzeitig präsentiert das Buch visionäre Entwürfe und Konzepte für eine Zukunft des Kuppelsaales als Kongresszentrum und Philharmonie. **Pu 01**

dium6 Migrantinnen interpretieren den Raum

Am 8. Juli 2014 hielt die Autorin von *Migrantinnen als Existenzgründerinnen*, erschienen als Band 4 der Schriftenreihe des gender_archland weiter_denken, Dr.-Ing. Ruth May, einen höchst erhellenden und einfühlsamen Vortrag zu einer marginalisierten Materie. Am Beispiel von Existenzgründerinnen mit Migrationshintergrund in der hannoverschen Nordstadt wurden Unternehmens- und Lebenskonzepte dargestellt und auf ihren Beitrag zu Emanzipations- und Integrationsprozessen untersucht. Die anschliessende Diskussion fragte unter anderem nach den Bedingungen, unter denen die Erkenntnisse der Autorin über Frauen als handelnde Subjekte im Stadtteil übertragbar wären.

Bohne, Dirk: Technischer Ausbau von Gebäuden und nachhaltige Gebäudetechnik

Springer Vieweg, Wiesbaden, 2014, 593 Seiten. Anfang 2015 wurde das Grundlagenwerk *Technischer Ausbau von Gebäuden und nachhaltige Gebäudetechnik* im Springer Verlag in der 10. Auflage veröffentlicht. Dort wird die gesamte Gebäudetechnik auf dem neuesten Stand präsentiert. Die Gliederung entspricht der im Hochbau üblichen Struktur: Nach Grundlagenthemen wie Behaglichkeit in Räumen, Trassen- und Leitungsführung in Gebäuden werden Sanitärräume und Abwasser- bzw. Wasseranlagen beschrieben. Im Unterschied zur 9. Auflage ist das Kapitel »Wärmeversorgungsanlagen« ergänzt und aufgegliedert in »Wärme- und Kälteversorgungsanlagen«. Anschließend an das Kapitel »Raumlufttechnik« werden die Themen Elektrotechnik und Fördertechnik erläutert. In zahlreichen Beispielen werden nachhaltige Gebäudesysteme dargestellt. Die Fachinhalte sind entsprechend den für Architekten und Bauingenieure relevanten Sachverhalten und Zusammenhängen komprimiert. Der umfangreiche Abbildungsteil mit detaillierten Zeichnungen zur bildhaften Kommentierung des Textes wurde komplett neu gestaltet und aktualisiert. Das Buch stellt den aktuellen Stand der Technik dar und integriert an zahlreichen Stellen Forschungsergebnisse zu nachhaltigen Systemen.

Das Grundlagenwerk *Technischer Ausbau von Gebäuden* hat eine lange Tradition. Ursprünglich unter dem Titel *Technischer Ausbau. Grundstücksentwässerung und Heizung* von Edwin Wellpott und Wolfgang Bohne in den 1970er Jahren erschienen, wurde es als »Wellpott« in acht Auflagen bis 2001 zum Standardwerk für viele Architekten und Architekturstudierende. Zunächst als Co-Autor seit der 7. Auflage und als alleiniger Autor seit der 9. Auflage stellt nun Dirk Bohne die in fast vierjähriger Überarbeitungszeit fertiggestellte 10. Auflage im Springer Vieweg Verlag vor. **Pu 02**

Symposien und Workshops

SUPERELEVATA FOOT(PRINTS) wurde von der Abteilung Regionales Bauen und Siedlungsplanung in Zusammenarbeit mit der Universität Genua organisiert und vom DAAD-Hochschuldialog mit Südeuropa gefördert. Das Projekt fand in Genua vom 16. bis 21. September 2014 in Form eines Workshops statt. Die Studierenden haben eine Tagesveranstaltung organisiert, um ein Bewusstsein für Recycling als mögliche Strategie für die urbane Transformation zu schaffen. Am 21. September 2014 haben 250 Designer, 30 Vereine und 15 italienische und internationale Universitäten ein bisher unzugängliches Hafenareal bespielt und der Stadt zurückgegeben. SUPERELEVATA FOOT(PRINTS) hat das Areal in einen Fußgängerweg transformiert, welches den alten Hafen und die Messe verbindet. **SW 01**

Zukunft Resse

Im Rahmen der Entwurfsarbeiten zur Transformation von Einfamilienhausquartieren und der Ortsmitte von Resse, Gemeinde Wedemark, führten Studierende der Abteilung Regionales Bauen und Siedlungsplanung unter Leitung der wissenschaftlichen Mitarbeiterin Ines Lüder mit den Einwohnern Workshops und Interviews durch. Die Abschlusspräsentation und -diskussion fand unter Beteiligung vieler interessierter Einwohner und Vertreter aus Politik und

Verwaltung im Februar im Moorinformationszentrum in Resse statt. Die Ergebnisse des Projektes wurden im Sommer 2015 publiziert. **SW 02**

Das Institut für Entwerfen und Städtebau wurde auf dem **4. Hochschultag der Nationalen Stadtentwicklungspolitik,** der am 21. November 2014 in Berlin stattfand, im Forum Wohnen und Region von Dipl.-Ing. Ines Lüder vertreten.

Flyover Die Hochstraße am Breitenweg in Bremen wird seit Jahren kontrovers diskutiert. Im Zuge einer autogerechten Stadt entstanden, bildet diese Verkehrsachse eine Barriere zwischen der Innenstadt und dem Bahnhof. Die Hochstraße versperrt nicht nur historische Sichtachsen, sie beherrscht den Breitenweg und macht weite Teile dieser Straße dunkel und unwirtlich. Zudem werden Planungen rund um den Hauptbahnhof blockiert.

In einem Kurzentwurf wurden Konzepte erarbeitet die aufzeigen, wie dieser Ort durch veränderte Mobilität und neue Verkehrskonzepte in Zukunft umfunktioniert werden kann. Auftakt für dieses Projekt bildet eine Tagesexkursion nach Bremen. Im Anschluss fand in unserer Fakultät ein zweitägiger Workshop statt, der von Michael-Marcus Vogt und Sven Martens, Institut für Entwerfen und Konstruieren, betreut wurde.

Die Arbeitsergebnisse wurden in einer Ausstellungseröffnung im Foyer des Siemenshochhauses, Bremen, dem Senat für Umwelt, Bau und Verkehr präsentiert. **SW 03 & 04**

20th International Symposium on Society and Resource Management (ISSRM) – Symposium Das 20th International Symposium on Society and Resource Management fand in der Pfingstwoche 2014 an der Leibniz Universität Hannover statt. 366 Teilnehmende aus 44 Ländern der Erde konnten auf dem Conti-Campus am Königsworther Platz begrüßt werden. Präsentationen und Poster aus den Bereichen Ressourcenmanagement, Sozialwissenschaften und Umweltplanung sowie Stadt- und Regionalplanung deckten ein sehr breites Themenspektrum ab. Die Tagung wurde vom Institut für Umweltplanung gemeinsam mit der Forschungsinitiative Transdisciplinary Rural and Urban Spatial Transformation und der Aka-

Pu 01

Pu 02

SW 01   SUPERELEVATA FOOT(PRINTS)

SW 02   Resse Flyer

SW 03   Flyover

SW 04   Lightwall, Hauke Wolters

demie für Raumforschung und Landesplanung ausgerichtet und fand unter Schirmherrschaft der International Association for Society and Natural Resources statt. Mit dem Austragungsort Hannover konnte die Tagung für 2014 erstmals nach Deutschland geholt werden.

»The contribution of governance research for planning theory and practice«

Am 19. und 20. März 2015 fand am Institut für Umweltplanung die internationale Konferenz »Der Beitrag der Governance-Forschung für Planungstheorie und -praxis – The contribution of governance research for planning theory and practice« statt.

Am Donnerstag standen theoretische Perspektiven der Governance-Forschung im Mittel-punkt, am Freitag wurde anhand zahlreicher Beispiele der Beitrag der Governance-Forschung für die Planungspraxis behandelt.

Dokumentation Baukultur im Diskurs

Zusammen mit dem Institut für Städtebau, Abteilung Stadt- und Raumentwicklung (Prof. Herwarth von Bittenfeld), hat die Abteilung PA_soz (Prof. Barbara Zibell, Dipl.-Ing. Hendrik Bloem) seit 2011 diverse Aktivitäten zum Thema »Baukultur« durchgeführt. Ein sondierendes Symposium Baukulturplus mit VertreterInnen der Fakultät und externen ExpertInnen fand – unterstützt durch Mittel aus dem AULET-Fonds der Fakultät – am 24. Juni 2014 im Rahmen der Reihe dium6 statt. Die Dokumentation dieser Aktivitäten soll 2015 abgeschlossen werden.

anStadtGespräche in der »Nacht die Wissen schafft«

Im Rahmen der »Nacht, die Wissen schafft« fanden am 15. November 2014 die »anStadtGespräche« im Kontext des hannoverschen Stadtdialogs »Mein Hannover 2030« statt. In einer Kooperationsveranstaltung der Abteilung Planungs- und Architektursoziologie (Prof. Dr. Barbara Zibell und Dipl.-Ing. Hendrik Bloem) und dem Forum für GenderKompetenz in Architektur | Landschaft | Planung (Prof. Dr. Tanja Mölders) wurden Themen des aktuellen Stadtentwicklungskonzepts »Mein Hannover 2030« aufgegriffen und aus der Perspektive von Lehr- und Forschungsprojekten der Fakultät diskutiert. In drei Runden wurde danach gefragt, wie »Quar-

tiere der Zukunft«, die »Um- und Weiternutzung sakraler Räume« sowie »Stadtentwicklung durch Vorsorgendes Wirtschaften« zu einer nachhaltigen Entwicklung Hannovers beitragen können. Moderiert wurden die Stadtgespräche von Dipl.-Geogr. Ingrid Heineking und Dr. Anke Schröder.

Netzwerktreffen Vorsorgendes Wirtschaften in Hannover

Das diesjährige Jahrestreffen des Netzwerks Vorsorgendes Wirtschaften fand vom 6. bis 8. November 2014 in Hannover statt. Prof. Dr. Tanja Mölders und Prof. Dr. Barbara Zibell bereiteten das Treffen zusammen mit Prof. Dr. Helga Kanning vom Institut für Umweltplanung sowie Dr. Maite Mathes vor. Neben Vorträgen und Diskussionen über Forschungsprojekte zum Vorsorgenden Wirtschaften in Stadt (Pia Kühnemann) und Land (Ingrid Heineking) wurde auch die Bothfelder Garage in Augenschein genommen. Die Einkaufskooperative bezieht einmal in der Woche frische landwirtschaftliche Produkte vom Adolphshof in Lehrte-Hämelerwald, Ware gibt es gegen den Erwerb von »Ernteanteilen«. Weitere Informationen unter: www.vorsorgendeswirtschaften.de

Gemeinde-, Stadt- und Regionalentwicklung in Luzern

Prof. Barbara Zibell ist seit 2005 Mitglied des Fachbeirats des Master of Advanced Studies in Gemeinde-, Stadt- und Regionalentwicklung (MAS GSR) der Hochschule Luzern. Am 1. Juli 2014 nahm sie an einer der jährlich stattfindenden Beiratssitzungen teil, um die Qualität und die Zukunftsfähigkeit des Studiengangs zusammen mit den anderen Beiratsmitgliedern zu reflektieren und zu diskutieren.

Zukunftsfähige Daseinsvorsorge ARL Sitzung in Mannheim

Prof. Barbara Zibell, Mitglied der Akademie für Raumforschung und Landesplanung (ARL) und der ARL-Landesarbeitsgemeinschaft (LAG) Baden-Württemberg, nahm an der gemeinsamen Tagung mit der LAG Hessen/Rheinland-Pfalz/Saarland am 19. und 20. März 2015 in Mannheim teil. Mit ihrem Vortrag »Nahversorgung als Leitinfrastruktur einer zukunftsfähigen Daseinsvorsorge?« wurde das Rahmenprogramm, das im Weiteren von Prof. Dr. Birte Nienaber, Universität Luxemburg, und apl. Prof. Dr. Bernhard Koeppen, Luxembourg Institute

of Socio-Economic Research (LISER) sowie verschiedenen VertreterInnen der Planungspraxis bestritten wurde, eröffnet.

Wissenschaftliche Politikberatung zur Energiewende

Die Nationale Akademie der Wissenschaften Leopoldina, die Deutsche Akademie der Technikwissenschaften (acatech) und die Union der Deutschen Akademien der Wissenschaften bearbeiten gemeinsam das Projekt »Energiesysteme der Zukunft« (2013–2016). Prof. Dr. Bettina Oppermann wirkt dabei in der Arbeitsgruppe Gesellschaft mit. Nach einer ersten Arbeitsphase erscheinen nun erste Analysen zur Energiepolitik, die in einer zweiten Phase um Stellungnahmen ergänzt werden. Analysen und Stellungnahmen stehen als Download zur Verfügung. www.acatech.de/de/projekte/laufende-projekte/energiesysteme-der-zukunft.html

Experimentalstudio für eLearning eingerichtet

Am Institut für Freiraumentwicklung wurde ein kleines Tonstudio zum Experimentieren eingerichtet. Hier können Interviews geführt und Audios für die Lehre aufgenommen werden. In einer ersten Reihe werden fünf Zeitzeugeninterviews als Radiofeatures bearbeitet und den Studierenden zur Verfügung gestellt. Ähnlich dem Modell des »Umgedrehten Unterrichts« (Flipped Classroom) können die im Tonstudio produzierten Audiomaterialien von den Studierenden selbstbestimmt und im eigenen Tempo rezipiert und in den Präsenzphasen diskutiert werden. Weitere Informationen: Prof. Dr. Bettina Oppermann, Institut für Freiraumentwicklung

Kooperationen

Kooperationsprojekt Neue Mitte Linsburg

Zusammen mit der Gemeinde Linsburg (LK Nienburg) führte die Abteilung PA_soz (Prof. Barbara Zibell, Dipl.-Ing. Hendrik Bloem) im WS 2014/15 – unter Einbezug parallel laufender Forschungsaktivitäten – ein transdisziplinäres Studienprojekt durch. Studierende der Architektur und der Landschaftsarchitektur erforschten den Ort mit seinen baulichen und sozialräumlichen

Qualitäten und entwickelten – unter Einbezug von Ideen für Dorfladen und Dorfgemeinschafts- haus – Konzepte für eine »Neue Mitte«. In enger Kooperation mit bereits aktiven Arbeitsgruppen entstanden Entwürfe, die zu einer Sicherung der Lebensqualität vor Ort beitragen sollen und am 16. April der Linsburger Öffentlichkeit präsentiert sowie im Rahmen der »Baukultur-Werkstätten 2015. Vitale Gemeinden« der Bundesstiftung Baukultur in Kassel vorgestellt werden.

Forschungskonferenz StadtLandSchaf (f/t)en II Am 11. Februar 2015 führte die Abteilung PA_soz (Dipl.-Ing. Katja Stock, Prof. Barbara Zibell) in Kooperation mit dem Forum für GenderKompetenz (gender_archland, Prof. Tanja Mölders) mit einem erweiterten Kreis an Wissen- schaftlerInnen eine zweite Forschungskonferenz zum Thema »StadtLandSchaf(f/t)en« durch. Das Ziel ist es, Forschungssynergien zwischen Architektur und Landschaft in einem geeigneten Rahmen als Drittmittelprojekt zu verankern. Die- se Forschungskonferenz wurde im Rahmen der AULET-Initiative gefördert.

gender_archland Mitgliedseinrichtung der LAGEN Das Forum für GenderKompetenz in Architektur | Landschaft | Planung (gender_ archland) ist eine von acht Mitgliedseinrichtun- gen der Landesarbeitsgemeinschaft der Einrich- tungen für Frauen- und Geschlechterforschung in Niedersachsen (LAGEN). Damit ist die Leibniz Universität über die Fakultät für Architektur und Landschaft Teil eines hochschulübergreifenden Verbundes der Frauen- und Geschlechterfor- schung. Ziel der LAGEN ist unter anderem die Organisation von Netzwerktreffen und Veranstal- tungen zu Themen der Gender Studies. Offizielle Vertreterinnen des gender_archland sind Prof. Dr. Tanja Mölders, Dipl.-Ing. Kristen Aleth und Prof. Dr. Barbara Zibell. Weitere Informationen unter: www.nds-lagen.de

© 2015 by jovis Verlag GmbH
Das Copyright für die Texte liegt bei den Autor-
Innen. Das Copyright für die Abbildungen liegt
bei den InhaberInnen der Bildrechte.

Herausgeber
Fakultät für Architektur und Landschaft,
Leibniz Universität Hannover

Redaktionsteam
IBW Johannes Wolff
IEG Lara Salzmann | Christian Felgendreher
IEK Judith Schurr
IES Radostina Radulova
IF Caroline Hertel
IGT Hendrik Bloem
IGD Edin Bajric
ILA Marcus Hanke
IUP Carolin Galler

Gestaltung & Layout
BUREAU FÜR GESTALTUNG Jana Aylin Rosin
www.bureau-gestaltung.de

Lithografie
Bild1Druck, Berlin

Schrift
CA Normal
CA Normal Serif
CA Normal Left

Papier
Circle Offset Premium White
Circle Silk Premium White

Druck & Bindung
GRASPO CZ, a.s., Zlín

**Bibliografische Information der
Deutschen Nationalbibliothek**
Die Deutsche Nationalbibliothek verzeichnet
diese Publikation in der Deutschen Nationalbib-
liografie; detaillierte bibliografische Daten sind
im Internet über http://dnb.d-nb.de abrufbar.

jovis Verlag GmbH
Kurfürstenstraße 15/16
10785 Berlin

www.jovis.de

jovis-Bücher sind weltweit im ausgewählten
Buchhandel erhältlich. Informationen zu unserem
internationalen Vertrieb erhalten Sie von Ihrem
Buchhändler oder unter www.jovis.de.

ISBN 978-3-86859-391-4

IMPRESSUM

HOCHZEIT
15